Andreas Thaler **Canon PowerShot S120 fotoguide**

Andreas Thaler

Canon PowerShot S120 fotoguide

VERLAG PHOTOGRAPHIE

2. überarbeitete und erweiterte Auflage
Copyright © 2014 by Verlag Photographie, Gilching
www.verlag-photographie.de

Die Deutsche Nationalbibliothek verzeichnet diese Publikation in der Deutschen Nationalbibliografie; detaillierte bibliografische Daten sind im Internet über http://dnb.d-nb.de abrufbar.

Alle Lehrbeispiele, Screenshots und Monitorbilder, wenn nicht anders angegeben, stammen vom Autor.

Autor und Verlag haben sich bemüht, die Sachverhalte und Gerätefunktionen korrekt wiederzugeben und zu interpretieren. Trotzdem können bei aller Sorgfalt Fehler nicht völlig ausgeschlossen werden. Wir sind unseren Lesern deshalb stets dankbar für konstruktive Hinweise. Eine Haftung des Autors bzw. des Verlags für Personen-, Sach- und Vermögensschäden ist ausgeschlossen.

Warennamen werden ohne Gewährleistung der freien Verwendbarkeit benutzt.

Alle Rechte vorbehalten.
Reproduktionen, Speicherung in Datenverarbeitungsanlagen, Wiedergabe auf elektronischen, fotomechanischen oder ähnlichen Wegen, Funk und Vortrag – auch auszugsweise – nur mit schriftlicher Genehmigung des Copyright-Inhabers.

Printed in EU

ISBN 978-3-943125-33-7

Inhalt

PowerShot S120, was sie auszeichnet	**8**
Kurzporträt PowerShot S120	10
Aufnahmeformat und Sensorleistung	18
Fotos im JPEG-Dateiformat	19
Fotos im RAW-Dateiformat	19
RAW oder JPEG?	20
RAW – wie denn?	20
Energie und Speichermedium	22
Der Akku NB-6L	22
Speichermedium SD-Karte	23
Welche SD-Karte ist zu empfehlen?	23
Bitte einprägen:	
Die Bedienelemente	24
Das System im Menü	26
FUNC. SET Menüs	27
Vollautomatisch und mit Programm	**28**
Automatikmodus	30
Hybrid Auto	32
SCN-Modus	33
Porträtaufnahmen	33
Gesichtserkennung der besonderen Art	34
Aufnahmen vom Nachthimmel	35
Nachtaufnahmen ohne Stativ	36
Unterwasseraufnahmen	36
Hintergrund Schnee	37
Feuerwerksaufnahmen	38
Gesichtserkennung	40
Kreativer Eingriff ins Bild, vorher oder danach?	42
LIVE Modus	42
My Colors besser nach der Aufnahme nutzen	43
Kreative Filter	46
Der Fisheye-Effekt	46
Miniatur-Effekt	46
Spielzeugkamera-Effekt	47
HDR = High Dynamic Range	48
Nostalgisch	49
Unscharfer Hintergrund	49
Weichzeichner	49
Kreativ Monochrom	50
Poster	51
Farbverstärkung	51
Kamerasteuerung klassisch und manuell	**52**
Der Weißabgleich	54
Abstimmung auf korrekte Farbwiedergabe	54
Weißabgleich mit Gefühl	56
Weißabgleich-Vergleiche	58
ISO-Empfindlichkeit	60
Belichtungsmessmethoden	62
Mehrfeldmessung	62
Mittenbetonte Integralmessung	62
Spotmessung	62
Programmautomatik (P)	64
AE-Speicherung	65
Programmverschiebung	65
Belichtungskorrektur und Belichtungsserie	66
Blende und Belichtung	68
Richtig belichtet – eine Zusammenarbeit von Blende und Verschlusszeit	69
Abweichung in Grenzen	70
Nicht ganz sicher? Bracketing hilft	71
Belichtungszeit und Schärfe	72
Verwacklung – und was dagegen tun?	72
Die passende Belichtungszeit für Bewegung	73
Mitziehtechnik zum Üben	74
Bewegungsunschärfe als „Kunstform"?	75
ND-Filter	76
Reihenaufnahme	77
Blendenautomatik (Tv)	78
Zeitautomatik (Av)	79
Manuelle Belichtungssteuerung (M)	80
Langzeitbelichtung	80

INHALT

Histogramm im Detail	82
Praxisnutzen eines Histogramms	83
Das universelle Zoomobjektiv	**84**
Zum Verständnis der optischen Zusammenhänge	86
Brennweite, Format- und Bildwinkel	87
Optisch und digital, die Brennweiten Ihrer S120	88
Vorwahl in festen Brennweiten-Stufen	89
ZoomPlus oder Digitalzoom	90
Digitalzoom-Bereiche der PowerShot S120	94
Weitwinkel-Domäne	98
Was ist „Standard-Brennweite"?	102
Die kurzen Telebrennweiten	104
Vom Tele bis zum Supertele	104
Weniger wackeln mit System	106
IS-Modus	106
Vom Stativ oder aus der Hand?	107
Rund um Schärfentiefe	108
Der Einfluss der Blende – im Prinzip	108
Einfluss der Brennweite	108
Einfluss des Aufnahmeabstandes, Einstelldistanz	110
Das kann der Fotograf beitragen	110
Aufgaben und mögliche Lösungen	111
Porträt und Hintergrund	111
Landschaft, Kleinstadtstraße	112
Kleines Objekt in kurzer Distanz	112
Tele-Motive	113
Licht und Beleuchtung	**114**
Der eingebaute Blitz	116
Externer Blitz und Dauerlicht-Beleuchtung	118
Blitzgerät HF-DC2	118
Mit Licht gestalten	119
Dauerlicht für Film und Foto	120
Bildgestaltung mit Ihrer PowerShot S120	**122**
Wie nähern wir uns der gestalteten Aufnahme?	124
Was ein Bild ausmacht	126
Eigenschaften eines Bildes	128
Bildkomposition	130
Bildaufbau	130
Aufnahmestandort und Blickwinkel	132
Augenperspektive	132
Vogelperspektive	132
Froschperspektive	132
Emotionale Sicht der Perspektive	134
Räumliche Wirkung	136
Gestaltungsebenen	138
Bildausschnitt, von der Totalen bis ganz nah	140
Hoch- bis Querformat	142
Flächenaufteilung	144
Der Goldene Schnitt	146
Der Punkt	148
Linie	150
Horizont	152
Fläche und Formen	154
Übungen zum Thema „Formen"	155
Farbgestaltung	158
Bunte und unbunte Farben	158
Farbe technisch gesehen	160
Kontraste	162
Farbkontraste	163
Hell-Dunkel-Kontraste	163
Komplementärkontrast	164
Mengenkontrast	166
Qualitätskontrast	166
Kalt-Warm-Kontrast	166
Praxis mit der Powershot S120	**168**
Menschen vor der Kamera	170
Menschen unter der Foto-Lupe: Das Porträt	170
Vom Baby bis zum Kleinkind	172
Ein Anlass macht Motive	173
Landschafts„maler"	174
Das weite Land	174
Architekturfotografie	178
Tierisch gut	180
Im „Privat-Zoo"	180
Die „Wilden" im Zoo	181

Nah- und Makrofotografie	184	Druck auf Textilien	205
Kleine technische Hilfen	184	Fotos auf Keramik	205
Stillleben und Sachaufnahmen	187	Wandschmuck	205
Vom Filmtagebuch zum Videodreh	188	Kalender	205
Filmtagebuch	188	Ziele der Bildbearbeitung	206
Praxis mit dem Movie-Modus	188	Einfache Verbesserung	206
Vom Clip zum Dokumentarfilm	189	Retusche gegen kleine Mängel	207
Filmen	190	Ein nachhaltiger Eingriff	207
Die Zeit ist ein Maßstab	192	Manipulation von Farben	207
Bearbeitung	193	Geometrische Eingriffe	207
Clip-Sammlung	193	Objektivfehler korrigieren oder simulieren	208
Nach der Aufnahme	**194**	Der Bildmodus	209
Drahtlos verbunden	196	HDR-Berechnung	209
Cloud und Gateway	197	Zusatzleistungen der Bildbearbeitung	209
GPS-Daten	197	Canon Software	210
Sortieren und Archivieren	198	Belebende Software-Konkurrenz	211
Das Original muss erhalten bleiben	198	Top-Ergebnisse durch die Bildbearbeitung	212
Archivierung mit Datenbank-Unterstützung	199		
Brillante Fotos	200	**Nützliches…**	**213**
Jederzeit selbst gedruckt	200	Stative:	
Der kleine Thermodrucker	200	stabiler Stand und Führung	214
Ein Tinten-Fotodrucker	200	Kleine Helfer	218
Ein Farb-Laserdrucker	200	Sicher – mit Tasche	218
Gibt es Alternativen?	201	Strom auf Dauer	219
Aus der Kamera direkt zum Farbdrucker	201	Putzen, Pflegen, Reinigen	220
Drucken lassen	204	Firmware für die PowerShot	221
Ein Fotobuch	204	Stichwortverzeichnis	222

PowerShot S120, was sie auszeichnet

Kurzporträt PowerShot S120

Handlich und leistungsstark, glänzt die kompakte PowerShot S120 mit beachtlicher Anfangslichtstärke von 1:1,8 des 5fach Zoomobjektivs. Es startet mit der Weitwinkelbrennweite von 5,2 mm (KB = 24 mm) und endet bei 29 mm (KB = 120 mm) und der Lichtstärke 1:5,7 bei längster Brennweite. Ein schneller Autofokus und hochempfindlicher leistungsstarker CMOS-Sensor liefern technisch überzeugende Fotos und brillante Full-HD-Movies.

Volle manuelle Kamera-Steuerung und RAW-Format geben Ihnen größtmögliche technische Freiheit bei der Bildkomposition. Mit dem individuell konfigurierbaren FUNC. SET- Menü stimmen Sie die Kamera auf Ihre ganz persönlichen Aufnahmegewohnheiten ab.

Die Software „Digital Photo Professional" im Lieferumfang der Kamera eignet sich gut für die Bildbearbeitung. Ein Programm, mit dem sich die nahezu unbegrenzten Möglichkeiten des RAW-Formats erschließen.

Zusammen mit ihrem anpassungsfähigen Bildstabilisator eröffnet die lichtstarke 1:1,8 Weitwinkel-Einstellung eine fotografisch äußerst ergiebige Welt der Available-Light-Fotografie: Fotografieren bei vorhandenem Licht und das auch von bewegten Objekten ganz ohne Stativ. In diesen Aufnahmesituationen zeigt sich die Qualität des Hochleistungssensors und des ausgereiften DIGIC 6 Prozessors durch die hervorragende Unterdrückung des Bildrauschens, das sich zumeist besonders stark in dunklen Bildteilen bei Aufnahmen mit sehr hoher Aufnahmeempfindlichkeit bemerkbar macht. Als maximale Empfindlichkeitseinstellung schafft die PowerShot S120 ISO 12800.

Was die PowerShot S120 auszeichnet

- Lichtstarkes 1:1,8-5,7, 5,2-29 mm 5fach optisches Zoomobjektiv (entspricht Kleinbild [KB] 24-120 mm)
- Zoom Plus bzw. Digital-Telekonverter 1,5- oder 2fach
- 12,1 MP CMOS; HS System mit DIGIC 6
- Intelligent IS, mit 5achsigem Bildstabilisator für verwacklungsarme Videos
- Schneller Autofokus auch für Reihenaufnahmen mit bis zu 12,1 Bildern pro Sekunde für die ersten 6 Bilder, dann 9,4
- Verschlusszeiten 250-1/2500 Sekunde (je nach Aufnahmemodus, Standardeinstellung 1-1/2500 Sekunde
- Empfindlichkeitsbereich von ISO 80 bis 12800
- 7,5 cm (3,0 Zoll) Touchscreen-LCD, rund 922 000 Bildpunkte
- Ringsteuerung mit zuweisbaren Funktionen, individuelle Kamerakonfiguration
- Wi-Fi-Funktion für die kabellose Bildübertragung
- GPS Daten speichern über ein Mobilgerät (Smartphone)
- RAW- und JPEG-Dateiformat
- Full-HD-Movies mit 60 Bildern pro Sekunde
- HDMI-CEC
- Filmtagebuch
- Stereotonaufnahme mit Windschutzfunktion
- Motivautomatik auch im Filmmodus
- Superzeitlupe

Die Betrachtung von Lichtstärke und ISO-Empfindlichkeit lohnt den Vergleich: Standardlichtstärken beginnen meist bei einer Lichtstärke von ca. 1:3,4 oder noch geringer. Die S120 bietet den Vorteil von zwei vollen Blendenstufen mit ihrer hohen Anfangslichtstärke. Da eine volle Blendenstufe einer Verdopplung bzw. Halbierung des ISO-Wertes entspricht, gewinnen wir bei der Blendenöffnung von 1,8 eine vergleichbare Empfindlichkeitssteigerung von zwei Stufen, was einem Wert von ISO 51200 entspricht. Alles ohne den sonst unvermeidlichen Qualitätsverlust bei der Auflösung und im Rauschverhalten. Höhere Objektivlichtstärke lohnt sich!

Der Touchscreen mit 922.000 Bildpunkten bietet eine einfache, intuitive Bedienung der Kamera. Mit dem 7,5 cm großen hochauflösenden LC-Display können Sie die volle Lichtstärke des Objektivs bei schwachen Lichtverhältnissen und lichtschwachen Motivsituationen voll auskosten. Dunkle Motive werden auf dem LCD angenehm hell und kontrastreich wiedergegeben, was die Bestimmung des Bildausschnitts erheblich verbessert. Das Display verfügt über einen angenehm weiten Betrachtungswinkel, besonders vorteilhaft für die Bildwiedergabe.

Der sehr schnelle und auch variable Autofokus der S120 macht rasante Motivverfolgung möglich. Er hilft bei der Gesichtserkennung und bei Highspeed Serienbild-Schüssen. Da können Sie Action mit bis zu 12 Bildern pro Sekunde (für die ersten sechs Aufnahmen, dann 9,3 Bilder pro Sekunde) einfangen, und das auch mit maximaler Auflösung.

Die Zauberformel „HDR" darf bei einer Kamera wie der S120 nicht fehlen. Schattenbereiche werden aufgehellt und Lichterpartien besser durchzeichnet. Die

Was die PowerShot S120 auszeichnet

- Motivprogramme Smart Auto, Face ID, Blinzeltimer
- HDR-Modus für Aufnahmen aus der Hand
- Modus für verstärkte Hintergrundunschärfe
- Highspeed-Serienbilder
- Elektronische Wasserwaage; Selbstauslöser
- Zubehör, wie Blitzgerät, Unterwassergehäuse
- Manueller Weißabgleich
- Anpassen der Bildhelligkeit (i-contrast)
- Kontrastkorrektur
- Belichtungsreihe (AEB-Modus)
- Neutraldichtefilter (ND-Filter 3 Blenden)
- My Colors Modus für unterschiedliche Bildtoneffekte
- Custom Farbe für Farbkorrekturen
- Reihenaufnahmen
- Manuelle Scharfeinstellung (MF)
- Positions- und Größenänderung des Autofokusmessfeldes sowie Servo AF
- Fokus-Aufnahmereihe
- Gesichtserkennung; Rote-Augen-Korrektur
- Manuelle Blitzeinstellung in drei Stufen, Langzeitsynchronisation des Blitzes, kürzeste Blitzverschlusszeit 1/2000 s, Blitzsynchronisation auf Beginn oder Ende der Verschlusszeit
- Datumseindruck

POWERSHOT S120, WAS SIE AUSZEICHNET

Kamera nimmt kurz hintereinander drei Bilder mit unterschiedlichen Belichtungszeiten auf und errechnet daraus eine einzelne optimierte Bilddatei. Ruhige Kamerahaltung, kurze Belichtungszeiten und keine schnellen Bewegungen im Bild vorausgesetzt, gelingen diese Aufnahmen auch aus der Hand. Das ist nur ein Beispiel kreativer Bildeffekte, die Ihnen die PowerShot S120 anbietet.

Es ist nicht der einzige Versuch der Kamera, Ihnen das Fotografenleben zu vereinfachen. Wer nicht die klassischen Einstellungen bevorzugt: Programmautomatik (P), Blendenautomatik (Tv: die Belichtungszeit wird vorgegeben und die Blende entsprechend der Motivhelligkeit geregelt), Zeitautomatik (Av: die Blende wird vorgegeben, die Belichtungszeit regelt sich automatisch) und Manuell (M, Blende und Zeit werden fest eingestellt), der kann auf ein umfangreiches Spektrum von Motivprogrammen, den „Smart Auto" zurückgreifen. Hier werden insgesamt 58 Voreinstellungen (37 für Foto und 21 für Film) angeboten, die mit Hilfe des Gesichtserkennungsmodus vom Anpassen ans Alter der „Zielperson" (Baby-Erkennung) bis zur „Reaktion auf Wimpernschlag" (Blinzelautomatik) reichen.

Hohe Kontraste durch starke Schattenbildung im schrägen Abendlicht können Sie im HDR-Modus deutlich abschwächen.

Der Movie-Modus gehört in der Zwischenzeit zur Standardausstattung einer Kamera und ist voll in die vielen Ausstattungsvorteile der S120 integriert. Die Film-Bildqualität lässt sich in drei Stufen einstellen, 640 für die Auflösung 640 x 480, 1280 für 1280 x 720 und 1920 für die HD-Auflösung von 1920 x 1080. Alle Angaben in Pixel oder Bildpunkten zu verstehen. Die Superzeitlupe erlaubt hohe Bildfrequenzen bis zu 240 Bilder (320 x 240) pro Sekunde. Zwei eingebaute Mikrofone lassen Stereotonaufnahmen zu.

Haltung wahren?

Wer den Steuerring nahe dem Objektiv nutzt, sollte darauf achten, nicht das Objektiv abzudecken. Als Vorteil ergibt sich eine Kamerahaltung, bei der man unterhalb von Objektiv und Kameraboden die Kamera abstützen kann.

Die Ringsteuerung am Objektiv gibt Ihnen den raschen Zugriff auf Funktionen zu Zoom, Blende, Verschlusszeit, Fokus oder ISO-Einstellung. Mehr als nur eine „Arbeitsteilung" mit dem Einstellungswahlrad auf der Rückseite der Kamera, lassen sich Funktionen nach persönlichen Vorlieben dem Einstellungswahlrad, mehr noch dem Steuerring rund um das Objektiv zuordnen. Um dem Steuerring eine Funktion zuweisen zu können, muss ein Druck auf die Taste „Ring Func." die Veränderung einleiten.

Funktionen dem Steuerring zuordnen

Funktion	M	Av	Tv	P
Standard	Av	Av	Tv	ISO
ISO	ISO	ISO	ISO	ISO
+/-	Tv	+/-	+/-	+/-

MF	Manuelle Fokussierung
WB +/-	Weißabgleich
Zoom	Zoomstufen
Kontrast	Kontrastkorrektur
Schatten	Schattenkorrektur an/aus
Seiten-Vh.	Seitenverhältnis ändern
C	Custom = Funktionen nach Bedarf zuweisen

Mit dem sehr praktischen Steuer- oder auch Einstellring, dem Sie unterschiedliche Funktionen zuordnen können, passen Sie die Kamera Ihrer Arbeitsweise an.

Wie kaum anders zu erwarten, ist die Auswahl zur Konfiguration vielseitig, aber über tabellarische Darstellung in den Griff zu bekommen. Die persönliche Vorliebe kann sich an der Wahrscheinlichkeit mehr oder minder häufiger Notwendigkeit zum Eingriff orientieren. Meine Favoriten für den häufigen Einsatz sind Zoomstufen, Blende und Verschlusszeit sowie die ISO-Einstellung der Lichtempfindlichkeit. Andere Optionen bieten mir meist mehr Zeit zum Überlegen vor einer Aufnahme oder einer Foto-Exkursion.

Beim Smartphone kaum verzichtbar, kommt der PowerShot S120 das Privileg zu, sich „die erste PowerShot mit Touchscreen" nennen zu dürfen. Das wird Spuren in der PowerShot-Historie hinterlassen. Spuren der Bedienung von Tippen und Streichen können mit einer Schutzfolie vom gehärteten „Schutzschild" ferngehalten werden, die diese Oberfläche eigentlich nicht nötig hat. Wer Folie benutzt, kann die Berührungsempfindlichkeit des kapazitiven Sensors anpassen.

Zahlreiche Funktionen bei Aufnahme und Wiedergabe beziehen sich auf die Arbeit mit dem Menü oder „Blätterfunktionen" von Bild zu Bild. Vergrößerung und Verkleinerung durch spreizende Fingerübungen eingeschlossen. Am Interessantesten jedoch wohl die Positionierung des AF-Messfeldes und die Auslöse-Funktion. Drauftippen und der Schnappschuss ist getan. Etwas Übung ist jedoch angebracht, denn kaum anders als beim regulären Auslöser besteht durch heftiges, ruckartiges Reagieren eine Verwacklungsgefahr.

Menü der Funktionszuordnung für den Einstellring.

Verwacklungsgefahr!

Trainieren Sie die Auslösung der Kamera mittels Touchscreen zuerst mit kurzen Brennweiten. Mit langen Brennweiten steigt das Risiko der Verwacklung. Sanft und konsequent die Auslösung herbeiführen verbessert die Ausbeute an scharfen Bildern – per Touchscreen wie per konventionellem Auslöser-Knopf gleichermaßen.

POWERSHOT S120, WAS SIE AUSZEICHNET

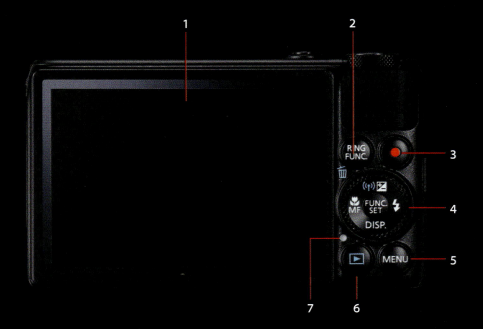

1. Touchscreen LCD-Monitor
2. Wahltaste für Steuer-Ring; Einzelbild löschen
3. Movie-Taste
4. Einstellungs-Wahlrad
5. Menü-Taste
6. Wiedergabe-Taste
7. Kontrollleuchte
8. Modus-Wahlrad
9. Auslöser
10. Ein-/Ausschalter
11. Lautsprecher
12. Ringsteuerung
13. Blitz
14. Schlaufenhalterung
15. Blitzschalter
16. WLAN-Antenne
17. Objektiv
18. Lampe
19. Stereomikrofon
20. Zoom-Regler
21. Speicherkarten- und Akkufach
22. Kontaktabdeckung des DC-Kupplers
23. Stativbuchse
24. Gerätenummer

Einstellungs-Wahlrad und Wippschalter
1. Einstellungs-Wahlrad
2. Belichtungskorrektur, WLAN; „Nach oben"- (▲)-Richtungstaste
3. FUNC. SET-Taste und Bestätigungstaste
4. Blitzfunktionstaste; „nach rechts" (▶)-Richtungstaste
5. DISP.-Taste; „Nach unten" (▼)-Richtungstaste
6. Makro-Taste; MF manueller Fokus „Nach links" (◀)- Richtungstaste

Modus-Wahlrad (Aufnahme-Modi)
1. Tv – Zeitautomatik
2. Av – Blendenautomatik
3. M – Manuelle Einstellung
4. C – benutzerdefinierte Einstellungen
5. (Movie) Film-Modus
6. Kreative Filter Modus für Bildeffekte
7. SCN – Szene-Modus
8. AUTO – Automatik-Modus (Smart Auto)
9. Hybrid Auto (Film-tagebuch-Modus)
10. P – Programm-Automatik

Zoomregler
1. Index-Anzeige und Verkleinerung bei der Wiedergabe)
2. Zoomeinstellung „Weitwinkel"
3. Zoomregler
4. Zoomeinstellung „Tele"
5. Vergrößerung bei der Wiedergabe

KURZPORTRÄT DER POWERSHOT S120

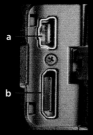

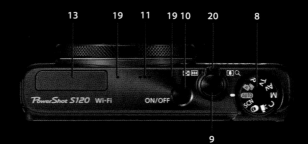

a Digital-Anschluss
b HDMI-Anschluss

geöffnetes
Speicherkarten- und
Akkufach

POWERSHOT S120, WAS SIE AUSZEICHNET

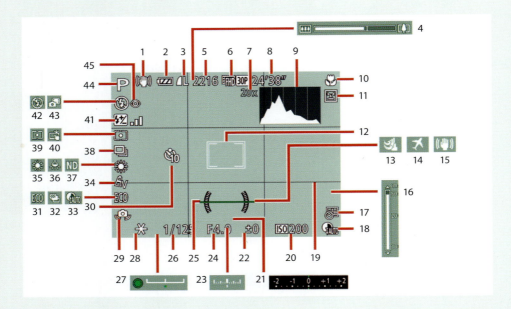

Monitoranzeigen – Aufnahme

1. IS-Modus-Symbol
2. Batterieladestand
3. Bildqualität (Kompression) Auflösung, RAW, JPEG
4. Zoombalken
5. Verbleibende Aufnahmen
6. Movie-Auflösung
7. Digitalzoom, Digital-Telekonverter
8. Verbleibende Zeit
9. Histogramm
10. Fokussierbereich, AF-Speicherung
11. Blinzelwarnung
12. AF-Rahmen (außen). Spotmessfeld (innen)
13. Windschutz
14. Zeitzone
15. Bildstabilisierung
16. MF-Anzeige
17. Datumsaufdruck
18. Kontrastkorrektur
19. Gitternetz
20. ISO-Empfindlichkeit
21. Belichtungskorrektur-Balken
22. Belichtungskorrekturstufe
23. Belichtungskorrekturanzeige
24. Blendenwert
25. Elektronische Wasserwaage
26. Verschlusszeit
27. Belichtungseinstellungs- balken (manuelle Belichtungs- steuerung)
28. AE-Speicherung, Blitzbelichtungsspeicherung
29. Verwacklungswarnung
30. Selbstauslöser
31. Eco-Modus
32. AEB-Aufnahmen, Fokus-Aufnahmereihe
33. Schattenkorrektur
34. My Colors
35. Weißabgleich
36. Korrektur Quecksilberdampf- lampen
37. ND-Filter
38. Auslösemodus
39. Lichtmessverfahren (Meßmethode)
40. Touch-Auslöser
41. Blitzbelichtungskorrektur, Blitzleistung
42. Blitzmodus
43. Hybrid Auto-Modus
44. Aufnahmemodus
45. Rote-Augen-Korrektur

Kurzporträt der PowerShot S120

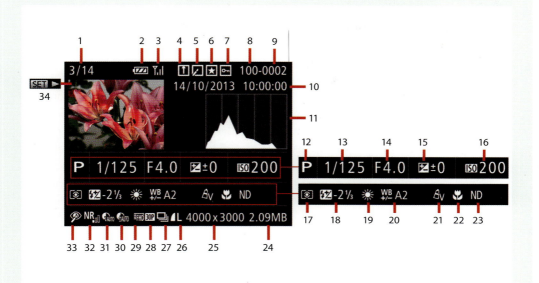

Monitoranzeigen – Wiedergabe

1. Nummer des angezeigten Bildes (links), Gesamtzahl gespeicherter Bilder
2. Batterieladestand
3. WLAN-Signalstärke
4. Bild-Sync. (automatisches Bilder senden)
5. Bildbearbeitung
6. Favoriten
7. Bildschutz (Löschschutz)
8. Ordnernummer
9. Dateinummer
10. Datum (links) und Uhrzeit
11. Histogramm
12. Aufnahmemodus
13. Verschlusszeit
14. Blendenwert
15. Belichtungskorrekturwert
16. ISO-Wert, oder Wiedergabegeschwindigkeit
17. Lichtmessmodus
18. Blitzbelichtungskorrektur
19. Weißabgleich
20. Weißabgleich Quecksilberdampflampen
21. My Colors
22. Fokussierbereich
23. ND-Filter (Graufilter)
24. Dateigröße
25. Foto-Auflösung oder Filmwiedergabezeit
26. Kompression (Bildqualität)
27. Bildfolge (Serienbild, Einzelbild)
28. Filmfrequenz
29. Film-Aufnahmequalität
30. Schattenkorrektur
31. Kontrastkorrektur
32. High ISO Wert
33. Rote-Augen-Korrektur
34. Movie-Kennzeichnung für die Wiedergabe

Monitoranzeigen der Filmsteuerung

Beenden
Wiedergabe
Zeitlupe
Zurückspulen/vorheriger Film
Vorheriges Bild
Nächstes Bild
Vorspulen/nächster Film
Ändern (Schneiden)
Anzeige nach Anschluss an einen PictBridge-kompatiblen Drucker

Batterieladestand

Voll geladen
Etwas entladen
Fast leer, baldige Aufladung ist notwendig
Rot blinkend: Akku ist leer Anzeige: Akku aufladen

Aufnahmeformat und Sensorleistung

Sensorflächen: Hier im Maßstab 1:1 dargestellt, wirkt der 1/1,7" Sensor der S120 im direkten Vergleich recht klein. Umso erstaunlicher ist es, welch eine Auflösungsleistung mit diesem Wunderwerk der Technik erzielbar ist.

In Blick auf diejenigen, die direkt aus der Kamera heraus ihre Bilder drucken möchten, kann im Menü „4:3" das Bildformat beschnitten werden. Eine Funktion wie Sie es mit einem Bildbearbeitungsprogramm am Computer durchführen können. Am eigentlichen Aufnahmeformat und bei der Bildauflösung ändert sich nichts.

Fragt man nach den Qualitätskriterien einer Digitalkamera, so steht die Pixelzahl auch heute noch an oberster Stelle. Nur langsam spricht es sich herum, dass der Kampf um die Millionen an Bildpunkten mehr zu einer Marketingstrategie wurde als ein objektives Qualitätskriterium. Damit will ich nicht sagen, dass die Anzahl der Bildpunkte für die Auflösung nicht von Bedeutung sei, sie ist jedoch nicht das allein entscheidende Kriterium für die Bildqualität.

Canon ist bei der PowerShot S120 einen guten Kompromiss mit Pixelzahl und Sensorgröße eingegangen. Die 12,1 Megapixel verteilen sich auf einer Fläche von rund 42 mm², dem 1/1,7" Bildsensor. Das Format dieses Sensors beträgt 7,5 x 5,6 mm. Im Vergleich zum klassischen Kleinbildformat von 36 x 24 mm, auch als Vollformat bezeichnet, erscheint das recht wenig, reicht aber aus, um mit der S120 technisch hervorragende Bildergebnisse zu erzielen.

Wie gesagt, die Pixelanzahl und Sensorgröße sind nur ein Teil des Qualitätsspektrums. Entscheidender Anteil am Ergebnis ist dem Bildprozessor zuzuschreiben, der die eingehenden Daten verarbeitet. Der Canon DIGIC Bildprozessor ist somit das Herz jeder Canon Digitalkamera. Schnelle Signalverarbeitung ermöglicht eine schnelle Kamerabereitschaft, optimierte Rauschunterdrückung und das auch bei hohen Empfindlichkeitseinstellungen (ISO-Werten). Extrem schnelle Datenverarbeitung ist auch Voraussetzung für die vielen auch sehr anspruchsvollen Movie-Funktionen.

Mit dem eingebauten DIGIC 6 Prozessor ist eine neue Evolutionsstufe erreicht, mit noch weniger Bildrauschen bei hohen ISO-Werten, verbessertem Dynamikumfang, mit noch schnellerer Signalverarbeitung und neuen Funktionen wie Face ID (Gesichtserkennung), Mehrbereichs-Weißabgleich und schnelle Reihenaufnahmen bei voller Auflösung.

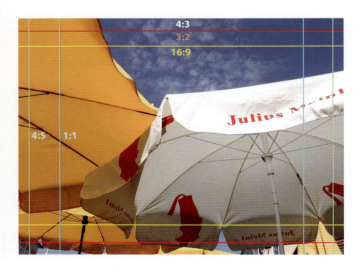

Fotos im JPEG-Dateiformat

Hinter dem Kürzel JPEG versteckt sich die Joint Photographic Experts Group, der Entwickler dieses Foto-Dateiformats. Das wichtigste für den Anwender ist die gute Komprimierbarkeit, wobei man nicht verschweigen darf, dass dies auch mit Qualitätsverlust verbunden ist, der mit dem Grad der Komprimierung steigt. Wird die selbe Datei mehrfach als JPEG-Datei gespeichert, verstärkt sich der Qualitätsverlust. Neben Veränderungen an einem Bild, die zu neuen Komprimierungsergebnissen führen, spielt die Tatsache, dass bei Komprimierung und Dekomprimierung Verluste auftreten, eine große Rolle.

Gängige Dateinamenserweiterung ist „jpg". Es ist sicher das am weitesten verbreitete Dateiformat für Fotos und durch die gute Komprimierbarkeit bestens für den elektronischen Versand oder Anwendungen im Internet geeignet. Es ist zudem das Dateiformat, das in praktisch allen Selbstbedienungsautomaten zur Ausgabe von Fotos erwartet wird.

Außer den reinen Bildinformationen werden im JPEG-Format auch Metadaten wie z.B. Angaben zur Kamera, Aufnahmedatum, Blende, Belichtungszeit und weitere Informationen im EXIF-Format (Exchangeable Image File Format) gespeichert. EXIF-Daten und eine Reihe weiterer Informationen können Sie in einer guten Bildbearbeitungs-Software oder speziellen Software wie EXIF-Datenleser und Editoren einsehen.

Übrig bleibt ein Teil weiterer Informationen in der Bilddatei, die sich nicht so einfach einsehen lassen. Eine sichere Methode zur Nachhilfe bei der Erinnerung an eine Aufnahme-Situation ist jedoch die Wiedergabe einer Aufnahme in Ihrer PowerShot S120 bei Aktivierung der vollen Information (über die Taste DISP.). Teilweise, zum Beispiel zum Weißabgleich, sind die Informationen in der Kamera präziser als „außerhalb" mittels EXIF-Datenanzeige.

Fotos im RAW-Dateiformat

RAW-Bilder bestehen Pixel für Pixel aus den digitalen Helligkeitswerten eines jeden Bildpunktes des Sensors (Bildchip). Eine Bildbearbeitung in der Kamera nach der Belichtung ist praktisch verzichtbar. Unverzichtbar ist jedoch die Aufzeichnung aller technischen Details einer Aufnahme. Jede Eigenschaft der Kamera, jede bei der Aufnahme verwendete Einstellung, aber auch die von Ihnen vorgenommenen Veränderungen an den

RAW- und JPEG-Format

Wer sich nicht zwischen JPEG und RAW entscheiden kann, dem sei dringend die kombinierte Einstellung angeraten. Damit hat er die JPEG-Datei für den Direktdruck oder für den Versand im Internet und RAW-Datei für die Archivierung und die spätere Feinbearbeitung am Computer.

Bei der Einstellung „RAW+JPEG" wird jeweils die Auflösungs-Einstellung unter „JPEG" und die gewählte Komprimierung (Fein oder Superfein) für die zusätzliche JPEG-Datei verwendet, in unserem Beispiel „M2". Die RAW-Datei enthält die unbearbeiteten Pixel des Chips in vollem Umfang des gewählten Seitenverhältnisses.

POWERSHOT S120, WAS SIE AUSZEICHNET

RAW-Regeln

RAW-Daten lassen nachträgliche Eingriffe in weitem Umfang zu. Die Praktik für richtig dosierte Eingriffe muss man selbst erlernen und sich erarbeiten. Für den Anfang empfiehlt sich somit die Wahl der RAW-Aufzeichnung mit zusätzlicher JPEG-Datei, in der alle Änderungen am Bild in ihrer Wirkung optimiert sind. Stufe „L" und Superfein-Komprimierung sind dabei die beste Wahl, um JPEG in bester Qualität neben der RAW-Datei zu besitzen, die bei genug Erfahrung noch bessere individuelle Ergebnisse erlaubt.

Aufnahmevorgaben werden in diesen technischen Details bewahrt. Natürlich auch Informationen zum Chip und selbst zum Objektiv, dessen Brennweitenbereich und vor allem die tatsächlich verwendete Brennweiten-Wahl. Die Kamera erkennt damit jederzeit die Voraussetzungen wieder. Sie vermag dadurch auch eine RAW-Datei auf dem LC-Display der Kamera jederzeit wieder anzuzeigen. Die JPEG-Bearbeitungsfunktionen in der Kamera sowie jede RAW-taugliche externe Software erfahren damit, wie mit dem RAW-Bild umzugehen ist. Selbst Objektiv-Mängel wie beispielsweise eine Verzeichnung werden berücksichtigt und begradigt. Hatten Sie eine „Super-Weitwinkel-Brennweite" in Gebrauch, so werden Ihnen die „Fehler" der optischen Verzeichnung erst gar nicht gezeigt. Nur die „Fehler" perspektivischer Verzeichnung bekommen Sie zu sehen – doch die liegen ja sowieso in der Verantwortung des Fotografen.

RAW oder JPEG?

Sie möchten wissen, welchem Format der Vorzug zu geben ist? Geht es um schnelle Übertragung, Wiedergabe auf dem Smartphone-Display „pixelarmer" Auflösung, so sparen Sie an der Auflösung und nutzen heftige Komprimierung. Mit „L" für höchste Auflösung und „Superfein" für geringere Komprimierung erreichen Sie aber auch sehr gute Wiedergabe der Bilder auf einem Flachbild-Fernseher oder selbst in recht großem Format auf Foto-Papier.

Wollen Sie „getreu auf das einzelne Pixel" arbeiten, sich professionellen und nicht überbietbaren Ergebnissen nähern? Das RAW-Dateiformat ist für Sie das richtige Ausgangsmaterial – sollte man meinen. Eines ist jedoch zu bedenken: In den Algorithmen der JPEG-Bearbeitung in der Kamera steckt die ganze Erfahrung über die verwendete Technik der Kamera. Notwendige Eingriffe zur Optimierung der Bildqualität erfolgen automatisch. Wie ein RAW-Bild zu behandeln ist um die gleichen oder noch bessere Ergebnisse zu erzielen, müssen Sie als Fotograf und Bild-Nachbearbeiter erst erfahren, trainieren, lernen.

RAW – wie denn?

Hier ein kleiner Einblick ohne Anspruch auf Vollständigkeit in Themen der individuellen RAW-Bearbeitung:
- Die Belichtung lässt sich sehr fein abgestimmt zum Beispiel im Rahmen von +/- fünf Blendenstufen verändern.

- Der Weißabgleich kann nach Vorgabe (Tageslicht, Kunstlicht, usw.) und nach Farbtemperatur (Kelvin) geändert werden.
- Schatten lassen sich aufhellen, Lichter verbessern, wenn sie nicht tatsächlich heillos überbelichtet sind.
- Kontrast, Schärfe, Luminanz, Chrominanz, Dynamik und noch viel mehr erfordern Berücksichtigung durch Sie.

Die Aufzeichnung der Sensor-Sicht ist praktisch „originalgetreu", doch zu dieser Originaltreue gehören auch die Fehler der Technik, die Fehler der Optik, die sich je nach Motiv unterschiedlich auswirken können. Hinzu kommt, dass sich viele verschiedene Eingriffsmöglichkeiten gegenseitig beeinflussen.

Wie sollte man sich entscheiden? Ihre PowerShot S120 erlaubt das RAW-Format nur in den Belichtungs-Modi M, Av, Tv und P – alle anderen Programme erzwingen das JPEG-Format.

Benutzen Sie die klassischen Belichtungsprogramme M, Av, Tv oder P, dann wählen Sie die Aufzeichnung im RAW-Format plus der Aufzeichnung in JPEG der Güte „L" bei Superfein-Komprimierung. So haben Sie ein optimiertes und schnell verwendbares JPEG-Bild nebst höchster Qualität in RAW, das Sie zur Sammlung von Erfahrung, zum Trainieren verwenden können – solange, bis Sie noch besser als der „Bildbearbeiter" in der PowerShot S120 arbeiten.

Bildschirmansicht eines Bearbeitungsfensters der Canon Digital Photo Professional Software mit den eingeblendeten Aufnahmeinformationen (links) und der Werkzeugpalette (rechts).

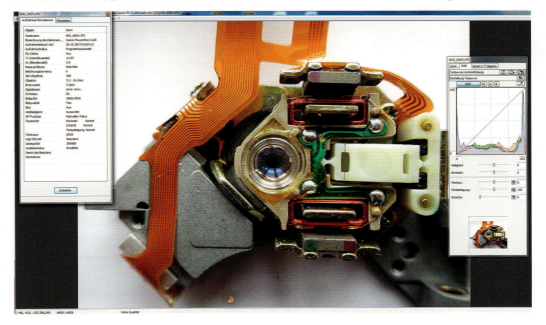

Energie und Speichermedium

Akku- und SD-Kartenfach der PowerShot S120.

Der Akku NB-6L

Ohne Strom keine Bilder. Der kleine Akku NB-6L beziehungsweise NB-6LH besticht durch seine kleinen Dimensionen, die natürlich auch aus der Absicht herrühren, eine kleine, kompakte Kamera zu bauen, die man gerne jederzeit überallhin mitnimmt. Ein kleiner Akku, fast überall mit passendem Ladegerät aufladbar und im Verhältnis zu seinen Dimensionen beachtlich leistungsfähig. Die Tücke liegt im Detail. Akkus geben meist dann den Geist auf, wenn es am wenigsten passt. Trotz hoher Leistung rate ich zur frühzeitigen Anschaffung des Zweitakkus, besser noch auch des Drittakkus – denn Fotografieren besteht nun einmal aus viel mehr als dem in Bezug auf Stromverbrauch bescheidenen Druck auf den Auslöser. Wartezeiten, Zoomfahrten, Blitzbereitschaft oder die Anzeige vorhandener Bilder können zu neuen, einmaligen Bildern führen – doch bis es dazu kommt sind sie Stromverbraucher. Das rot blinkende Akku-Ladestand-Warnsignal ist dann der dringende Alarm zum Akku-Wechsel. Hier ein paar Tipps zur Vermeidung des vorzeitigen Foto-Exkursion-Endes.

- Vor dem Fotoausflug Akkustand kontrollieren, besser noch Auffrischungs-Laden bis zum grünen Ladegerät-Signal.
- Voll geladenen Ersatzakku einstecken; alle verfügbaren Akkus
- Von Noname-Akkus lieber die Finger lassen. Original Canon Akkus geben Sicherheit, Qualitätsprodukte aus gutem Hause (z.B. Hähnel) stehen dem nicht nach.
- Display, Zoomfahrt, pausenloses Fokussieren, aktiver Blitz, lange Rückschau vorhandener Bilder fressen Strom.
- Strom sparen: Display-Helligkeit anpassen (5 Stufen nach Bedarf, Nacht-Modus), ECO-Modus wählen, Stromspar-Modus wählen, kontinuierliche Fokussierung abschalten, AF-Hilfslicht zumindest am Tag abschalten.

Dauer-Strom

Mit dem Netzadapter ACK-DC40 gewinnen Sie den Vorteil, nahe einer Steckdose unbegrenzt fotografieren zu können. Ein Adapter findet Platz im Akkufach der Kamera, von dort führt ein Kabel zur am Haushaltsnetz angeschlossenen Stromversorgung. Pausenlosem Studio-Aufnahmebetrieb, sorgfältiger Beurteilung der Bilder, direkter

Betrachtung von Filmsequenzen am Bildschirm oder der Ausgabe der Bilder am eigenen Drucker, steht nichts mehr im Wege.

Speichermedium SD-Karte

SD bedeutet „Secure Digital" und weist auf die Eigenschaft hin, einen Schieber am Rand der Karte als Löschsperre zu nutzen. Die langsameren Karten gehören der SD-Familie an, die das System begründete.

HC oder High Capacity ist der Hinweis auf die zweite Generation, die größere Speicherkapazität einführte. Höchste, wenn auch noch nicht ausgeschöpfte Kapazitätsgrenzen, bringt die recht teure SDXC Karte mit. Sie ist mit eXtended Capacity übersetzbar. Die momentan maximale Kapazität liegt bei 512 GB.

Achten Sie bei der Anschaffung einer SD-Karte auf die Kapazität, mehr noch auf die C-Klasse. Diese ist ein Hinweis auf Mindest-Übertragungsraten. Kann eine C-4 oder C-6 Karte auch für Fotos oder Reihenaufnahmen richtig sein, so sind die schnellen und schnellsten Vertreter ihrer Art nahezu unerlässlich wenn man Filme dreht und an die Grenzen der Auflösung (HD-Movie) und Filmfrequenz geht. Ab der Klasse C-10 sollte man in den meisten Fällen auf der richtigen Seite sein.

Eye-Fi Karten mit eingebauter drahtloser Übertragungs-Fähigkeit bieten sich vom Erfinder (Eye-Fi) in der neuen Mobi-Version mit verbesserten Eigenschaften an. Sie sind praktische Alternativen, wenn man z.B. seine Kamerabilder an ein Smartphone senden will. Es kann allerdings zur „Kollision" zwischen eingebautem WLAN-Sender und dem WLAN-Sender auf der Eye-Fi Karte kommen.

Welche SD-Karte ist zu empfehlen?

Hobby oder Passion passen eigentlich nie zur Vernunft, doch zu der will ich raten mit einer SDHC-Speicherkarte in C10. Bleiben Sie bei der Kapazität im unteren Drittel des Angebots. Mit 4, 8 oder 16 GB ist man für Fotos, auch im RAW-Format, und Filme gut bedient.

Lange Filmszenen sind auf 8 und 16 GB Karten besser aufgehoben. Für Film und Foto gilt gleichermaßen, dass größere Karten auch größere Verluste bedeuten können, wenn eine Karte einmal zum Total-Schaden wird.

Nutzen Sie stets alle Möglichkeiten zur Übertragung der Dateien von der SD-Speicherkarte zu einem anderen Medium. Zur Festplatte eines Computers vielleicht und bei ausreichender Menge weiter zu einem Medium wie CD oder DVD. „Safety" stand früher am Filmrand; für die SD-Speicherkarte müssen Sie den eigenen besten Weg für Sicherheit finden.

SD-Karten Familie mit einem Fassungsvermögen zwischen 8 GB bis 128 GB.

Speicherkarten für die S120

SD-Karte
SDHC-Karte
SDXC-Karte
Eye-Fi Karten können in der S120 verwendet werden.
Beim Kartenkauf auf „CLASS" (C10 ist zu empfehlen) und Speicherkapazität achten.
Ein kleiner Schreibschutz-Schalter, auf „Lock" gestellt, verhindert ein versehentliches Löschen.
Achtung! Die „LOCK"-Position verhindert die Speicherung neuer Aufnahmen.

Klasseneinteilung und Mindestgeschwindigkeit

Class 2	2 MB/s
Class 4	4 MB/s
Class 6	6 MB/s
Class 10	10 MB/s

Bitte einprägen: Die Bedienelemente

Zentralschalter zum Ein- und Ausschalten der Kamera.

Modus-Wahlrad zur Wahl eines der Belichtungsprogramme.

Einstellungs-Wahlrad als geriffelter Ring, der drehbar arbeitet. Zugleich bietet er Druckpunkte als Richtungstaste, wie mit Pfeilen angezeigt. Im Zentrum die FUNC. SET Taste zur Anzeige des FUNC. SET Menüs sowie weitere Aufgaben wie z.B. die Bestätigung einer Wahl.

Vorgaben, Regeln und dazu Ausnahmen selbst von Ausnahmen prägen die moderne Digital-Kamera von heute. So auch die PowerShot S120. Umso wichtiger wird es, zwischen der Vielfalt aller Möglichkeiten und einer nicht wirklich perfektionierten Bedienungsvereinfachung einen persönlichen Weg zur Übersichtlichkeit zu schaffen. Jeder nach eigenem Geschmack, nach eigenen Wünschen und Schwerpunkten. Unerlässlich scheint mir ein „Basiswissen" um die Wirkung der tastbaren Bedienelemente. Prägen Sie sich die Aufgaben jedes einzelnen Knöpfchens, Rings oder Hebels ein. Vor allem aber auch die Lage dieser Bedienelemente, denn oft mag man nicht das Wichtigste aus den Augen verlieren: den Blick auf das Motiv in action im Display.

Ganz bewusst möchte ich Ihnen ersparen, jene Bedienelemente zu erklären, die viele Worte nicht verdienen, weil sie so offensichtlich eindeutig sind. Für wichtig halte ich jedoch Bedienelemente wie das Zoom-Hebelchen. Achten Sie darauf, dass es zweistufig langsam oder schnell zu arbeiten vermag. Beides ist mir oft zu schnell und so versuche ich knapp und großzügig zu zoomen, damit noch genug Luft rund um das Motiv spätere Korrekturen erlaubt. Wie oft greife ich auf ein geiziges Antippen des Hebels zurück, um möglichst alle Zwischenstufen anzusteuern, die sich in der flotten Zoomfahrt manches Mal nicht so recht treffen lassen.

Ein weiteres Merkmal sind Funktionen, die nur in Kombination von z.B. zwei Bedienelementen arbeiten. Allen voran als Beispiel der angetippte, halb gedrückte Auslöser. Er fordert Feingefühl, was ohne Übung in einer ungewollten Auslösung endet. Noch mehr Feingefühl wenn – Fortsetzung des Beispiels – dieser angetippte Auslöser ohne Durchdrücken zu halten ist, um mit gleichzeitigem Druck auf das geriffelte Einstellungs-Wahlrad in Position ▲ die gerade gesehene Belichtungsmessung als Speicherung zu halten ist. Die Aufnahme danach erfolgt irgendwann später, wobei die fixierte Belichtung unverändert bleibt, aber die Fokussierung aktuell vorgenommen wird. Eine kleine Steigerung erfahren Sie, wenn im Belichtungsmodus „P" die festgelegte Belichtung dem „Programm-Shift" unterzogen werden soll. Jene Aufgabe also, die Belichtung zugunsten einer kleineren oder größeren Blende beziehungsweise zugunsten einer kürzeren oder längeren Belichtungszeit zu verschieben. Man durchfährt damit alle momentan möglichen Kombinationen von Blende und Zeit, die in jedem Fall zu korrekter Belichtung führen. Canon verschweigt charmant leider solche Dinge in der Anleitung. Ein Dreh an Einstellungs-Wahlrad oder Steuerring führt nach Belichtungsspeicherung zum Erfolg.

Feingefühl und Vorsicht, manches Mal beides, ist in weiteren Punkten beim Umgang mit den Bedienungselementen nötig. Das gilt für Knöpfchen, Tasten und Ringe ebenso wie für den Touch-Screen. Eine leichte Berührung genügt oft, um eine der Folgen der Berührung zu aktivieren. Statt einer gekonnten Belichtung sehen Sie dann vielleicht ein Menü oder eine Fotografie, die Sie im Moment eigentlich gar nicht beabsichtigten. Vor allem der Touch-Screen, in schmalen Grenzen mehr oder minder empfindlich einstellbar, nimmt eine leichte Berührung als Befehl zum Auslösen. Zieht blitzschnell einen Rahmen um den Verursacher und belichtet. Bitte üben Sie – nicht nur weil das Löschen von Fotos so frustrierend sein kann.

Links: Die Ring-Steuerung rund um das Objektiv bietet unterschiedliche Funktionen, die man auch individuell zuordnen kann. Neben dem Einstellungs-Wahlrad eine Alternative, zu der sich noch die Bedienung per Fingerzeig oder Geste auf dem Touch-Screen (oben) hinzufügen lässt.

Oben: Ein Lautsprecher in der Mitte für die Wiedergabe und seitlich davon die Öffnungen für die Stereo-Ton-Mikrofone.

Links: Auf der Kamerarückseite sind wichtige Bedienelemente gruppiert angeordnet. Blau ist die Signalfarbe für die Wiedergabe. Weiß steht für Eingriffe, die sich auf Aufnahmen und weitere Kameraeinstellungen beziehen. Rot ziert mittig die Auslösertaste für Filme (Movies). Einmal gedrückt, startet die Film-Aufnahme. Der zweite Druck auf diese Taste beendet sie.

Auslöser umgeben von Ring mit Nase zur Betätigung der Zoom-Einstellung. Zur Aufnahme als Zoom-Taste tätig, wird er bei der Wiedergabe für Index-Anzeige und Verkleinerung sowie Vergrößerung der angezeigten Bilder genutzt. Für Movies an den Movie-Auslöser denken.

Das System im Menü

Beispiel aktives Einstellungs-Menü. Kamera-Symbol für das Aufnahme-Menü. Der Stern steht für häufig benutzte Menü-Punkte.

Nicht nur für Weltreisen nützlich: Grundeinstellung der Zeitzone.

Formatieren einer Speicherkarte über das Einstellungs-Menü.

Das Aufnahme-Menü erlaubt das „Nachtschema" zu wählen und zeigt die Wirkung sofort: Das Display wird abgedunkelt gegen Blendwirkung bei Nacht. Diese Abbildung musste für den Druck im Buch aufgehellt werden, da sie real erheblich dunkler ist.

Alles ist möglich, manches wiederholt sich oder hat Ähnlichkeit zu Ergebnissen, die man irgendwo schon einmal gesehen hat. Grund genug, eine persönliche Übersicht in die wichtigste Grundlage der Kamera-Bedienung zu bringen. Übrigens: Einmal gelernt lässt sich dieses Wissen auf nahezu alle Kameras eines Herstellers anwenden.

Oft sind es nur kleine Details, die den Unterschied bei einer neuen Kamera ausmachen. Bei Ihrer PowerShot ist es beispielsweise alles was mit dem RAW-Format zu tun hat. Kameras ohne RAW-Format brauchen nur das, was mit JPEG möglich ist. Dafür dürfen Sie als Besitzer der PowerShot S120 mit gewähltem RAW-Format in diesem Augenblick beispielsweise nicht nach dem Digitalzoombereich suchen. Das ist sinnvollerweise JPEG vorbehalten. Der Digitalzoom arbeitet auch dann nicht, wenn Sie RAW zusammen mit einem JPEG speichern lassen. Als Faustregel kann man feststellen, dass in der PowerShot jeglicher Eingriff in der Kamera am Bild JPEG voraussetzt oder sogar erzwingt, jegliche Berechnungsarbeit nur mit JPEG funktioniert. Verständlich, denn das RAW-Dateiformat lässt alle Optionen nachträglich zu. Es sind übrigens nicht wenige Funktionen, die davon betroffen sind. Vom Digitalzoom bis zu Fisheye-Effekt, Weichzeichner oder Mehrfachbelichtung zwecks Berechnung einer gut durchzeichneten Nachtaufnahme aus freier Hand ohne Stativ.

Zurück zur Systematik der Menüs. Ganz am Anfang steht eine Gruppierung, die nach klassischem Vorbild in Form von Karteikarten-Reitern angezeigt wird. Jede Gruppe enthält nur das, was für den damit angesprochenen Bereich wichtig ist. Eine Gruppe für die Aufnahme-Funktionen betreffenden Leistungen beispielsweise. Eine weitere Gruppe ist auf Wiedergabe-Funktionen spezialisiert. Viele Kamera-Grundeinstellungen betreffende Aufgaben sind im Einstellungs-Menü (Symbol Werkzeug) vereint. Das Druck-Menü ist dabei auf die Durchführung von Druckaufgabe mit eigenem Drucker, aber auch auf Ausgabe-Aufgaben für weiterzugebende Druck-Aufträge beim Dienstleister abgestimmt.

Nahezu fast ohne Ausnahme führt die Wahl einer dieser „Kartei-Menüs" zur Anzeige von farbigen Schrift-Balken ohne Einblendung eines Fotos oder dessen, was zugleich das Objektiv der Kamera zu sehen bekommt. Mit den Richtungs-Druckpunkten des Einstellungs-Wahlrades (◀ ▶ ▲ ▼) wird eine weitere Wahl getroffen, indem die angezeigte Funktion an- oder ausgeschaltet wird. Ein kleiner Pfeil im Menü-Balken zeigt an, ob eine weitere Menüstufe verfügbar ist, in der weiterreichende Wahlmöglichkeiten vorhanden sind. Nur voll gefärbte Balken sind aktiv, da sich schon hier einige Funktionen gegenseitig beeinflussen. Hier wie in allen weiteren Fällen (z.B. auch in FUNC. SET Menüs) gilt der gleiche Grundsatz: Voll gefärbt = aktiv, abgedunkelt = inaktiv.

FUNC. SET Menüs

Mit dem FUN. SET Menü, aktivierbar über die FUNC. SET Taste, wird die nächste Hierarchie-Stufe der Menü-Ordnung in Ihrer PowerShot S120 erreicht. Besonders wichtig für den Zeitpunkt der Aufnahmen. Je nach am Modus-Wahlrad gewähltem Belichtungsprogramm bekommen Sie individuell beeinflussbare Fähigkeiten der Kamera zur Wahl angeboten. Mehrheitlich erscheint das FUNC. SET Menü an der linken Seite im Display, teilweise auch am unteren Rand. Im restlichen Display-Feld sehen Sie simultan das, was das Objektiv der Kamera auch gerade sieht. Veränderbare Eigenschaften werden zudem bei ihrer Wahl auf das angezeigte Live-Bild angewendet. Nicht in jedem Fall, doch beispielsweise bekommen Sie das farbige Live-Bild der Kamera in Schwarzweiß angezeigt, wenn Sie in „My Colors" das Symbol kombiniert mit den Zeichen „BW" wählen. Kein verbindliches Ergebnis, aber doch ein wichtiger Hinweis auf die Veränderung. Das verbindliche Ergebnis werden Sie nach der Aufnahme sehen können, da dann an einer korrekten Belichtung die genau berechnete Veränderung erfolgte.

Beachten Sie, dass bereits beim Eingriff über das FUNC. SET Menü manche Eigenschaften wiederum eine zusätzliche Vorwahl anbieten. So wie zum Beispiel die Weichzeichner-Funktion die Stärke des Eingriffs mit Begriffen wie „Gering", „Mittel" oder „Hoch" zur Auswahl anbietet.

Nicht vordergründig zur Menü-Systematik zu zählen, finden Sie unter den Richtungstasten des Einstellungs-Wahlrades die Schnellwahl zur Fokussierung (Makro, Normal und manuelle Fokussierung), zur Belichtungskorrektur (+/-) und für den Blitz (nur bei ausgefahrenem Blitz aktiv).

FUNC. SET Menü Beispiel mit der „Grob-Wahl" links, der „Fein-Wahl" dazu am unteren Rand. Abgedunkelte Positionen links in diesem Moment nicht erlaubt.

Beispiel zum FUNC. SET Menü, aus dem Modus Kreative Filter heraus gewählt. Monochrom-Anzeige.

Beispiel MF-Wahl zur manuellen Fokussierung über die Richtungstaste ◄ am Einstellungs-Wahlrad.

FUNC. SET zur Wahl des RAW-Formats bei aktiver Hilfe-Informations-Anzeige.

Vollautomatisch und mit Programm

Automatikmodus

Moduswahlrad
1. *Szenenmodus; dahinter verbergen sich anwählbare Voreinstellungen für ausgewählte Motivsituationen*
2. *Automatikmodus; vollautomatisches Fotografieren mit Einstellungen, die von der Kamera vorgegeben werden*
3. *Hybrid Auto; wählt automatisch ein Programm wie im Modus „AUTO", nimmt aber zusätzlich vor jeder Aufnahme eine kurze Filmsequenz von 2 bis 4 Sekunden auf für ein Filmtagebuch*
4. *Programmautomatik; die Kamera wählt automatisch eine geeignete Kombination aus Blende und Belichtungszeit; andere Funktionen lassen sich individuell voreinstellen.*

Eine Kamera wird dann besonders geeignet für den anspruchsvollen Einstieg in das Hobby Fotografie, wenn die Bedienbarkeit dem Anfänger gerecht wird, aber auch dem fotografischen Individualisten entgegenkommt. Die S120 deckt das fotografische Benutzer-Spektrum vorbildlich ab und lässt viel Spielraum für anspruchsvolle Anwendungen ganz nach eigenen Vorstellungen.

Canon hat für diese Automatikfunktion den Begriff „Smart Auto" geprägt, wobei „smart" eingedeutscht für viele Adjektive steht: elegant, gewitzt, patent oder geschickt, um nur einige zu nennen. Geschickt ist sicherlich für viele Anwender, dass die Kamera Motive analysiert und selbstständig eine geeignete Einstellung wählt. Im Display links oben wird ein Symbol eingeblendet das Ihnen verrät, was die Kamera machen möchte. Ein kleiner Rahmen kennzeichnet die Stelle auf die die Kamera scharfgestellt hat. Gegebenenfalls ändern Sie noch den Bildausschnitt über den Zoomregler. Dann können Sie den Auslöser durchdrücken und das Bild ist „im Kasten". Ein Druck auf die Movie-Taste und die Kamera beginnt, Ihr Motiv genauso vollautomatisch als Filmsequenz festzuhalten.

Ihre Kamera zeigt Ihnen durch ein blinkendes Kamerasymbol an, wenn die Belichtungszeit zu lang sein wird. Verwacklungsfreie Aufnahmen sind kaum mehr möglich. Jetzt sollte ein Stativ verwendet werden oder der Kamerablitz zum Einsatz kommen. Betätigen Sie die Taste, die den Blitzreflektor aus der Kamera springen lässt und warten Sie einen Moment, in dem Stromladung für das Blitzlicht gesammelt wird. Solange das Blitzsymbol blinkt, ist dieser Vorgang noch nicht abgeschlossen.

Noch längst sind nicht alle Symbole bis zu diesem Punkt erklärt, die von der Automatik auf dem Display angezeigt werden. Symbole hinter denen sich raffinierte Funktionen verstecken. Da die Kamera mit einer Gesichtserkennungs-Software ausgestattet ist, kann sie nicht nur Objekte in Bewegung erkennen und entsprechend kurze Zeiten steuern. Die Automatik reagiert auch auf Schatten im Gesicht, worauf der Kontrast gemildert wird. Sie erkennt auch ob das Baby lächelt oder schläft. Dass Ihre Kamera ein Kind von

Reihenbildschaltung

Mehrere Aufnahmen von lächelnden Personen, Kamera wählt das beste Bild aus

Von schlafenden Personen werden sehr schnell mehrere Aufnahmen zu einem Bild umgerechnet

Schnelle Bildserie von drei Bildern bei Kindern in Bewegung

Automatikmodus

einem Erwachsenen unterscheiden kann und bei einem tobenden Kind die Kameraeinstellung optimiert, ist da schon fast eine Selbstverständlichkeit.

Wer seine Liebsten aus einer Flut von Aufnahmen schnell wiederfinden möchte, kann für bis zu 12 Personen Gesichts-ID-Informationen, Name und Geburtsdatum in der Kamera hinterlegen. Eine Leistung, auf die wir später noch genauer eingehen.

Hat man sich in früheren Vollautomatikprogrammen mehr auf Motive wie Porträt, Landschaft, Makro, Sport und Action konzentriert, richtet man die Aufmerksamkeit der PowerShot S120 viel mehr auf schwierige Aufnahmebedingungen, die zu Fehlern der Aufnahme-Technik führen könnten. Zu hoher Kontrast durch Seiten- oder Gegenlicht, zu lange Belichtungszeiten bei schnellen Bewegungen oder ein falscher Zeitpunkt bei einem Schnappschuss sind nur einige Beispiele. Erkennt die Automatik eine schlafende Person unter ungünstigen Lichtverhältnissen, so werden mehrere Belichtungen schnell hintereinander gesichert und zu einem Bild zusammengefügt, statt ein notwendiges Blitzlicht auszulösen. Diese Intervallaufnahme wirkt wie eine höhere Sensorempfindlichkeit oder längere Belichtungszeit ohne deren Nachteile wie erhöhtes Bildrauschen oder Verwacklungen – nur muss das Motiv wie sein Fotograf eben stillhalten.

Wenn wir schon beim Stillhalten sind. Auch der Bildstabilisator wird in der „AUTO"-Funktion unterschiedlich aktiv. Auch da zeigt Ihnen das Display an, was soeben gewählt wurde.

Wem das zu viel Fremdbestimmung ist und wer lieber mit den klassischen Einstellungen arbeitet, muss sich noch etwas gedulden. Auf P-, Tv-, Av- und M-Modus und auch die C-Modus-Vorteile kommen wir noch ausführlich zu sprechen.

Bildstabilisierung im „AUTO"-Modus

Bildstabilisierung für Fotos ist aktiv

Bildstabilisierung im Schwenkmodus, gleichmäßige Kamerabewegung wird erkannt

Bei Makroaufnahmen wird der Hybrid-IS aktiviert

Dynamische Bildstabilisierung (IS) reduziert starke Verwacklungen beim Filmen im Gehen

Bildstabilisierung im Filmmodus (IS Tele-einstellung) für langsame Kamerawackler

Bei stabilisierter Kamera z.B. durch ein Stativ, schaltet sich der Bildstabilisator ab

Automatikmodus

Vom Sensor erkannte Person unter normalen Lichtbedingungen

Person in Bewegung unter normalen Lichtbedingungen

Person mit Seitenlicht bzw. starken Schatten im Gesicht

Kamera erkennt ein Lächeln, löst eine Bildserie aus und wählt daraus das beste Bild

Bei schlafenden Personen werden Einzelbilder kombiniert, Hilfslicht und Blitz bleiben unbenutzt

Lachendes Baby: Bildserie mit Bildauswahl durch die Kamera

Schlafendes Baby: ohne Blitz, Einstelllicht, Auslösegeräusche, Kombination mehrerer Bilder

Kinder in Bewegung, Kamera macht kleine Bildserie von drei Aufnahmen

Wenn ausgefüllte Sonne im Symbol aufleuchtet, schaltet jeweils Schattenaufhellung ein

Andere Motive

Bewegung im Motiv

Nahbereich

Auswahl einiger Symbole, die im „Auto"-Modus (Smart Auto) angezeigt werden und Sie darüber informieren, was die Kamera erkannt hat und einzustellen beabsichtigt.

VOLLAUTOMATISCH UND MIT PROGRAMM

Hybrid Auto

Hybrid Auto Modus = Auto Modus für Standbilder + Filmtagebuch für kurze Filmsequenzen.

Unter „Filmtagebuch" kann die Standbildfunktion im Hybrid Auto Modus abgeschaltet werden.

Auch ungünstigere Lichtverhältnisse in Sporthallen meistert der Hybrid Auto mit hoher Treffsicherheit. Die ISO-Automatik hilft kräftig mit.

Nein es handelt sich hier nicht um eine Alternative zum Akku und nicht um eine Zusammenarbeit mit Toyota, sondern nur um eine etwas unglücklich gewählte Bezeichnung für eine sonst recht pfiffige Funktion Ihrer S120. Zur Kamera-Vollautomatik „AUTO", die Motivsituationen erkennt und entsprechend die Kamera steuert, wie wir gerade erfahren haben, nimmt die Kamera mit dem Auslösen zuerst eine zwei bis vier Sekunden dauernde Filmsequenz in HD30P-Qualität auf, ehe sie dann das eigentliche Foto belichtet. Die Filmschnipsel werden später automatisch zu einem Filmtagebuch zusammengesetzt. Um beim Betrachten des Tagebuchs nicht seekrank zu werden, Kamera vor der Standbildaufnahme einige Sekunden ruhig halten. Lebendige Szenen, also Situationen in denen sich was tut, sollten bevorzugt eingefangen werden.

Die Standbildfunktion können Sie im Menü auch abschalten und ein reines Filmtagebuch mit kurzen Clips erstellen. Macht die Wiedergabe etwas flüssiger aber unter Umständen auch unübersichtlich, da die Abgrenzung durch das Standbild fehlt. Der Ton wird inklusive einiger Kameranebengeräusche aufgenommen. Aber immer noch besser als reiner Stummfilm. Spätere Tonkorrekturen sind nicht möglich. Mit etwas Übung lässt sich auch ein stichwortartiger Kurzkommentar direkt bei der Aufnahme aufsprechen.

Sollte für Sie das Standbild eher nebensächlich sein, hat die Praxis gezeigt, dass kurze Filmsequenzen, deren Länge man selbst bestimmen kann, genauso zum Filmtagebuch zusammengestellt werden können, nur mit dem kleinen Nachteil, dass man sie – so man will – in der Nachbearbeitung zu einem durchgehenden Film zusammensetzen muss. Diese Methode eröffnet aber das volle Programm an Korrekturen: entfernen, hinzufügen, nachvertonen.

Und immer schön daran denken: Filme im Hochformat aufgenommen sind etwas mühsam zu betrachten! Im Hybrid Auto Modus kann man das schnell mal vergessen, da man sich meist mehr auf das Standbild konzentriert.

SCN-Modus

Als Modus für ganz spezielle fotografische Aufgaben und Lösungen, bietet der SCN-Modus (Scene) eine interessante Auswahl spezieller Voreinstellungen an der Kamera, aber auch ganz spezielle fotografische Techniken wie zum Beispiel die Gesichtserkennung.

Der Szene-Modus (SCN) bietet Kamera-Voreinstellungen für einige besondere Motivsituationen.

Porträtaufnahmen

In dieser Einstellung verpassen Sie Ihrem Modell einen geringen Weichzeichnungseffekt. Die leicht diffus wirkenden Kanten geben dem Porträt eine weichere Note und reduzieren gleichzeitig etwas die Hautunebenheiten. Man muss aber schon genau hinschauen, will man einen Unterschied zu einer Vergleichsaufnahme mit dem „P" Programm erkennen. Eine deutlichere Weichzeichnung erzielen Sie mit der Einstellung über die Filtereffekte. Wie bei allen Effekteinstellungen direkt bei der Aufnahme im JPEG-Format immer daran denken, dass er nicht rückgängig gemacht werden kann. Auf Nummer sicher gehen und Motiv mit und ohne Effekteinstellung aufnehmen. Experimentieren

Einstellmöglichkeiten im SCN-Modus

Porträt links ohne Weichzeichnereffekt im Automatikmodus „P" und rechts in der Porträt-Einstellung des SCN-Modus aufgenommen

Sie auch mit der Einstellung „Unscharfer Hintergrund". Eine Einstellung, die Sie unter „Kreative Filter" finden. Grundsätzlich erhalten Sie den größeren Schärfe-Unschärfekontrast, indem Sie Ihr Modell möglichst weit vom Hintergrund entfernt aufstellen und mit maximal geöffneter Blende arbeiten.

Gesichtserkennung der besonderen Art

Hier sprechen wir nicht von einer speziellen voreingestellten Gesichtserkennung einzelner Personen, sondern von einer Auslöseautomatik bei bestimmtem Gesichtsausdruck beziehungsweise von einer Fernauslösung, sobald eine weitere Person im Bildausschnitt erscheint.

Auslösen durch ein Lächeln, und das auch in Serie, einstellbar bis 10 Aufnahmen hintereinander.

Auslösen durch ein Lächeln: Sie stellen den Rahmen auf das Gesicht einer Person ein. Sobald diese lächelt, löst die Kamera aus.

Blinzeltimer: Auch hier bestimmen Sie mit dem über das Wahlrad oder die Richtungstasten beweglichen grünen Rahmen eine Person im Sucherbild, die dann durch ein deutliches Blinzeln oder Augenzwinkern die Belichtung aktiviert, die dann zwei Sekunden verzögert erfolgt. Sie können diese Funktion sehr gut für Selbstporträts einsetzen: Merken Sie sich eine Stelle im Motivausschnitt wo Sie hinlaufen müssen, drücken den Auslöser ganz durch, laufen innerhalb von 15 Sekunden zu Ihrem Aufnahmepunkt, blinzeln in die Kamera und schon haben Sie nach den obligatorischen zwei Sekunden Verzögerung das Selbstporträt im Kasten. Sollten Sie die Blinzelwarnung im Menü aktiviert haben, so reagiert sie lediglich bei der letzten Aufnahme, sollten Sie mehrere Aufnahmen vorgegeben haben.

Die Blinzelwarnung reagiert nur bei der letzten Aufnahme einer Serieneinstellung.

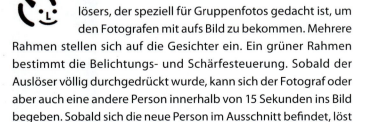

Gesichtstimer: Eine weitere Variante eines Selbstauslösers, der speziell für Gruppenfotos gedacht ist, um den Fotografen mit aufs Bild zu bekommen. Mehrere Rahmen stellen sich auf die Gesichter ein. Ein grüner Rahmen bestimmt die Belichtungs- und Schärfesteuerung. Sobald der Auslöser völlig durchgedrückt wurde, kann sich der Fotograf oder aber auch eine andere Person innerhalb von 15 Sekunden ins Bild begeben. Sobald sich die neue Person im Ausschnitt befindet, löst die Kamera mit zwei Sekunden Verzögerung aus.

Aufnahmen vom Nachthimmel
Eine Funktion für Nachtschwärmer, die sich vom nächtlichen Sternenhimmel faszinieren lassen. Diese Funktion verstärkt den Hell-Dunkelkontrast und lässt so die Sterne besonders deutlich funkeln. Wer in klarer Nacht im Hochgebirge zum Firmament geschaut oder den Sternenhimmel über der Sahara erlebt hat, wird verstehen, dass man dieses Schauspiel auch im Bild festhalten möchte.

Nachthimmelaufnahmen gelingen nur vom Stativ aus, da mehrere Aufnahmen zu einem Bild zusammengefügt werden. Sollte Ihnen die verstärkte Betonung der Sterne durch das Programm nicht gefallen, stellen Sie diese Funktion im Menü einfach ab. Empfehlenswert ist auch die Einstellung des Displays auf Nachtschema. Manuelle Änderungen des Weißabgleichs sind möglich. Stellen Sie die Kamera auf manuelles Fokussieren. Die Sterne sind für eine automatische Scharfeinstellung zu klein und lichtschwach.

 Sternenhimmel verstärken: Der optische Zoom stellt sich automatisch auf maximale Weitwinkelstellung ein. Wie bei einigen anderen Voreinstellungen macht die Kamera zwei Aufnahmen kurz hintereinander und rechnet sie anschließend zu einem Bild um. Wichtig ist es deshalb auch, die Kamera sehr ruhig zu halten, oder besser noch ein Stativ zu verwenden.

 Sternspuren: Bei dieser Einstellung kommen Sie um ein Stativ nicht herum. Mit der SET-Taste öffnen Sie das Fenster, um die Aufnahmedauer und somit die Spurlänge der Sterne vorzugeben. Stellen Sie auf manuell scharfstellen ein und fokussieren auf unendlich. Die Kamera erstellt nun in gleichmäßiger Zeitfolge Aufnahmen, speichert sie im internen Speicher der Kamera und errechnet am Ende der Session aus allen Aufnahmen ein einziges Bild. Das dauert ein Weilchen, schalten Sie Ihre Kamera also nicht zu früh ab, oder wundern Sie sich nicht, wenn es eine Weile dauert, bis Sie Ihre Aufnahme anschauen können. Beziehen Sie beim Bildausschnitt Teile der Landschaft mit ein, so bekommen Sie einen fotogenen Effekt von scharf konturierter Landschaft zu „bewegtem" Sternenhimmel.

 Zeitraffer: Auch in diesem Modus erstellt Ihre Kamera im gleichmäßigen Zeitintervall von einer Minute über eine Zeitspanne von maximal zwei Stunden Einzelaufnahmen, die sie anschließend automatisch zu einem Video zusammenstellt. Achten Sie vor der Aufnahme auf einen gut gefüllten Akku, der bei kühlen Außentemperaturen dazu neigt, etwas früher den Geist aufzugeben. Aus zwei Stunden Aufnahmen wird dann ein Filmchen von rund acht Sekunden Spieldauer. Dafür sind die Sterne auch ordentlich schnell unterwegs.

VOLLAUTOMATISCH UND MIT PROGRAMM

Nachtaufnahmen ohne Stativ

Auf die hohe Lichtstärke des S120-Objektivs sind wir bereits ausführlich eingegangen. Bereits dadurch können beim nächtlichen Bummeln durch die erleuchtete Innenstadt problemlos auch Personenschnappschüsse gelingen. Die Einstellung „Nachtaufnahmen ohne Stativ" bietet eine weitere Option nächtliche Motive ohne den Nachteil von verstärktem Bildrauschen durch maximale Einstellung der ISO-Empfindlichkeit aus der Hand einzufangen. Wie bei der Einstellung „schlafende Personen" macht die Kamera schnell hintereinander mehrere kurze Belichtungen und berechnet daraus eine Datei. Dass Sie die Kamera trotzdem möglichst ruhig halten sollten, versteht sich von selbst. Auch diese Funktion hat Ihre Grenzen, die sich dann in Unschärfen und deutlicher erkennbarem Bildrauschen zeigen.

In der Programmeinstellung „Nachtaufnahmen ohne Stativ" gelingen auch besondere Schnappschüsse aus der Hand, wenn man im Gedränge eines Volksfestes kein Stativ aufstellen kann oder beim nächtlichen Bummel durch die Stadt keines mitschleppen will. Eingestellt auf automatischen Weißabgleich, kommt die Mischlichtsituation im Motiv gut zur Geltung.

Unterwasseraufnahmen

Wollen Sie mit ihrer PowerShot S120 ins Wasser, bietet Canon das spezielle Unterwassergehäuse WP-DC 51 als Zubehör an. Damit können Sie bis zu einer Tiefe von 40 Meter fotografieren. Das stoßfeste Unterwassergehäuse WP-DC 51 aus Polykarbonat mit einem Objektivfenster aus vergütetem Glas schützt Ihre Kamera nicht nur unter Wasser, sondern auch bei allen Outdoor- und Wassersport-Aktivitäten. Es dient auch als perfekter Schutz vor Spritzwasser, Staub und Feuchtigkeit. Über ein ¼" Stativgewinde lässt sich direkt am Unterwassergehäuse diverses Zubehör wie zum Beispiel eine Blitzschiene oder Videolampe anbringen. Das Unterwassergehäuse bietet aber auch einen direkten Adapter (Hot-Shoe) für den Einsatz von Unterwasserblitzgeräten oder Videolampen.

SCN-Modus

Im Modus Unterwasseraufnahmen können Sie drei Einstellvarianten für die Scharfeinstellung vorwählen, wobei die Makroeinstellung sicher die wichtigste ist. In der Einstellung „Unterwasser-Makro" stellt sich die Kamera auf maximales Weitwinkel ein. Sie können aber über die Digitalzoom-Funktion den Bildausschnitt gleich in der Kamera bestimmen, mit dem Nachteil eines Qualitätsverlustes, je nach Stärke des Ausschnitts. Da es nicht immer ganz einfach ist unter Wasser den Aufnahmeabstand einzuhalten, ist meist die Standardeinstellung vorzuziehen und mit dem optischen Zoom zu arbeiten.

Unterwassergehäuse WP-DC 51. Aufnahmen von Meerestieren und Unterwasserlandschaften werden so bis zu einer Tauchtiefe von 40 Meter möglich.

Fokusart		maximaler Weitwinkel	maximale Telestellung
▲	Standard	5 cm bis ∞	40 cm bis ∞
	Unterwasser-Makro	1 bis 50 cm	–
	schnell	1,5 bis 20 m	1,5 bis 20 m

Zum Ausgleich des statischen Auftriebs im Wasser gibt es von Canon für das Unterwassergehäuse WP-DC 51 das Tauchgewichte-Set WW-DC1.

Auf Grund der sehr schnellen Helligkeitsabnahme mit zunehmender Tauchtiefe wird der Einsatz von Kunstlicht immer wichtiger. Die unter Wasser recht kurze Reichweite des eingebauten Blitzes zwingt somit zu geringen Aufnahmeentfernungen.

Die zunehmende Verblauung des Lichts mit zunehmender Tauchtiefe wird in geringeren Tauchtiefen durch den automatischen Weißabgleich korrigiert. Bedenken Sie auch, dass der Blauanteil bei horizontalen Aufnahmen mit der Entfernung zunimmt. Darum maximale Weitwinkeleinstellung wählen und näher ans Motiv schwimmen.

 ***Hintergrund Schnee***
Personen vor der Kulisse einer tief verschneiten Landschaft zu fotografieren wirkt ähnlich wie eine Gegenlichtaufnahme. Der Sensor erkennt nur die große Helligkeit und weiß nicht, dass es Schnee ist. Also verringert er die Belichtung und schon wird die Person im Vordergrund, auf die es schließlich ankommt, zu dunkel wiedergegeben. Entweder machen Sie jetzt eine kleine Belichtungsreihe oder messen die Person mit der Spotmessung an – damit blenden Sie bei der Messung

VOLLAUTOMATISCH UND MIT PROGRAMM

Bilder mit großen Schneeflächen, aufgenommen mit normaler Belichtungsautomatik, werden immer zu dunkel wiedergegeben. Da hilft nur eine Belichtungskorrektur oder Spotmessung auf die Person.

Mit der Einstellung „Hintergrund Schnee" werden die normalen Unterbelichtungen bei Motiven mit großen Schneeflächen automatisch korrigiert. Die Farben erhalten ihre natürliche Leuchtkraft.

den stark reflektierenden Schnee aus und messen nur das Gesicht oder die Kleidung der Person im Vordergrund oder Sie verlassen sich auf Ihre Motiv-Automatik und schalten auf „Hintergrund Schnee". Bei Canon heißt das: „Helle Aufnahmen von Personen vor verschneitem Hintergrund in naturgetreuen Farben".

 ### Feuerwerksaufnahmen

Häufiger Fehler bei Feuerwerkaufnahmen ist, dass man die Leuchtkraft der Leuchtmittel unterschätzt und dann überbelichtet. Je kürzer die Belichtungszeit, desto kürzer werden auch die Leuchtspuren im Bild. Daraus ergibt sich die logische Folgerung: längere Belichtungszeit bei weiter geschlossener Blende. Wer besonders lange Belichtungszeiten nutzen möchte, kann mit dem ND-Filter experimentieren. Wollen Sie sich ganz auf Ihre Kamera verlassen, stellen Sie auf „Aufnahmen von Feuerwerken" und Sie erhalten Leuchtspuren in kräftigen Farben. Wenn Sie keine zittrigen Lichtlinien mögen, wie im Bild links, dann ist der Einsatz eines Stativs dringend anzuraten. Immer daran denken, beim Einsatz des Stativs den Bildstabilisator abschalten!

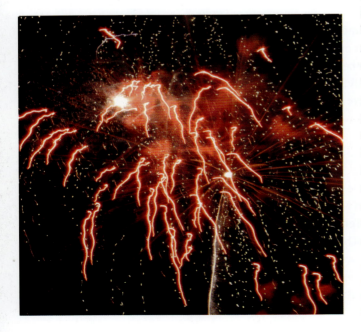

Langzeitbelichtungen von Feuerwerksaufnahmen aus der Hand führen zu eigenwilligen Formen der Leuchtspuren.

Kleine Blendenöffnung und längere Belichtungszeiten, aufgenommen mit einem Stativ, sind das Grundrezept für gelungene Feuerwerksaufnahmen. Aber auch kurze Belichtungszeiten mit offener Blende und hohen ISO-Werten, wie im kleinen Bild rechts, sind einen Versuch wert.

VOLLAUTOMATISCH UND MIT PROGRAMM

Gesichtserkennung

Komplexe Aufgaben bekommt die Kamera gestellt, wenn es um ihre Fähigkeiten geht, Gesichter zu erkennen, zu vergleichen, einzuordnen und vielleicht sogar ein erkanntes und gespeichertes Gesicht im Motiv zu „sehen" und zum Anlass für eine neue Aufnahme zu nehmen. Irrtümer nicht ausgeschlossen, wenn man bedenkt, wie sehr ein Gesicht sich verändert durch unterschiedlichen Gemütszustand. Auch eine erheblich vom Ideal eines guten Passbild-Porträts durch eine andere Perspektive abweichende Abbildung kann die Kamera zum Zweifeln bringen.

Leistungen, die mit der Gesichtserkennung zu tun haben, findet man in Funktionen wie Lächeln, Blinzeln oder auch der Wiedererkennung bekannter Gesichter. Zum Teil veranlasst eine Übereinstimmung die Kamera dazu, automatisch eine Aufnahme auszulösen.

Zeit für die klare Trennung der Aufgaben von Gesichtserkennung und Gesichtserkennungs-ID. Die AF-Funktion zur Erkennung von Köpfen muss in jedem Fall eingeschaltet werden. Die Absicht, ein Gesicht mit Namen und Daten in der Kamera quasi als Karteikarte zum Vergleich zu hinterlegen, erfordert die Einleitung über das Menü. Gleich zu Beginn wird Ihnen ein eigener Aufnahmebereich präsentiert. Im quadratischen Feld ist das Porträt unterzubringen und zu fotografieren. Danach folgt die „Buchführung" mit

Vorhandene Porträts zur Erkennung lassen sich durch weitere Porträts auch aus anderer Perspektive zur besseren Auswertung ergänzen.

Ein Gesicht von vorn ist mindestens zur Eintragung der ID nötig.

Die Kamera erkennt zwar die Gesichter, für die Motivauswahl ist aber immer noch der Fotograf hinter der Kamera zuständig. Muntere Farben machen das Bild zum Hingucker.

Gesichtserkennung

Die Gesichter der eigenen Kinder in der Fülle von Aufnahmen von diversen Kindergeburtstagen, Schulfeiern und sonstigen Events mit vielen Gesichtern automatisch im Archiv suchen zu lassen, ist Dank der Gesichtserkennungsfunktion der Kamera keine Utopie mehr. Das Jahrbuch oder der eigene Fotokalender mit den schönsten Schnappschüssen kann so ohne lange Sucherei realisiert werden.

Daten-Angabe. Abgeschlossen wird mit der Speicherung, die das ganze im Dauer-Speicher der Kamera unterbringt.

Ab der ersten ID-Karte steht Ihnen die „Überwachung" zur Verfügung. Sobald das reservierte Karteikarten-Gesicht erkannt wird – oder die Kamera zumindest das glaubt, wird von der AF-Gesichtserkennung im laufenden Sucherbild der Name eingeblendet und ein Rahmen um den „Live-Kopf" gezogen. Nur wenn die AF-Gesichtserkennung aktiv ist – eine andere AF-Einstellung übersieht bekannte wie unbekannte Gesichter gleichermaßen.

Bis zu 12 Personen lassen sich in der Kamera in ID-Daten hinterlegen, denen man einen Namen und ein Geburtsdatum beifügt. Dieses Personen-Archiv lässt sich jederzeit ergänzen, im Einzelnen löschen und mit neuen Gesichtern auffüllen.

Als privater Gesichter-Speicherer sollte man sich einer gewissen Verantwortung bewusst sein. Vor allem, wenn man seine Werke der Öffentlichkeit in sozialen Netzwerken präsentiert. Mit dem eigenen Antlitz kann man ja machen, was man will oder sich traut. Jeder andere sollte Vertrauen und Schutz durch den Fotografen erfahren.

Bis zu 12 Personen lassen sich im ID-Archiv verwalten.

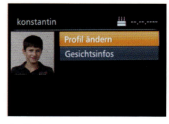

Profile können ersetzt, die Gesichtsinfos angepasst werden.

Kreativer Eingriff ins Bild, vorher oder danach?

Ein hervorstechendes Merkmal der Kamera liegt in der Vielfalt der Kombinationen, die sich aus zugelassenen Eingriffen ergeben. Canon selbst beweist im Manual, wie man schwer in Worte fassen kann, was in einer Kreuztabelle gerade noch nachvollziehbar scheint. Auf dieser Seite soll es um Kombinationen gehen, die nützlich sind. Zumindest unter My Colors sind sie vor und nach einer Aufnahme verfügbar. Der gute Rat sei vorweggeschickt: Nutzen Sie diese Funktionen, wenn Sie Ihnen gefallen. Eine Aufnahme in natürlichen Farben hat den höchsten Wert. Kreative Veränderung ist jederzeit möglich. Der kurze Weg aus der Kamera zu einem Gerät zur Medien-Wiedergabe (Drucker, TV-Bildschirm) rechtfertigt den Einsatz zur Verfremdung mit Hilfe der Kamera. Fotos sind in ihr vielseitiger bedacht als Filme. Der längere Weg mit Hilfe einer Software zur Bearbeitung über den Computer öffnet für Foto und Film gleichermaßen in noch größerer Vielfalt eine Bearbeitung. Doch an dieser Stelle soll das Potenzial der Kamera im Vordergrund stehen.

LIVE Modus

Mit dem LIVE Modus wird Ihnen für Fotos und Filme ein einfacher Einstieg zur Beeinflussung einer Aufnahme geboten. Über FUNC. SET sind drei „gefühlsbetont" benannte Eigenschaften bereit:

Die einzige FUNC.SET Funktion im LIVE Modus dient der Anpassung der Belichtung, der Farbsättigung und der Farbtemperatur (Weißabgleich). Filme in diesem Modus sind nicht in der Belichtung zu verändern.

- **Dunkel bis hell.** Eine Belichtungskorrektur in dreizehn Stufen. Nur Fotos können in Abstufung von halben Belichtungswerten dunkler oder heller gemacht werden. Filme werden immer optimal dem Mittelwert entsprechend belichtet.
- **Farbe neutral bis lebendig.** Eine Korrektur der Farbsättigung. In dreizehn Stufen kann die natürliche Farbwirkung unter „Lebendig" intensiviert werden, unter „Neutral" völlig entfärbt einen Schwarzweißfilm ergeben.
- **Farbton kalt bis warm.** Weißabgleich (Farbtemperatur) in dreizehn Stufen zwischen „Kalt" (Blau-Tendenz) und „Warm" (Rot-Tendenz).

Drei Schieberegler vereinfachen den Einfluss auf Grundwerte. Filme sind in der Kamera nicht weiter zu bearbeiten, nur zu schneiden. Fotos könnten zum Beispiel durch My Colors noch einmal bedingt geändert werden.

My Colors besser nach der Aufnahme nutzen

My Colors steht in allen Belichtungsprogrammen außer in LIVE zur Verfügung. Es ist auch als Mittel der nachträglichen Beeinflussung kameraintern verfügbar. Vor einer Aufnahme gewählt, führt My Colors zu einem Bild, das verändert gespeichert wird. Auf eine Bilddatei nachträglich angewendet, bleibt das Original erhalten. Das veränderte Bild wird unter neuem Namen gespeichert.

Damit empfiehlt sich, My Colors zur Bearbeitung einzusetzen. Vor allem, wenn Bilder schnell von der Kamera direkt an einen Drucker geschickt werden sollen. Aus elf Möglichkeiten stechen drei hervor: Schwarzweiß, Sepia und eigene Werte. Reproduzierte Chamois-Bilder von „damals" wirken als Farbrepro authentisch. Durch Sepia-Effekt veränderte Bilder von heute simulieren dieses Erscheinungsbild. Der Schwarzweiß-Effekt wirkt auch in heutigen Aufnahmen realistisch. Custom schließlich vermag Kontrast und Schärfe zusätzlich zu behandeln und erweist sich damit als nützlich zur Nachbearbeitung in der Kamera. Da die Originalaufnahmen erhalten bleiben, kann jede Verfremdung stets wiederholt werden, während auch das farbige Original unverändert zu Druck und TV-Monitor-Wiedergabe vorzeigbar ist.

Kreativer mit My Colors gestalten

Bei Foto und Film steht über FUNC. SET der schnelle Wechsel auf die Leistungen von My Colors zur Verfügung:
Mit der My Colors Custom Wahl ist unter Farbe jede Wirkung von Kontrast, Schärfe, Farbsättigung, Rot, Grün, Blau und Hauttöne einzeln nach eigenen Vorstellungen zu verändern.

- OFF — My Colors Aus
- N — Neutrale Farben
- BW — Schwarzweiß
- L — hellere Haut
- B — kräftiges Blau
- R — kräftiges Rot
- V — kräftige Farben
- Se — Sepia
- P — Diafilm
- D — dunklere Haut
- G — kräftiges Grün
- C — eigene Werte

Gesteigerte Farbsättigung für kräftigere Farbwiedergabe.

Mehrere Änderungen sind als My Colors Custom speicherbar.

VOLLAUTOMATISCH UND MIT PROGRAMM

Ohne My Colors

My Colors V (Kräftig)

My Colors N (Neutral)

My Colors Se (Sepia)

My Colors BW (Schwarzweiß)

My Colors P (Diafilm)

My Colors L (Heller Hautton)

My Colors D (Dunkler Hautton)

My Colors B (Blau, kräftig)

My Colors G (Grün, kräftig)

My Colors R (Rot, kräftig)

My Colors setzt die Wahl des JPEG-Formats voraus. Alle auf dieser Seite gezeigten My Colors Variationen sind nicht weiter veränderbar. Auf der rechten Seite finden Sie eine Auswahl unter My Colors C (Custom) veränderbarer Einstellungen. In Mittelstellung als Standard, um +1, +2, -1 oder -2 Stufen variabel wirkt My Colors auf Kontrast, Schärfe und Farbsättigung.

My Colors C (eigene Werte)
Kontrast +2, Schärfe = 0, Farbe = 0

My Colors C (eigene Werte)
Kontrast +2, Schärfe +2 , Farbe =0

My Colors C (eigene Werte)
Kontrast +2, Schärfe +2 , Farbe +2

My Colors C (eigene Werte) Blau +
Kontrast +2, Schärfe +2 , Farbe +2

My Colors C (eigene Werte) Grün +
Kontrast +2, Schärfe +2 , Farbe +2

My Colors C (eigene Werte) Rot +
Kontrast +2, Schärfe +2 , Farbe +2

My Colors C (eigene Werte) Haut +
Kontrast +2, Schärfe +2 , Farbe +2

My Colors C (eigene Werte)
Kontrast -2, Schärfe -2, Farbe -2

Die Beispiele auf diesen Seiten (Schloß Esting nahe München) sind von eher zarter Farbigkeit geprägt. Sie verdeutlichen, dass die Wirkung durch My Colors selbst bei Anwendung der stärksten Stufen (Plus 2 Wert beziehungsweise Minus 2 Wert) eher zurückhaltend ist. Wer es kräftiger mag, der wird auf grundsätzliche Funktionen einer Bildbearbeitung zurückgreifen, in der Kontrast global oder auch in den einzelnen Farbkanälen veränderbar ist. Gleiches gilt für Veränderung der Schärfe und der Farbsättigung.

Globale Änderungen, auch bei Mischtönen wie der Hautfarbe, bergen immer das Risiko, „eine Farbe" zu verändern zum Preis eines Farbstichs, der das ganze Bild überlagert. Hier ist eine Bildbearbeitung durch partielle Einschränkung auf Teile einer Fotografie im Vorteil.

Bedenken Sie bei der Ausgabe in einem Dienstleistungsbetrieb (Automat für die Ausgabe von Digitalfotos auf Fotopapier), dass dort in der Regel ungefragt „Verbesserungsfunktionen" angewendet werden, die vor allem den Kontrast derart erhöhen, dass selbst gut sichtbare Details in Lichtern und Schatten zunichte gemacht werden. Sehr weiche, fast flaue Fotos, können ein wenig von solcher Korrektur profitieren.

VOLLAUTOMATISCH UND MIT PROGRAMM

Kreative Filter

Hinter diesem Filtersymbol verbirgt sich eine ganze Reihe von Bildeffekten die auf Ihre Fantasie warten.

Unter einem Symbol aus zwei Kreisen finden Sie am Belichtungsprogramm-Wahlrad den Einstieg zu Aufnahmen mit kreativen Filtern. Mit Ausnahme der Filter Postereffekt und Farbverstärkung erlauben die weiteren Filter zusätzliche Variationen.

Bedenken Sie für die Verwendung des Kreative Filter Modus, dass die verfremdete Aufnahme gespeichert wird und sie sich anschließend nicht mehr in den „Normalzustand" zurückbilden lässt. Auch hier die Empfehlung, lieber erst eine unverfremdete Aufnahme belichten und erst danach Experimente mit Kreativfiltern durchführen. Auch bietet eine spätere Bearbeitung am PC nahezu unbegrenzte Möglichkeiten das Bild noch zu beeinflussen.

Der Fisheye-Effekt

Mit dem Fisheye-Effekt wird ein Fisheye-Objektiv simuliert, das nicht auf echter Optik sondern auf mathematischer Verformung der Geometrie beruht. Lediglich die Stärke dieser Beeinflussung zwischen schwach, mittel und hoch ist wählbar.

Der Effekt lässt sich mit jeder Brennweite anwenden, wobei zwischen Weitwinkel und Tele interessante Wirkungen zu erzielen sind. Ferner kommt es auf die Haltung bei der Aufnahme, auf die Position eines Motivs im Bildfeld an. Setzt man im Zentrum an, so ist der Effekt abrundend. Nahe dem Rand ergibt sich eine starke Krümmung. Quadratische Vorlagen im Zentrum nähern sich dem Kreis. Runde Vorlagen im Zentrum scheinen zu einem Ball verformt zu werden.

Miniatur-Effekt

Die Funktion „Miniatur-Effekt" im Belichtungsprogramm-Modus „Kreative Filter" wirkt (scheinbar) auf die Schärfentiefe. Sie soll an ausgewachsenen Objekten so wirken, als habe man eine „Spielzeug-Eisenbahn" aufgenommen. Die Zone schärfster Abbildung lässt sich im Bildfeld verschieben (Einstellungswahlrad) und schmal

Das Eckige muss ins Runde – diese alte Fußballer-Weisheit lässt sich mit dem Fisheye-Effekt verwirklichen. Das achteckige Stop-Schild wird fast perfekt gerundet.

Rechts: Von Natur aus perfekt runde Objekte nehmen durch den Fisheye-Effekt scheinbar die Form einer Kugel an, obwohl ihre Front absolut eben ist.

KREATIVE FILTER

Der Miniatur-Effekt lässt alles außerhalb der Zone schärfster Abbildung deutlich unscharf erscheinen. Ein Effekt, der die geringe Schärfentiefe einer Aufnahme einer realen Miniatur-Eisenbahnanlage simuliert, die man im Makro-Bereich bei erheblich reduzierter Schärfentiefe von oben machen würde. Der Effekt wirkt überall, doch man sollte für perfekte „Täuschung" einen entsprechenden Blickwinkel aus einer „Vogelperspektive" wählen.

  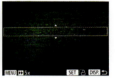

Den Schärfebereich können Sie beim Miniatureffekt in drei festen Breiten wählen und waagerecht oder senkrecht im Querformat anordnen.

oder breit verändern (Zoom-Hebel). Ferner kann zwischen waagerechter oder senkrechter Anordnung (FUNC. SET) umgestellt werden. Alle Motivanteile innerhalb des Rahmens werden scharf abgebildet, während außerhalb des Rahmens befindliche Motivanteile zur Unschärfe umgerechnet werden.

Spielzeugkamera-Effekt

Mit dem Spielzeugkamera-Effekt im Belichtungsprogramm-Modus „Kreative Filter" wird das Bildergebnis einer mangelhaften Kamera insbesondere durch starke Vignettierung in den Ecken simuliert.

Nur der Farbton der monochromen Aufnahme ist zwischen Standard und Warm oder Kalt wählbar. Bis in die Ecken eher dunkle Motive zeigen die Vignettierung am deutlichsten. Befinden sich Himmelpartien oder helle Bilddetails am Rand, dann schwächt sich der Vignettierungseffekt etwas ab.

Der Spielzeugkamera-Effekt kann mit kaltem oder warmem Farbton dargestellt werden.

VOLLAUTOMATISCH UND MIT PROGRAMM

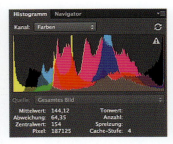

HDR-Aufnahme im Sinn der eigentlichen Aufgabe von HDR zur Verbesserung in Lichtern und Schatten. Oben das dazugehörige Histogramm wie es im Adobe Photoshop gezeigt wird.

HDR = High Dynamic Range

HDR sorgt vor allem bei kontrastreichen Motiven für den Ausgleich in Lichtern und Schatten, um die Wiedergabe von Details erkennbar zu machen. Schatten aufhellen, Lichter abdunkeln. Das entspricht der HDR-Wahl „Natürlich". Weitere Auswahl-Angebote sind Standard, Prägung, Markant und Gesättigt. Während die anderen Möglichkeiten stark auf satte Farben hinwirken, wird in der Position „Prägung" eine Aufnahme zu einer wie ein Relief wirkenden plastischen Vorlage umgearbeitet. Dies wird vor allem durch starke Betonung der Ränder und weiße Säume um Ränder erzielt.

Verblasste, gealterte Farben sind das Ziel des Filters „Nostalgisch". Das Nostalgie-Bild zeigt übrigens nicht nur verblasste Farben, sondern auch noch „Chemiefilm-Körnigkeit"; Bild oben zum Vergleich die Standardaufnahme mit Programmautomatik.

Nostalgisch

In fünf Stufen lässt sich das „Nostalgie-Filter" fein abgestimmt einsetzen. Eine an sich einfache Funktion, durch die eine Aufnahme wie ein gealtertes Farbbild wirkt, in dem nur noch zarte Farbe „ausgebleicht" zu erkennen ist. Die höchste Stufe führt zu einem praktisch „farblosen" Graustufenbild.

Unscharfer Hintergrund

Fokussierung auf ein Motiv im Vordergrund, zwei Aufnahmen in schneller Folge bei einmaligem Druck auf den Auslöser – dann folgt die Berechnung in der Kamera, in der vor allem der Hintergrund kräftige Unschärfe für ein plastischeres Bildergebnis bekommt.

Unschärfe für den Hintergrund wird durch Berechnung erzeugt.

Weichzeichner

Mit der Funktion „Weichzeichner" im Belichtungsprogramm-Modus „Kreative Filter" wird die Wirkung eines optischen Weichzeichners simuliert, wie man es einst durch Filter, mit Fett beschmierte Scheiben oder feines Damenstrumpf-Gewebe erzielte.

Weichzeichner-Aufnahmen lassen sich nicht durch bloßes leichtes Unscharf-Fokussieren simulieren. Sie behalten eine gewisse Schärfe und gewinnen vor allem durch eine mehr oder minder starke Überstrahlung, die man vor allem an kontrastierenden Übergängen zwischen Hell und Dunkel erkennt. Eine Überstrahlung aus dem Hellen in die dunklen Bereiche. Die S120 vermag diesen Effekt recht gut zu zeigen, wobei der Fotograf zwischen gering,

Beispiel links in hoher Weichzeichner-Stufe. Er wirkt auf Hell-/Dunkel-Kontraste und bekommt durch Lichtreflexe noch einen zusätzlichen Reiz. Bild oben zum Vergleich ohne Weichzeichnung

mittel und hoch die Stärke der Beeinflussung nach Geschmack nutzen kann. Eine Tradition, die man auch schon mit Weichzeichner-Scheiben in unterschiedlichen Stärken praktizierte.

Weichzeichner-Aufnahmen haben traditionelle Einsatzbereiche im Porträt wie im Stillleben. Auch in der Landschaftsaufnahme können sie für die besondere Stimmung sorgen.

Auf ein klassisches Porträt angewendet, sollte man jedoch die Tradition bewahren, vor allem die Augen ohne zu starken Weichzeichner-Einfluss abzubilden. In jedem Fall, im Porträt beispielsweise durch eine Leuchte hinter dem Kopf, kann man durch Lichtsäume den Weichzeichner-Effekt verdeutlichen.

Weichzeichner-Effekte haben ihren Wert in der Farbfotografie und der Schwarzweiß-Fotografie gleichermaßen. Da in der S120 keine Wahl zwischen Farbe oder Schwarzweiß für den Weichzeichner vorgesehen ist, kann man die Farbe in einer Bildbearbeitungssoftware nachträglich durch eine Wandlung zu einem Schwarzweißbild entfernen.

Kreativ Monochrom

Die Funktion „Monochrome" im Belichtungsprogramm-Modus „Kreativ-Filter" beraubt ein Bild seiner bunten Farbe um es in ein in vielen Helligkeitsstufen verändertes monochromes Bild zu wandeln.

Zur weiteren Auswahl steht die Wandlung zu einem schwarzweißen, zu einem Sepia-weißen und einem blau-weißen Bild. Entspricht das Schwarzweißbild praktisch der klassischen Schwarzweiß-Fotografie, so sind seine eingefärbten Konkurrenten mit getönten Schwarzweißbildern vergleichbar, die es ebenso schon zu klassischen Schwarzweißzeiten gab.

Im Vordergrund des Interesses steht für den Kenner die Frage nach der augenrichtigen Wiedergabe der Farben im Schwarzweißbild, die man vom panchromatischen Film gewohnt war. Eine gelungene Umwandlung ist festzuhalten. Ebenso die Erinnerung daran, dass Schwarzweißbilder von Farbe nicht profitieren konnten, jedoch von Licht und Schatten und den Kontrasten. Schöne Schwarzweiß-Fotos haben stets auch den tiefen Schatten einbezogen – woran man sich bei langjähriger Farbfotografen-Praxis erst einmal wieder gewöhnen muss. Man kann seine Ergebnisse mit Filterscheiben der Schwarzweiß-Fotografie verfeinern. Nur vor das Objektiv gehalten, kann man auch mit der S120 vor allem mit intensiven Filtern wie Orange- oder Rot-Filter beispielsweise die

Neben der Umwandlung in ein Schwarzweißbild ermöglicht die Funktion „Monochrome" Bildtönungen in den Nostalgiefarben „Sepia" und „Blau".

KREATIVE FILTER

Der Vergleich der Wappen zeigt, wie Postereffekt viele Farb-Zwischentöne zu wenigen reduziert.

dramatisierend steigernde Abbildung von Wolken am Himmel durch die starke Verschwärzlichung von Blau erreichen; oder mittels Polarisationsfilter Reflektionen schwächen oder sogar beseitigen. Nicht jede digitale Kamera spielt so gut mit wie die PowerShot S120.

Poster

Die Funktion „Postereffekt" im Belichtungsprogramm-Modus „Kreative Filter" hat nichts mit dem zu tun, was man landläufig unter Poster (als Plakat-Format) versteht. Es rührt vom Ursprung „Posterization" her, was man in der Bildbearbeitung inzwischen als Verfahren der Tontrennung versteht.

Tontrennung bedeutet, aus der fein abgestuften Vielfalt an Farben gröber abgestufte Farben zu gewinnen. Eine Reduzierung, bei der aus vielen Farbstufen nur wenige übrig bleiben. Ähnliche Farben werden zusammengefasst und bringen eine eher flächige grafisch wirkende Abbildung.

Der Effekt „Farbverstärkung" erinnert an frühere Postkarten, bei denen der Farbdruck meist etwas überbetont kräftig ausgefallen war.

Farbverstärkung

Die Funktion „Farbverstärkung" im Belichtungsprogramm-Modus „Kreative Filter" wandelt natürliche, auch dezente Farbwirkung in plakativ wirkende kräftige Färbung.

Die plakathafte Wirkung lässt sich nicht ohne Weiteres mit den kräftigen Farben vergleichen, die man bei normalen Belichtungsprogrammen durch eine etwas knappere Belichtung erzielen kann. Sie ist jedoch eine interessante Alternative dazu.

Kamerasteuerung klassisch und manuell

KAMERASTEUERUNG KLASSISCH UND MANUELL

Der Weißabgleich

Mit der Einstellung auf Auto bewertet die Kamera die vorherrschende Farbtemperatur des Lichts. Der Wechsel zu einer vorgegebenen Farbtemperatur bedeutet, selbst die korrekte Wahl zu treffen oder eine gefühlsmäßig bessere Abstimmung zu nutzen. Aufnahmen mit dominierenden Farbflächen, die eine Automatik täuschen können, sind vermeidbar. Ebenso ist der Weg zu kreativ begründeter Verfremdung frei.

Abstimmung auf korrekte Farbwiedergabe

Der Zweck des Weißabgleichs ist es, eine Lichtsituation auf „neutrale" Farbwiedergabe abzustimmen. Weiß soll Weiß bleiben und nicht von der Farbtemperatur des Lichts verfremdet werden.

Die Wahl von „Tageslicht" führt bei Tageslicht zu farbrichtigen Bildern. Darunter: Mit Kunstlicht-Wahl bei Tageslicht aufgenommen überzieht ein kräftiger Blaustich das Bild.

Angaben wie Tageslicht oder Kunstlicht sind Orientierungshilfen. Zur Verfügung stehen:
- Auto – automatische Messung und Wahl durch die Kamera. Intensiv gefärbte große Flächen können das Ergebnis verfälschen.
- Tageslicht – Aufnahme bei sonnigem Tageslicht, bei unbewölktem oder eher wenig bewölktem Himmel werden richtig wiedergegeben.
- Kunstlicht (Glühlampen) – in der Tageslichtaufnahme wird deutlich gelb „verfärbt" abgebildet. Nachtaufnahmen mit bunten Leuchtreklamen und Fotos vom Feuerwerk sind „Kunstlichtquellen" – aber die Wahl von Tageslicht führt zu intensiveren Farben, die dem persönlichen Eindruck besser entsprechen. Die Wahl der fest vorgegebenen Kunstlicht-Einstellung ist richtig bei von Glühlampen oder Halogenstrahlern beleuchteter Szene.
- Wolkig – Die Farbtemperatur des Tageslichts steigt bei geschlossener Wolkendecke. Die Einstellung auf Wolkig korrigiert die Überdosis blauer Lichtanteile. Wählt man Tageslicht oder Wolkig bei Kunstlicht, so wird der Farbeindruck der Kunstlicht-Szene stark nach Gelb und Rot verschoben. Weiße Flächen im Bild werden deutlich gelb eingefärbt wiedergegeben.

Der Weissabgleich

- Kunstlicht – Auf Kunstlicht-Szene abgestimmter Weißabgleich verschiebt die Farbtemperatur nach höheren Werten. Blau wird zugegeben und neutralisiert den gelben Farbcharakter des Kunstlichts. „Falsch" benutzt bei Tageslicht-Szenen, werden Fotos stark blaustichig.
- Leuchtstoff – Neutralisierung der speziellen Farbspektren warmer und kalter Leuchtstofflampen.
- Leuchtstoff H – Neutralisierung des Farbspektrums von Tageslicht-Leuchtstoff-Quellen.
- Unterwasser – Nachhaltige Neutralisierung des sehr hohen Anteils an blauem Licht unter Wasser. Praktisch ein Tageslicht-Weißabgleich mit stärkerer Wirkung.

Bei Kunstlicht mit der Wahl Kunstlicht fotografieren führt zu „neutralisierten" Bildern mit reduziertem Anteil an Gelb (links). Daneben: Die Einstellung „Tageslicht" kann bei Kunstlicht-Aufnahmen oft dem eigenen Farbeindruck näher kommen. Eine Wahl, die auch für Fotos vom Feuerwerk besser ist.

Neutrale Flächen, grau oder weiß, ergeben die beste Abstimmung.

Zielt man bei der individuellen Messung auf intensive Farben, dann führt das zu einem Farbstich in der komplementären Farbe. Ein Fehler, der sich aber auch absichtlich nutzen lässt.

KAMERASTEUERUNG KLASSISCH UND MANUELL

Weißabgleich mit Gefühl

Aufgabe des Weißabgleichs ist das Erkennen der vorherrschenden Lichtstimmung und eine Korrektur anzuwenden, die zur farbrichtigen Abbildung führt. Die Augen des Menschen, verbunden mit seiner „Erfahrung", übergehen nahezu zu jeder Tageszeit die Veränderungen der Farben durch das momentane Licht. Weiß bleibt immer Weiß, Grau bleibt neutral, auch wenn das Licht mehr zu den warmen (Rot) oder kalten (Blau) Eigenschaften tendiert. Selbst bei Glühlampenlicht hält man ein weißes Papierblatt noch für weiß, auch wenn es deutlich durch das Licht gelb verfärbt scheint.

Weißabgleich kann man sich als Blick durch ein gleichmäßig gefärbtes Filterglas vorstellen. So wurde der Weißabgleich nach Messung mit einem Farb-Meßgerät tatsächlich für den Farbfilm der analogen Zeit vorgenommen.

Digitale Foto- und Film-Technik haben von der früheren Pflicht befreit, Licht auf Abweichungen zu messen und durch Filter auszugleichen. Feste Voreinstellungen des Weißabgleichs findet man unter verständlichen Begriffen, eine Automatik bemüht sich um möglichst zutreffenden Weißabgleich. Wie beim Blick durch das Filterglas wird elektronisch eine Verschiebung vorgenommen, die dem Zufügen von Blau bei zu warmem Licht, dem Zufügen von Rot bei zu kaltem Licht entspricht.

Lichtquellen wie die Sonne oder eine Glühbirne strahlen ein kontinuierliches Spektrum ab. Andere Lichtquellen wie Leuchtstofflicht, Sparlampen oder LED-Licht weisen Spitzenwerte und Lücken im Spektrum des weißen Lichts auf, in dem alle Farben gut verteilt dem Farbsehvermögen des Auges sehr nahe kommen sollten. Die Entwicklung solcher Lichtquellen versucht, diesem Anspruch immer näher zu kommen.

Farbtemperatur in Kelvin

Farbtemperatur wird mit Messwerten in Kelvin (K) bezeichnet. Die Farbtemperatur des mittleren Sonnenlichts (Tageslicht) ist das Ziel mit 5500 K. Kunstlicht bewegt sich mit 3100 bis 3400 K unterhalb im rötlichen Lichtbereich. Morgen- und Abendsonne unterschreiten mit etwa 5000 K ebenfalls den Mittelwert. Bläuliches Licht liegt über dem Mittelwert. Bei Bewölkung bis zu etwa 5800 K, bei Nebel bis zu 8500 K und in den Zwielichtstunden (Blaue Stunde) am Morgen und Abend bei 9000 bis 12000 K. Licht von Norden bei klar blauem Himmel kann Werte zwischen 15000 bis 27000 K erreichen. Spezielles Fotolicht, wie das Blitzlicht, kann leicht über dem Mittelmaß liegen. Es wird jedoch gezielt für normgerechte Beleuchtung konstruiert.

Links: Mit 50000 K gefiltert, konnte das Licht der „Blauen Stunde" neutralisiert werden. Rechts: Vergleich mit neutralem Weißabgleich zu korrekter Farbwiedergabe.

Farbe à la carte

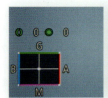 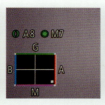 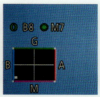 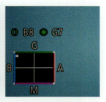

Fest eingestellte Weißabgleich-Werte werden üblicherweise angeboten unter: Tageslicht (Sonne), Kunstlicht, Wolken, Blitz, Leuchtstoff. Individuelle Abstimmung kann mit Messung einer neutralen Fläche vorgenommen werden. Eine andere Form der Abstimmung kann über vier Farben manuell über den Abgleich nach Rot oder Blau sowie zusätzlich nach Grün oder Magenta erfolgen.

Den Weißabgleich in der Kamera kann man als Abstimmung der Primärfarben verstehen, wo Blau und Rot wie in einer Waage gegenüberstehen. Die Sekundärfarben (Mischfarben) Grün und Magenta lassen sich ebenfalls gegenüberstellen. Weniger Grün verschiebt die Abstimmung nach Magenta und umgekehrt. Damit lassen sich auch die kritischen, lückenhaften Lichteigenschaften von Lichtquellen wie Leuchtstoff, Sparlampe und LED mit guter Annäherung abstimmen.

Der Weißabgleich in einer Software wie Adobe Photoshop, Adobe Lightroom und ähnlichen Programmen arbeitet nach den gleichen Prinzipien. Der Weißabgleich wirkt auch hier auf das gesamte Bild, doch ein nachträglicher partieller Eingriff ist in Programmen wie Photoshop und Photoshop Elements möglich.

Programme wie Adobe Lightroom nutzen den umfassenden Eingriff, der an RAW Bildern möglich ist, akzeptieren für recht nachhaltige Eingriffe jedoch auch JPEG-Dateien.

Links: JPEG-Bild im Software-Abgleich zu kaltem Licht (-100). Der rote Himmel signalisiert unveränderbare Überbelichtung. Rechts: Software-Abgleich zu warmem Licht (+100). Nur die Farbveränderung der Häuser zeigt die Filterwirkung.

Weißabgleich-Vergleiche

Unter Tageslicht-Bedingungen wurden diese Beispiele aufgenommen, die damit zeigen, welche „Gegenfarbe" verwendet wird um eine gegebene Beleuchtung zu neutralisieren. Zwei Ausnahmen müssen jedoch beachtet werden: Die AWB-Einstellung korrigiert

AWB   Tageslicht

Wolkig   Kunstlicht

Leuchtstoff   Leuchtstoff H

immer zu neutraler Wiedergabe. Die andere Ausnahme erkennen Sie in den Koordinaten (A = Rot, B = Blau, M = Magenta, G = Grün). Eine Null in allen Werten ist der neutrale Mittelpunkt, die 9 steht für das Maximum (siehe Seite 57). Es wurden jeweils die Koordinaten der Eckpunkte angesteuert.

Blitz

Unterwasser

Koordinaten A9/M9

Koordinaten B9/G9

Koordinaten A9/G9

Koordinaten B9/M9

Die automatische ISO-Einstellung können Sie im Menü nach oben von ISO 400 bis ISO 12800 begrenzen.

Mit „Änderungsrate" bestimmen Sie ob der ISO-Wert „Standard", „Langsam" oder „Schnell" angepasst wird. Sie verändern damit die Prioritäten zwischen Zeit, Blende und ISO-Empfindlichkeit.

ISO-Empfindlichkeit

Im Zweifelsfall auf „Automatik" erspart zwar das Mitdenken, führt aber nicht immer zum bestmöglichen Ergebnis. Mit „AUTO", der automatischen ISO-Einstellung, wurde neben Blende und Zeit eine neue Belichtungsvariable in der Fotografie eingeführt. Unter normalen Lichtbedingungen kann man ohne merkbaren Qualitätsverlust auch mit den hohen ISO-Werten bis 800 arbeiten, um so auf möglichst kurze Belichtungszeiten zu kommen.

Der ISO-Wert ist das Maß für die Empfindlichkeit des Sensors. Der Film in der analogen Fotografie hat immer nur eine, vom Hersteller vorgegebene Empfindlichkeit. Die Empfindlichkeit des Kamerasensors dagegen können Sie in einer weiten Spanne selbst bestimmen. Bei Ihrer S120 reicht die Empfindlichkeit von ISO 80 bis ISO 12800. Bei aller Freude über die hohe Sensorempfindlichkeit muss auch auf Nachteile hingewiesen werden. Bei den sehr hohen Empfindlichkeitsstufen können deutliche Bildstörungen, sogenanntes Bildrauschen, auftreten. Das zeigt sich in bunten Pünktchen und Streifen besonders in sehr dunklen Bildpartien. Ein Phänomen, das auch bei Langzeitbelichtungen auftreten kann. Um diesen Fehler bereits in der Kamera zu unterdrücken, können Sie im Menü unter „High ISO NR" (NR = Noise Reduction) Rauschen in drei Stärkestufen zurückdrängen, was aber auch mit einem Schärfe- und Auflösungsverlust verbunden ist. Diese Funktion steht für Aufnahmen im RAW-Format nicht zur Verfügung. Hier geht man davon aus, dass Sie mit der Nachbearbeitung störendes Bildrauschen ebenfalls reduzieren können.

ISO 12800 liefert unter ausreichenden Lichtbedingungen eingesetzt, gut vertretbare Bildergebnisse. Rechts ein Ausschnitt des oberen Bildes, der einer Vergrößerung von ca. 10x14 cm entspricht.

ISO-Empfindlichkeit

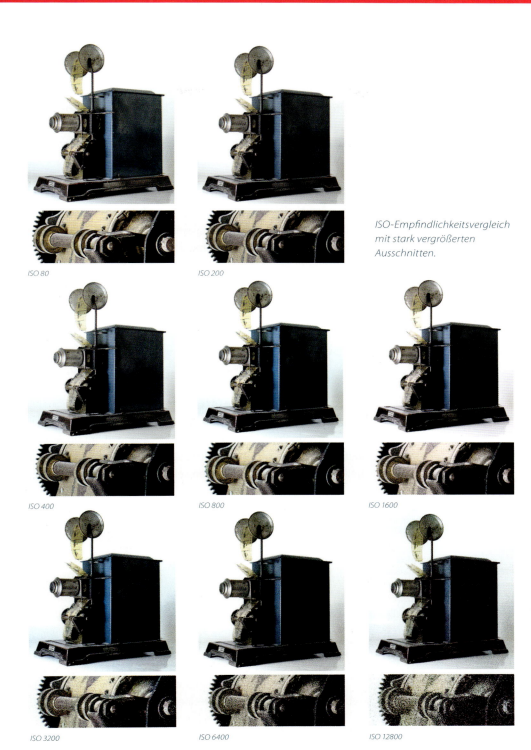

ISO-Empfindlichkeitsvergleich mit stark vergrößerten Ausschnitten.

Belichtungsmessmethoden

Drei grundsätzliche Messmethoden bietet Ihre Kamera: die Mehrfeldmessung, die mittenbetonte Integralmessung sowie die Spotmessung. Alle drei Methoden führen zu einem guten Ergebnis, wobei die Wahl der Methode von der Zielsetzung und von der Helligkeitsverteilung im Motiv abhängt.

Die Mehrfeldmessung erweist sich in den meisten Aufnahmesituationen als äußerst verlässliche Belichtungsmessmethode, die auch von allen Vollautomatikeinstellungen verwendet wird.

Mehrfeldmessung

Bei der Mehrfeldmessung ist das Sucherfeld in mehrere quadratische Messfelder aufgeteilt. Die einzelnen Messdaten der Felder werden nach Kontrast und Helligkeit vom Kameracomputer analysiert und in der Automatikfunktion motivbezogen gesteuert, was sich besonders in der Personenfotografie, in der meist das Umfeld eine Nebenrolle spielt, bewährt.

Die Mehrfeldmessung eignet sich recht verlässlich für die meisten Motiv- und Lichtsituationen. Bei ausgeprägtem Streif- oder Gegenlicht ist die Mehrfeldmessung schon mal überfordert. Verlässlichere Daten bietet Ihnen dann die Spotmessung.

Mittenbetonte Integralmessung

Mit Schwerpunkt im zentralen Bildbereich wird bei der Integralmessung die Belichtung in der gesamten Bildfläche gemessen. Eine sichere Belichtungsmessung, die eventuelle unerwünschte Korrekturen seitens der Kamera, wie es bei der Mehrfeldmessung vorkommen kann, ausschließt. Bei dieser Messtechnik geht man davon aus, dass in den Randbereichen die Bildinformationen an Wichtigkeit verlieren. Und man kann bei dieser Charakteristik eine Überbetonung eines sehr hellen Himmels verhindern. Viele Fotografen schwören auf diese Messmethode, nicht nur aus Tradition. Mit etwas Routine lässt sich die Wirkung einer Messung genauer beurteilen und so zielsicherer eine notwendige Belichtungskorrektur durchführen.

Spotmessfeld können Sie über das Menü zentral fixieren oder dem AF-Messfeld beweglich zuordnen.

Spotmessung

Eine Messmethode nicht nur für Profis. Die Messung wird auf den im Sucher erkennbaren zentralen Messkreis konzentriert. So erfassen Sie einen kleinen Bereich Ihres Motivs und können die Belichtung auf diesen Ausschnitt abstimmen. Auch lässt sich des Spotmessfeld mit dem AF-Feld verknüpfen

BELICHTUNGSMESSMETHODEN

Die Schaumkronen, die sich im Gegenlicht besonders kontrastreich vom übrigen Motiv abheben, wurden mit der Spotmessung angemessen. Die so gesteuerte kurze Belichtungszeit ergab diese besondere Stimmung im Bild.

und so im Motivausschnitt beliebig verschieben. So können Sie zum Beispiel bei Porträtaufnahmen, ohne erst den Gesichtserkennungsmodus bemühen zu müssen, gezielt das Gesicht anmessen. Die Kombination aus Spotmessung, AE-Speicherung und RAW-Dateiformat gibt Ihnen eine optimale Voraussetzung sich auf schnell verändernde Motivsituationen einzustellen und eine kreative Belichtungsanpassung vorzunehmen, mit der Option die RAW-Daten gegebenenfalls durch die Nachbearbeitung stark beeinflussen zu können. Auf dunkle Schattenpartien belichtet, ergibt dies duftige Bildstimmungen mit bewusster Überstrahlung sonnenüberfluteter Lichterpartien im Stil von High-Key-Bildern. Richten Sie den Messpunkt auf helle Bildpartien und stellen damit sicher, dass keine Bilddetails verloren gehen, oder Sie schaffen Bilder im Low Key-Stil.

Die Belichtung auf die Lichter hat noch einen interessanten Nebeneffekt, wenn Sie durch die deutlich kürzere Belichtungszeit gerade bei langen Teleeinstellungen die Verwacklungsgefahr zusätzlich mindern. Diese Methode ergibt oft noch kurze Belichtungszeiten auch bei niedrigen ISO-Werten. Ihre RAW-Datei bietet so viel Reserven, dass Sie mit der Nachbearbeitung die Schatten problemlos aufhellen können und ein „normal" belichtetes Endresultat erzielen.

> **Kontrastmessung**
>
> Wenn Sie gern rechnen, können Sie auch mit der Kontrastmessung (hellste und dunkelste bildwichtige Stelle messen) den Mittelwert errechnen und so für eine ausgewogene Belichtung sorgen. Dieser Aufwand wird sich aber nur bei extrem ungleicher Verteilung heller und dunkler Bildpartien eines kontrastreichen Motivs lohnen. Ist aber sehr nützlich, wenn Sie Belichtungsreihen für HDR-Bilder festlegen wollen.

Programmautomatik (P)

Die Programmautomatik „P" bietet auch bei professionellen Ansprüchen einfache Handhabung durch individuelle Voreinstellungen.

Wenn Sie sich mit der „Programmautomatik" (P) näher beschäftigen, werden Sie Modus P bald zu Ihrer Standardeinstellung machen. Sie können, müssen aber nichts selbst einstellen, mit Ausnahme des Blitzgerätes, das Sie nach Wunsch oder bei schlechten Lichtbedingungen von Hand dazuschalten. Es blitzt nur dann, wenn Sie es auch wirklich wollen.

Das Grundprinzip der Programmautomatik besteht darin, dass sie versucht eine der Gesamthelligkeit des Motivs entsprechend optimale Zeit-Blenden-Kombination einzustellen. Sie warnt durch rotes Blinken der Zeit- und Blendenanzeige, wenn sie bei hellem Licht die kleinste Blende und die kürzeste Belichtungszeit erreicht hat. Das macht sie auch, wenn die Belichtungszeiten so lang werden, dass trotz IS-Funktion die Gefahr von verwackelten Aufnahmen besteht. Bei Überbelichtungswarnung ist meist der ISO-Wert zu hoch eingestellt – also runter auf ISO 80. Wenn das nicht ausreicht, was unter Tageslichtbedingungen eigentlich nicht passiert, können Sie noch den ND-Filter (Neutraldichte-Filter), dazu später auf Seite 76, aktivieren.

Die Programmautomatik lässt sich im Gegensatz zum AUTO- oder SCN-Modus individueller auf Ihre fotografische Aufgaben einstellen. Bei aller Liebe zur Programmautomatik muss ich auch auf einen Nachteil hinweisen. Wenn man sein Display nicht ständig kontrolliert, bleibt schnell mal eine Einstellung stehen, die für das nächste Motiv nicht ideal ist, wie z.B. der Weißabgleich, die Messmethode oder Belichtungskorrektur oder ein zu hoher ISO-Wert, weil man gerade wunderschöne Innenaufnahmen aus der Hand geschossen hatte. Da die Einstellungen aber auf dem Display zu erkennen sind, kann man krasse Fehler mit ein wenig Sorgfalt leicht vermeiden.

Recht häufig ist nicht die mangelnde Schärfentiefe oder der zitternde Fotograf Schuld an unscharfen Makroaufnahmen, sondern ein leichter Windhauch, der das Motiv schwanken lässt. Da helfen nur kurze Belichtungszeiten, die Sie mit der Programmverschiebung sehr schnell einstellen können. Lieber eine geringe Schärfentiefe durch offene Blende als ein komplett verwackeltes Bild.

Für Weißabgleich und ISO-Einstellung sind ebenfalls Automatikfunktionen vorgesehen, die man aber mit Vorsicht genießen sollte. Der automatische Weißabgleich kann so manche entscheidende Lichtstimmung wegfiltern, und die automatische ISO-Einstellung hohe Empfindlichkeiten vorgeben, wenn man doch lieber das Quäntchen mehr Bildqualität durch niedrige Empfindlichkeit ausgenützt hätte. Qualitätsfanatiker sollten unbedingt Ihre Aufnahmen im RAW-Format aufnehmen, da lässt sich so manche Kameraeinstellung nachträglich korrigieren.

PROGRAMMAUTOMATIK (P)

AE-Speicherung

Die Belichtungsspeicherung mittels der Kombination von angetipptem Auslöser und Druck auf die ▲-Taste am Einstellungs-Wahlrad ist immer dann sinnvoll, wenn Sie beispielsweise mit der Spot-Belichtungsmessung in eng begrenztem Motivbereich die Belichtung abstimmen möchten, dieser Bereich aber nicht in der Mitte Ihres Bildausschnitts liegt. Eine sehr empfehlenswerte Möglichkeit bietet die S120 mit der Kombination des AF-Messfeldes mit dem Spotmessfeld. Auf die Spot-Belichtungsmessung kommen wir noch später zurück. Der gespeicherte Wert bleibt so lange wirksam, bis die Kamera sich deaktiviert oder die Brennweite verändert wird.

Die AE-Speicherung bietet den Vorteil, dass nur der Belichtungswert blockiert wird und nicht zusätzlich der Autofokus. Fokussierung ohne Veränderung der Belichtung ist damit bis zum Löschen der Belichtungsspeicherung oder einer Veränderung der Zoom-Brennweite jederzeit möglich.

Gegenlichtmotive oder Bilder mit großen weißen Flächen werden meist unterbelichtet (Grauwertbedingung). Mit Spotmessung und AE-Speicherung dunklere Fläche wie z.B. den Baum im Vordergrund angemessen, ergibt die bessere Aufnahme (Bild unten).

Programmverschiebung

Der Clou bei der Programmautomatik ist, dass sie auch wie eine Blenden (Av)- oder Verschlusszeitautomatik (Tv) eingesetzt werden kann. Die Kamera wählt in der Programmautomatik abhängig von den Lichtverhältnissen eine Zeit-Blendenkombination, die einen Kompromiss aus möglichst wenig verwacklungsgefährdeter Zeit und Schärfentiefe fördernder Blendenöffnung darstellt. Diese Zeit-Blendenkombination können Sie, solange der Belichtungswert angezeigt wird, mit dem großen Wahlrad verstellen. Mit dieser Programmverschiebung, auch „Programmshift" genannt, können Sie sehr schnell auf maximale Blendenöffnung verschieben oder die Zeit kürzer stellen, wenn Sie z.B. einer 1/30 Sekunde aus der Hand nicht trauen. Steht die ISO-Empfindlichkeit auf automatischer Veränderung „AUTO", wird sie bei der Programmverschiebung mit einbezogen, um zu lange Zeiten zu verhindern. Bei niedrigen ISO-Vorgaben kommt man schnell in den Bereich längerer Zeiten; auf Verwacklungsgefahr achten und den Vorschlag der Kamera, das Blitzgerät zu aktivieren, beherzigen.

Programmverschiebung

Beispiel einer Zeit-Blenden-Reihe bei der Ausgangsmessung von 1/60 s und Blende 5,6.
1/4s/Blende 22
1/8s/Blende 16
1/15s/Blende 11
1/30s/Blende 8
1/60s/Blende 5,6
1/125s/Blende 4
1/250s/Blende 2,8
1/500s/Blende 2
1/1000s/Blende 1,4

65

KAMERASTEUERUNG KLASSISCH UND MANUELL

Belichtungskorrektur und Belichtungsserie

Die Bildhelligkeit können Sie in Drittelschritten im Bereich von -3 bis +3 Belichtungsstufen über das Einstellungs-Wahlrad korrigieren.

Die AEB-Funktion erlaubt Bildserien aus drei Aufnahmen in der Belichtungsspanne von ± 2 Blendenstufen fein abgestimmt in Drittel-Stufen.

Manuelle Belichtungskorrektur und Belichtungsserie sind gerade im Zusammenspiel mit der Programmautomatik äußerst praktische Funktionen. Schnell sind so Belichtungsalternativen im „Kasten", wenn extreme Lichtsituationen vorliegen oder man ganz sicher gehen will, dass die Lichterpartien nicht überbelichtet werden und ausfressen – da kann auch das beste Nachbearbeitungsprogramm keine Zeichnung herbeizaubern.

Sie können aber auch einen festen Korrekturwert eingeben, der Ihnen eine entsprechend modifizierte Belichtung ermöglicht. Damit fehlen aber die Belichtungsalternativen einer Belichtungsreihe, die bei der Beurteilung der Aufnahmen sehr behilflich sein können. Sparen Sie also nicht mit Speicherplatz, er kostet ja bekanntlich nicht mehr viel. Gehören Sie zu den Fotografen die ihre Bilder am PC nachbearbeiten, dann werden Sie sehr schnell herausfinden, dass die auf die hellen Partien im Motiv belichteten Bilder – unbearbeitet meist zu dunkle Bilder – sich für die Nachbearbeitung besser eignen.

Wenn wir schon von der Nachbearbeitung und der Bewältigung hoher Kontraste sprechen, sei auch an dieser Stelle auf die Möglichkeiten der HDR-Technik hingewiesen. Eine einfache Form bietet der kameraeigene HDR-Modus bei den Kreativfiltern.

Bei Gegenlichtmotiven, wie hier mit den Schilfhalmen im zugefrorenen See aus der Froschperspektive und dem zusätzlichen Schwierigkeitsgrad der stark reflektierenden Schneefläche, sieht man den Nutzen der vollen Spanne der Belichtungskorrektur. Oft kann man sich erst bei der starken Vergrößerung am Bildschirm entscheiden, welche Belichtung die Stimmung am besten wiedergibt. Bild links -3, Bild rechts +3 volle Stufen Belichtungskorrektur.

Mit dieser Nachbearbeitung werden mit einer entsprechenden Funktion, die in den meisten Nachbearbeitungsprogrammen integriert ist, mehrere Bilder mit unterschiedlichen Belichtungszeiten zu einem Bild umgerechnet (darauf achten, dass nur die Zeit und nicht die Blende verändert wird – wegen der unterschiedlichen Schärfentiefe).

Auch sehr hohe Objektumfänge, das heißt hoher Kontrast zwischen Lichtern und Schattenpartien, werden so gut durchgezeichnet im Bild dargestellt. Wenn Sie eine ruhige Hand auch für eine AEB-Serie besitzen, gelingen Ihnen auch HDR-Bilder ohne Stativeinsatz, sicherer zum Ziel gelangen Sie mit einem Stativ, da Sie bei plus zwei Zeitstufen und ungünstigen Lichtverhältnissen sehr schnell im Verwacklungsbereich landen. Wenn Sie die HDR-Technik einsetzen, legen Sie sicher Wert auf höchste Wiedergabequalität. Mit der maximalen Spanne der AEB-Funktion von ± 2 Belichtungsstufen lassen sich bereits sehr gute Resultate erzielen. Wenn Sie Ihr Stativ schon dabei haben, lohnt sich auch eine manuell eingestellte Belichtungsreihe für ein HDR-Bild mit zum Beispiel ± 3 Belichtungswerten, gesteuert über die manuelle Belichtungssteuerung. Wem das alles noch nicht reicht, der kann über die manuelle Belichtungssteuerung die gesamte Spanne der Zeitstufen ausnutzen. Lohnenswerte Motive sind Gegenlichtaufnahmen, Landschaften im schrägen Abendlicht und starkem Licht-Schattenkontrast.

*AEB-Belichtungsreihe
Oben: gemessene Belichtung (1/60 s, Blende 2,8);
Mitte: minus eine Belichtungsstufe (1/125 s, Blende 2,8);
Unten: plus eine Stufe (1/30 s, Blende 2,8). Das mittlere Bild eignet sich besser für eine gute Lichter- und Schattendurchzeichnung bei der Nachbearbeitung, da in der automatisch gesteuerten, unkorrigierten Belichtung (oberes Bild) die Lichterpartien mit den stark reflektierenden Goldflächen keine Zeichnung mehr aufweisen.*

Aus der Belichtungsreihe oben wurde nachträglich mit der HDR-Funktion eines Nachbearbeitungsprogramms ein neues Bild berechnet (links), das die Lichter und Schattenbereiche deutlich besser durchzeichnet wiedergibt.

KAMERASTEUERUNG KLASSISCH UND MANUELL

Blende und Belichtung

Die Blende befindet sich als „rundes Loch" innerhalb des Objektivs. Ihre Form ist rund beziehungsweise sollte in ihrer Idealform annähernd rund sein. Ihr Durchmesser ist veränderbar.

Als „Partner der Belichtung" wirken Blende und Verschlusszeit (Belichtungszeit) zusammen.

Die veränderbare Lochfläche sorgt bei größter Öffnung dafür, dass viel Licht hindurchfließen kann. Wird die Blendenöffnung verengt, so wird der Lichtfluss verringert: es wird „abgeblendet".

Die Bezeichnung in Form von Zahlen hat sich bereits in den Anfängen der Fotografie entwickelt und verändert. Geblieben ist die auch für digitale Kameras geltende Blendenreihe:

1,4 – 2 – 2,8 – 4 – 5,6 – 8 – 11 – ...(Auszug aus der Blendenreihe)

Auch Zwischenwerte durch Drittelung lassen sich in dieser herkömmlichen Reihe bilden und wählen. In der Praxis mit der digitalen Kamera ist die Kenntnis der Wirkung einer Blende nützlich, dank Belichtungsprogrammen jedoch nicht Voraussetzung für optimal belichtete Bilder. Dennoch ist es richtig, die Aufgabe der Blende samt ihrer „Nebenwirkungen" zu kennen.

Blendenreihen der digitalen Kamera beginnen bei der kleinsten Zahl (z.B. 1,8 oder 3,5), die zugleich die maximale Lichtstärke des Objektivs angibt. Die stärkste Abblendung ist heute in den meisten Fällen auf Blende 8 festgelegt. Das geschieht, um eine Verschlechterung der Bildqualität durch Licht-Beugungseffekte bei noch engeren Blenden zu verhindern.

Blendenrechnung

Die mathematische Grundlage der Blendenreihe ist die Multiplikation eines Wertes mit dem festen Faktor „Quadratwurzel aus 2" (z.B. 2 * 1,4 = 2,8). Blende 1,4 besitzt die doppelte Lochfläche der Blende 2,8 – Blende 2,8 hat eine nur halb so große Lochfläche im Vergleich zu Blende 1,4. Entsprechend passiert die doppelte oder die halbe Menge Licht die Blende.

Werte der Blendenskala und Zwischenwerte lassen sich in Belichtungsprogrammen wie Av und M direkt wählen. Weitere Beeinflussung durch die Belichtungskorrektur. Noch feinere Abstufung kann die Elektronik der Kamera einstellen.

Abweichen in Grenzen: Knappe Überbelichtung

Darf es etwas mehr sein? Dann sorgt man mit einer Belichtungskorrektur für eine leichte Überbelichtung. Sie lässt zarte Motive noch zarter erscheinen. Vorsicht bei dieser Belichtungszugabe, die sehr schnell auch zu einem Verblassen der Farben führen kann. Pastell? Ja, völlig kraftlos eher nicht. Ein möglicher Eingriff am Kontrast bei den Kamera-Voreinstellungen reizt zum Experiment. Normaler Kontrast verblasst insgesamt, höherer Kontrast kann „kreidig" wirken und niedriger Kontrast stärkt den Pastell-Charakter.

Durch die Begrenzung auf die kleinste Blende 8 wird die Beeinflussung einer Aufnahme eingeschränkt. Bleibt bei einer Anfangs-Lichtstärke von 1,8 ein Angebot von etwa drei Blenden und einer Drittelblende, so schrumpft der Spielraum bei der Anfangs-Lichtstärke von 3,5 auf etwa zwei Blenden und eine Drittelblende. Wird eine gezielte Anpassung durch kürzere Belichtungszeiten überschritten, so hilft nur ein vor das Objektiv gesetztes neutralgraues Filter (ND-Filter) oder ein gleichartiges Filter in der Kamera. Das ND-Filter reduziert ein Überangebot an Licht. Selbst ein vor das Objektiv gehaltenes ND-Filter lässt sich nutzen, da in jedem Fall die Belichtung TTL (Through The Lens) erfolgt und damit die Lichtreduzierung bei der Messung berücksichtigt wird.

Auf der dunklen Seite fordert zu wenig Licht nach künstlicher Beleuchtung, wenn offene Blende und längste Belichtungszeit nicht mehr zum Erfolg führen. Die interessanteste „Nebenwirkung" der Blende ist ihr Einfluss auf die Schärfentiefe.

Außerhalb der Norm?

„Krumme Blendenwerte" bei der Angabe der maximalen Lichtstärke hängen von der Konstruktion des Objektivs ab. Wohl jeder Hersteller versucht im Rahmen der optischen Machbarkeit möglichst hohe Lichtstärke herauszuholen.

Richtig belichtet – eine Zusammenarbeit von Blende und Verschlusszeit

Gemeinsam sind sie stark, denn die optimale Belichtung ergibt sich erst aus der Verbindung von Blendenöffnung und Belichtungszeit (Verschlusszeit). Die Messung der Helligkeit im Bildausschnitt gibt vor, welche Kombination von Blende und Zeit zur korrekten Belichtung zueinander passt.

Im Belichtungsprogramm M (manuell) ist der Fotograf verantwortlich, nach Anzeige der Messung Blende und Zeit zu kombinieren. Auch Programme wie Blendenvorwahl (Av) oder Zeitvorwahl

Abweichen in Grenzen: Knappe Unterbelichtung

Darf es eher weniger sein? Eine leichte Unterbelichtung macht Bilder dunkler, sorgt vielleicht sogar für eine „düstere" Stimmung. Bei sorgfältiger Dosierung werden Farben viel intensiver abgebildet, als man sie wahrgenommen hat. In den meisten Fällen wirkt diese Intensivierung der Farben jedoch natürlicher, als bei einer nachträglichen Steigerung der Farbsättigung mit Hilfe einer Bildbearbeitung. Ein möglicher Eingriff am Kontrast bei den Kamera-Voreinstellungen sollte auf „normal" bleiben.

KAMERASTEUERUNG KLASSISCH UND MANUELL

Die schwarzen Gummitaschen wurden ohne Korrektur zu hell wiedergegeben. Eine Korrektur um minus eine Blende ergab die bessere Belichtung.

(Tv) nehmen den Fotografen in die Pflicht und warnen, wenn der Bereich der möglichen Kombinationen noch nicht erreicht wurde.

Thematische Belichtungsprogramme (Porträt, Sport, Nachtaufnahme) stellen entweder die Blende oder die Belichtungszeit in den Mittelpunkt ihrer Entscheidung. Ist wie bei Sport ein schnelles Motiv zu erwarten, so hat eine kurze Verschlusszeit den Vorrang. Ist Schärfentiefe verlangt, so gibt man der Blende den Vorrang für bewusst wenig oder gezielt viel Schärfentiefe.

Abweichung in Grenzen

Eine fotografische Aufgabe kann den Eingriff des Fotografen fordern, und sei es nur, um persönlichem Geschmack zu dienen. Mit der Belichtungskorrektur wird der Wunsch erfüllt. Meist über einen weiten Bereich von ± zwei oder drei Belichtungsstufen und feinfühlig in halbe oder Drittelwerte unterteilt.

Die „Abweichung" in festen Grenzen ist nur eine Bevorzugung von Blende oder Zeit. Shift (Verschieben) wird diese Korrektur genannt. Dabei wird zu einer Blende/Zeit-Kombination gewechselt, die nicht die Belichtung verändert. Als Beispiel:

Blende 5,6 + 1/500 s = Blende 4 + 1/1000 s
Blende 5,6 + 1/500 s = Blende 8 + 1/250 s

Die Anzeige der Messung zeigt, welche Kombinationen verfügbar sind. Das erste Beispiel zeigt das Öffnen der Blende, um eine

Noch intensivere Farben lassen sich durch eine leichte Unterbelichtung erzielen.

kürzere Verschlusszeit zu nutzen. Im zweiten Beispiel wird die Blende für mehr Schärfentiefe geschlossen, bei im gleichen Maß verlängerter Verschlusszeit.

Nicht ganz sicher? Bracketing hilft

Mit Elektronik und Belichtungsprogrammen kam die Besonderheit „Bracketing". Ein schwer übersetzbarer Begriff, der in der Fotografie immer mit „...reihen" zu tun hat. Es gibt:
- AEB = Auto Exposure Bracketing (auch kurz BKT genannt)
- FEB = Flash Exposure Bracketing
- WBB = White Balance Bracketing

Die Zahl der Aufnahmen kann variieren. Drei bis fünf sind üblich, wobei meistens drei Aufnahmen belichtet werden. Bei AEB ist die Belichtung betroffen. Es wird eine Aufnahme entsprechend der Messung belichtet und je eine weitere mit Über- und Unterbelichtung. In Stufen von einer Drittelblende reicht die Vorwahl mit Grenzwerten von ± zwei Blendenstufen.

Analog dazu die Blitzbelichtungsreihe, bei der die Helligkeit des Blitzlichts variiert wird. Zwischen „Wärmer" und „Kälter" arbeitet die Weißabgleich-Reihe.

Als Sonderleistung kann die Belichtungsreihe genannt werden, bei der die Fokussierung mit leichter Abweichung auf eingestellte, kürzere und längere Distanz variiert wird. Eine Funktion, die vor allem bei manueller Fokussierung sinnvoll ist.

AEB oder Belichtungs-Bracketing mit dem Abstand von einer vollen Blendenstufe. Von oben: 1 Blende über-, normal und 1 Blende unterbelichtet.

Bracketing selbst gemacht

Aufnahmereihen mit der Veränderung von Belichtung, Blitzbelichtung, Weißabgleich oder Fokussierung eignen sich eher für statische Motive. Einfach nutzbar, wenn sie zur Auswahl in der Kamera festgelegt sind. So lässt sich manuelles Bracketing durchführen:
- Ich empfehle ein Stativ, zum Beispiel für Landschaftsaufnahmen, wenn die Blendenwirkung genutzt werden soll, oder Bilder zur späteren Auswahl der besten Belichtung zu machen sind. Eine Weißabgleich-Reihe mit veränderter Farbtemperatur lässt sich auf gleiche Weise manuell belichten.
- Blitz-Belichtungsreihen lassen sich auch für Action-Schnappschüsse einsetzen. Machen Sie eine Aufnahmereihe mit veränderter Blitzlicht-Leistung und legen Sie sich auf eine Distanz für Folgeaufnahmen fest. Schon auf dem Display ist zu erkennen, bei welcher Leistung korrekte Belichtung zu erwarten ist. Folgeaufnahmen werden bei gesteigerter Sicherheit ohne neue Testreihe in annähernd gleicher Distanz gemacht. Vor allem im Nahbereich um ein bis zwei Meter kann eine Leistungsreduzierung wahre Wunder bewirken.

KAMERASTEUERUNG KLASSISCH UND MANUELL

Belichtungszeit und Schärfe

Wenn an dieser Stelle von „Schärfe" die Rede ist, dann möchte ich nicht auf richtige Fokussierung oder Schärfentiefe eingehen.

Wenn es an dieser Stelle um Schärfe geht, dann soll es damit zu tun haben, was durch Bewegung an welcher Stelle auch immer zur Unschärfe führen kann und was zu tun ist, um Bewegung „einzufrieren".

Schärfe unbekannt?

Was ist Schärfe? Diese Frage wird von ernsthaften Wissenschaftlern mit dem trockenen Physiker-Humor beantwortet: „Schärfe gibt es nicht!". Stimmt sie ist physikalisch nicht definiert. Dennoch bleibt für das menschliche Auge der Eindruck von Schärfe, der wesentlich von Auflösung und Kontrast einer Fotografie bestimmt wird.

Verwacklung – und was dagegen tun?

Digitale Kameras kommen der Belastbarkeit der Fotografen durch leichtes Gewicht entgegen. Den Kameras fehlt das Gewicht, fehlt die Masse, die besonders Profi-Kamera-Vorgänger besaßen. Eine Masse, die vor allem leichte Erschütterungen dämpfte.

Vom Übergewicht der Kamera erleichterte Fotografen müssen das Manko heute oft durch ein schweres Stativ ausgleichen, womit die Bereitschaft Gewicht zu heben und zu tragen wieder einen Sinn hat. Es bleibt das leichte Gewicht der Kamera, ein mögliches Händezittern bei Aufnahmen aus der Hand und eine vielleicht verwackelte Aufnahme.

Ein Zittern der Hand ist nicht auszuschließen, denn selbst die leiseste Berührung des Auslösers genügt, um die Kamera zum „Wackeln" zu bringen. Weitgehend kann die Bildstabilisierung ausgleichen. Die Vibration der Kamera stört bei kurzen Brennweiten kaum. Die Gefahr der Verwacklung steigt mit längerer Brennweite und ist bei längster Brennweite von höchstem Einfluss. Ein Grund für mich, zumindest für den

Kurze Belichtungszeiten ermöglichen eine detailreiche Wiedergabe auch schnell bewegter Motive oder Motivteile. Schärfe und Auflösung sind somit nicht nur das Ergebnis hoch auflösender Bildsensoren und von Hochleistungsobjektiven.

Augenblick der Aufnahme die Bildstabilisierung zu nutzen. Ein Grund auch für die Nutzung des Selbstauslösers mit der Sicherheit von zehn Sekunden Vorlauf. Wenn technisch vorgesehen, kann ein Fernauslöser gute Dienste leisten. In zwei Stufen erlaubt der Fernauslöser, die Vorbereitung wie bei angetipptem Auslöser in Gang zu setzen und voll durchgedrückt die Belichtung vorzunehmen. Das Kabel zwischen Handauslöser und Kamera hält Zittern und Wackeln von der Kamera fern. Mit der Wahl einer sehr kurzen

Belichtungszeit kann das Risiko der Verwacklung eingedämmt werden – zumindest bei kurzen und mittleren Brennweiten.

Ein weiterer Störfaktor, der zu verwackelten Bildern führen kann, ist Wind, der die Kamera trifft und zur Vibration anregt. Hier hilft nur Warten auf Windstille oder nachhaltiges Abschirmen der Kamera gegen seitlichen Wind.

Verwackelte Aufnahmen sind im kompletten Bildausschnitt zu erkennen. Besonders deutlich an Konturen und Reflexen.

Die passende Belichtungszeit für Bewegung

Kurze und kürzeste Belichtungszeiten sind erforderlich, um vor allem bei der Wahl einer langen Brennweite mit großer Sicherheit zu nicht verwackelten Bildern zu kommen und Bewegung „einzufrieren". Bewegung hat mit Geschwindigkeit zu tun. Sie hat auch mit der Richtung zu tun, in der eine Bewegung zur Kamera verläuft.

Praktisch unabhängig von der Brennweite gibt nur die Geschwindigkeit des Objekts vor, welche Verschlusszeit die optimale Belichtung erlaubt. Vielleicht sollte man mit Hilfe eines Taschenrechners sich eine Vorstellung davon verschaffen, welche Strecken bei bestimmten Geschwindigkeiten in beispielsweise einer Sekunde zurückgelegt werden (siehe Kasten auf der nächsten Seite, alle Angaben in m/s = Meter pro Sekunde).

Glücklicherweise dürften die meisten Bewegungen vor unserer Kamera mit spielenden Kindern, radfahrenden Familienmitgliedern oder rennenden Hunden zu tun haben. Mit eher geringen Geschwindigkeiten also. Selbst ein olympiareifer Angehöriger mit 10 s für den 100-m-Leichtathletik-Lauf kommt auf „nur" ungefähr 36 km/h. Das Angebot an kürzeren Belichtungszeiten reicht also recht gut aus.

Alle im Kasten auf Seite 74 aufgeführten Geschwindigkeiten beziehen

> **Frontale Bewegung**
>
> Läuft eine Bewegung auf die Kamera frontal zu, so scheint sie langsam. Lediglich die Distanz ändert sich und mit ihr die „wachsende Größe" des Motivs. Damit bekommt die Autofokus-Automatik viel zu tun, die dafür besser auf kontinuierliches Fokussieren (Verfolgen, Nachfokussieren) eingerichtet ist. Die Belichtungszeit darf länger sein.

Schnelle Objektbewegungen und zu lange Verschlusszeiten = Unschärfe. Der schnelle Flügelschlag des Schmetterlings vermischt sich fast vollständig mit dem unscharf eingestellten Hintergrund, vor dem sich die Blüte besonders dekorativ abhebt.

KAMERASTEUERUNG KLASSISCH UND MANUELL

Je länger die Belichtungszeit und je schneller die Bewegung, in diesem Beispiel durch die bewegte Kamera, um so unschärfer wird die Bildwiedergabe. Viele Bilddetails gehen verloren, dafür wird die Bewegung durch den Wischeffekt sehr gut visualisiert.

sich auf die wohl ungünstigste Bewegungsrichtung quer zur Kamera. Nicht berücksichtigt ist auch der Umstand, dass man mit der Kamera der Bewegung folgt und eine Bewegungsunschärfe eher auf den Hintergrund beschränkt sein sollte. Eine weitere Reduzierung der Geschwindigkeit wirkt sich aus, wenn man in einem spitzen Winkel zur Bewegung fotografiert. Dabei wie bei der frontalen Bewegung auf die Kamera zu, muss nur die AF-Fokussierung mit dem Tempo mithalten und der Fotograf darauf achten, dass sein Motiv nicht über die Grenzen des Bildausschnitts hinaus wächst. Mit der Rücknahme der Brennweite ist auch das zu schaffen.

Mitziehtechnik zum Üben

Der Hinweis auf die Verfolgung eines bewegten Objekts mit der Kamera weist auf eine besondere Aufnahme-Technik: die Mitziehtechnik.

Bei der Mitziehtechnik verfolgt man das Objekt mit der trainierbaren Aufgabe, sich dem Tempo des Motivs anzupassen. Ausgelöst wird ohne Unterbrechung der Bewegung. Selbst quer zur Kamera verlaufende Bewegung kann auf diese Weise ohne Bewegungsunschärfe im zentralen Motiv aufgenommen werden. Bewegungsunschärfe beschränkt sich auf Umgebung, Hintergrund und Boden und entspricht der Bewegung der Kamera. Vor allem der Hintergrund wird verzogen, unscharf und trägt durch verwischte Details zum Eindruck von Bewegung bei. Ein Stativ, mit Ausnahme eines Schulterstativs vielleicht, wäre bei dieser Technik eher

Bewegungsbeispiele

- Spaziergänger mit 4 km/h = -1,11 m/s, in 1/100 s = 0,01 m/s
  eine Bewegungsunschärfe von 1 cm fällt kaum auf, mit einer Belichtung von 1/500 s noch besser
- Fahrrad mit ca. 20 km/h = 5,55 m/s, in 1/100 s = 0,056 m/s – in 1/500 s = 0,01 m/s
  eine Bewegungsunschärfe von 1 cm fällt kaum auf, mit einer Belichtung von 1/1000 s noch besser
- KFZ mit 50 km/h = 13,88 m/s, 1/100 s = 0,14 m/s, in 1/500 s = 0,03 m/s, in 1/1000 s = 0,015 m/s
  eine Bewegungsunschärfe von 1,5 cm fällt kaum auf, mit einer Belichtung von 1/2000 s noch besser
- Motorrad mit 100 km/h = 27,78 Meter/s, 1/100 s = 0,28 m/s, in 1/500 s = 0,06 m/s, 1/2000 s = 0,014 m/s
  eine Bewegungsunschärfe von 1,4 cm fällt kaum auf, eine noch kürzere Verschlusszeit wäre noch besser
- Formel 1 mit 300 km/h = 83,43 Meter/s, 1/100 s = 0,83 m/s, 1/1000 s = 0,083 m/s, 1/2000 s = 0,042 m/s
  mit 4,2 cm ist eine kleine Bewegungsunschärfe auszumachen, kürzere Verschlusszeiten wären besser

hinderlich. Trainieren Sie also die Mitziehtechnik aus freier Hand und halten Sie vor allem das zentrale Objekt erreichbar für die Arbeit des Autofokus im Bildausschnitt. Sie werden sehen, dass mit dieser Technik erheblich längere Verschlusszeiten verwendbar werden. Auf die Bildstabilisierung verzichtet man in der Mitziehtechnik.

Bewegungsunschärfe als „Kunstform"?

Was wären Regeln ohne Ausnahme? Die Ausnahme in Bezug auf Bewegungsunschärfe darf man getrost im Bereich der Kunst ansiedeln. Mit ausgesprochen langen Belichtungszeiten wird ein Motiv in das Zentrum gelegt, in dem das Objekt in seiner Form durch verwischte Darstellung „Bewegung" vermittelt. Mögliche Motive findet man im Tanz, bei der Gymnastik oder vielleicht auch in einigen „Kampfsportarten". Beobachten Sie Bewegungsabläufe und versuchen Sie, das Typische darin zu erkennen. Beim Tanz wären es beispielsweise drehende Bewegungen, die sich symbolhaft umsetzen lassen. Gymnastik oder Bodenturnen kann scharfe Abbildung und Bewegungsunschärfe zugleich zeigen, wenn zum Beispiel Gesicht und Körper nahezu scharf abgebildet werden und Bewegungen der Hände mit Bändern in Bewegungsunschärfe dargestellt sind. Auf den Moment der Auslösung beschränkte Bildstabilisierung ist kein Hindernis.

Toter Punkt

Manche Bewegungen finden mit hoher Geschwindigkeit, aber einer Bewegungsumkehr statt. Das Pendel einer Standuhr, die Schiffschaukel auf dem Jahrmarkt oder auch der Schwimmer, der zum Luftholen aus dem Wasser schnellt: Stets ist eine Bewegungsumkehr zu beobachten, in der das Objekt still zu stehen scheint. Man muss nur diesen Moment zur Auslösung abpassen – oder wenigstens erst einmal das eigene Reaktionsvermögen darauf trainieren.

Lange Belichtungszeit in Kombination von bewegtem Objekt und bewegter Kamera erschließt neue Motivfelder.

ND-Filter

Empfehlenswerte Einstellungen („Gering", „Standard", „Hoch") um das Rauschen bei Langzeitbelichtungen und hoher ISO-Empfindlichkeit abzuschwächen.

Langzeitbelichtung mit Zoomverstellung während der Belichtung und zugeschaltetem ND-Filter; Kettenkarussell auf einem Volksfest (1 s, Blende 2,8, ISO 80).

Neutralgraufilter (ND-Filter = Neutral Density) reduzieren die Lichtmenge, wirken farbneutral und verändern die Farbbalance einer Aufnahme nicht. Sie ermöglichen eine Verlängerung der Belichtungszeit oder eine Vergrößerung der Blendenöffnung. Der integrierte elektronische ND-Filter Ihrer Kamera reduziert die Empfindlichkeit des Sensors um drei Belichtungsstufen (entspricht drei ganzen Blendenstufen).

Bei sehr hellem Umgebungslicht, wie es häufig am Strand oder im Schnee mit direktem Sonnenlicht vorhanden sein kann, ermöglicht der ND-Filter korrekt belichtete Aufnahmen auch noch mit geöffneter Blende für geringere Schärfentiefe, vorteilhaft auch in der Porträtfotografie. Durch ein ND-Filter erzielen Sie trotz hellem Licht längere Verschlusszeiten und stellen so Bewegungen dynamischer dar (z.B. Wasserfälle, Springbrunnen, Straßenszenen, Nachtaufnahmen).

Reihenaufnahme

Mit rund 12 Aufnahmen pro Sekunde lassen sich schon interessante Bewegungsstudien nicht nur von Kindern, vor allem beim Sporttraining machen – überprüfen Sie die Beinstellung beim Tennisaufschlag und schon haben Sie es „in Farbe", was Sie verbessern können. Für schnelle Aktionen bei Reportagen, in der Tierfotografie oder wenn der Filius gerade die Tischdecke mit der teuren Vase herunterzieht, sollten Sie auf Reihenaufnahme eingestellt haben, wenn Sie nicht den Griff zur Videoumschaltung schaffen.

Neben der Einzelbildschaltung lässt die PowerShot S120 Reihenaufnahmen bis maximal 12,1 Bilder pro Sekunde zu.

Bildfolgegeschwindigkeit bei Reihenaufnahmen

Modus		Geschwindigkeit
▣	Reihenaufnahme; Schärfe und Belichtung wird mit der ersten Aufnahme festgelegt	ca. 12,1 Bilder/s für die ersten 5 Aufnahmen, danach ca. 9,4 Bilder/s
AF▣	Reihenaufnahme mit Autofokus; AF-Rahmen zentriert	ca. 5,5 Bilder/s
LV▣	Manuelle Fokussierung oder AF-Speicherung	ca. 5,6 Bilder/s

Die maximale Bildzahl pro Sekunde erreichen Sie nur bei entsprechend kurzen Belichtungszeiten und für die ersten 5 Aufnahmen. Danach schafft die S120 immerhin noch rund 9 Bilder in der Sekunde.

Große Datenmengen reduzieren die Bilderzahl erheblich. Auch der aktivierte Blitz verlangsamt die Aufnahmenfolge, da er zwischendrin immer wieder aufladen muss.

Reihenaufnahmen setzen Sie sicherlich bevorzugt bei sich bewegenden Objekten ein. Da empfiehlt es sich, die Reihenaufnahme in Autofokusstellung vorzunehmen. Die Bildfolge reduziert sich dann auf 5,5 Bilder pro Sekunde.

Fotografieren Sie mit manueller Fokussierung oder AF-Speicherung, wird automatisch auf LV gestellt und die Aufnahmefrequenz liegt bei knapp 6 Bildern pro Sekunde. In der Funktion „Belichtungsreihenautomatik (AEB)" ist die Betriebsart „Reihenaufnahme empfehlenswert. Die drei Aufnahmen erfolgen in kurzen Abständen und Sie müssen nicht jedesmal mitzählen oder die Anzeige im Display kontrollieren, ob Sie auch bereits alle drei Aufnahmen ausgelöst haben – Sie stellen bereits das nächste Motiv ein, und dann wird erst die dritte Belichtung Ihrer letzten Einstellung, eine Überbelichtung, ausgelöst.

Gruppierte Bilder

Reihenaufnahmen werden als Gruppe gespeichert. Es wird nur das erste Bild im Verzeichnis angezeigt und als Gruppe wiedergegeben. Wenn Sie das erste Bild im Verzeichnis löschen, wird die gesamte Gruppe in den Papierkorb verschoben. Die Gruppierung können Sie über die MENU-Taste aufheben und kommen so an die einzelnen Aufnahmen.

KAMERASTEUERUNG KLASSISCH UND MANUELL

Zeit fest vorgeben und mit der Blende die Belichtung steuern = Tv.

Blendenautomatik (Tv)

Mit der Verschlusszeit entscheiden Sie, ob Ihr Bild scharf oder unscharf abgebildet wird. Bei den verschiedenen Motivprogrammen und Automatik-Einstellungen wird das, soweit es das Licht zulässt, auch berücksichtigt. Sie als kreativer Fotograf wollen sich aber nicht immer von der Kamera fremdbestimmen lassen, sondern Ihre ganz persönlichen Vorstellungen realisieren. Bewegung, wie fließendes Wasser, der vorbeirasende Zug, das sich drehende Karussell, wirken dynamischer, wenn sie in einem scharfen Umfeld in ihrer Bewegung unscharf hervorgehoben werden. Sie wollen selbst eine Verschlusszeit vorwählen und entscheiden, ob bewegte Objekte „eingefroren" werden oder ob sie verwischte Konturen erhalten. Ihr Programm „Blendenautomatik" (Tv = Time Value priority) wählt zur vorgewählten Verschlusszeit die passende Blende.

Wenn Sie in der Blendenautomatik arbeiten, können Sie mit dem Wahlrad die Belichtungszeit im Bereich zwischen 250 Sekunden (längstmögliche Belichtungszeit) und 1/2500 Sekunde (kürzeste Belichtungszeit) selbst wählen. Die Belichtungsdaten werden auf dem Display angezeigt. Sie werden auch vor einer möglichen Überbelichtung gewarnt, wenn der größte Blendenwert blinkt. Wählen Sie eine kürzere Belichtungszeit oder geringere Empfindlichkeit, wenn die Kamera nicht auf ISO-Automatik steht. Für besonders lange Belichtungszeiten auch bei Tageslicht aktivieren Sie den ND-Filter. Blinkt der kleinste Blendenwert und warnt Sie vor einer Unterbelichtung, müssen Sie die Zeit verlängern. Bei sehr langen Belichtungszeiten ein Stativ verwenden, wenn eine höhere ISO-Einstellung auch nicht weiterhilft.

Als Standardeinstellung ist „Tv" weniger zu empfehlen, da Sie die Schärfentiefe nicht richtig im Griff haben.

Verschlusszeiten

Wird die Zeit von der Kamera automatisch eingestellt, wie in der Programm- und Zeitautomatik, steht der Zeitenbereich von 1 bis 1/2500 s zur Verfügung. In der Blendenautomatik und manueller Einstellung (M) reicht der Bereich von 250 s bis 1/2500 s, aufgeteilt in Drittel-Belichtungsstufen.

Vor ungewollter Bewegungsunschärfe durch sich bewegende Objekte nützt auch kein Bildstabilisator. Gerade in der Nahfotografie helfen da voreingestellte kurze Zeiten weiter. Ab einer 1/1000 s ist man da meistens auf der sicheren Seite. Blende 2,8, 1/200 s, ISO 400, Brennweite 20,4 mm

Zeitautomatik (Av)

Av ist die Abkürzung für Aperture Value Priority, auch bekannt unter Blendenvorwahl oder von Canon mit Verschlusszeitautomatik übersetzt oder einfach Zeitautomatik. Viele Fotografen schwören auf diese Einstellung mit der Blendenvorwahl. Mit der festen Blendenvoreinstellung verändern Sie nur die Belichtungszeit und die Schärfentiefe, die von der Blendenöffnung beeinflusst wird, bleibt konstant. Stellen Sie auf offene Blende ein, haben Sie die Sicherheit mit der kürzestmöglichen Zeit zu belichten. Das verringert die Gefahr verwackelter Bilder. Zusammen mit der ISO-Automatik, die Sie bei Ihrer S120 eingrenzen können, erhalten Sie einen enorm großen Spielraum für Ihre Zeitautomatik, wenn man bedenkt, dass der automatisch gesteuerte Zeitenbereich von 1/2500 bis 1 Sekunde reicht. Wollen Sie eine größere Schärfentiefe für Ihr Bild, schließen Sie die Blende, d.h. Sie stellen eine größere Blendenzahl ein. Auch wenn Sie den Image Stabilizer aktiviert haben, ab 1/60 Sekunde müssen Sie aufpassen, bei langer Brennweite deutlich früher – machen Sie den Test mit und ohne Stativ und vergleichen Sie mit 100% Bildgröße beide Bilder am Bildschirm.

Belichtungsprogramm Zeitautomatik für Blendenvoreinstellung.

Schärfentiefe kann mit der Zeitautomatik optimal gesteuert werden.
Links: offene Blende
Rechts: geschlossene Blende

Schärfentiefe gezielt einsetzen, mit partieller Schärfe arbeiten, da bietet das lichtstarke Zoomobjektiv der S120 gute Voraussetzungen. Mit der Blendenvorwahl der Av Zeitautomatik können Sie gezielt mit offener Blende fotografieren und so die geringe Schärfentiefe nutzen, um, wie in unserem Beispiel, ein Objekt im Vordergrund vor unscharfem Hintergrund besser hervorzuheben.

Belichtungsprogramm für manuelle Belichtungssteuerung mit nachgeführter Belichtungseinstellung. Zeit und Blende werden von Hand eingestellt.

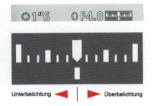

Bei manueller Belichtungssteuerung regeln Sie mit dem Einstellungs-Wahlrad die Verschlusszeit und mit der Ringsteuerung am Objektiv den Blendenwert. Steht die bewegliche Anzeige in der Mitte, entspricht das dem gemessenen Belichtungswert. Jeder Teilstrich in der Skala bedeutet einen 1/3 Belichtungswert.

Manuelle Belichtungssteuerung (M)

Bei der manuellen Belichtungseinstellung „M" stellen Sie sowohl die Blende als auch die Verschlusszeit von Hand ein. Der Belichtungsabgleich geschieht durch Nachführmessung, indem man die Blende oder die Verschlusszeit verändert. Die korrekt eingestellte Belichtung erkennen Sie auf der Skala im Display. Die Nullposition der Skala zeigt den korrekten Belichtungsabgleich an. Eine Belichtungsabweichung wird nur im Bereich von ±2 EV in Drittelstufen angegeben. Wenn der bewegliche Strich bei +2 oder -2 blinkt, dann ist die Abweichung größer als zwei Stufen.

Die Verschlusszeit und die Blende wird mit dem Einstellrad verändert. Durch Antippen des Auslösers aktivieren Sie die Messung. Solange die Messung aktiv ist, können Sie von der Zeit- zur Blendeneinstellung hin und her wechseln bis der Indexstrich unter der „0" steht. Eine geringfügige Abweichung um ± eine Stufe werden Sie im Bild kaum als Fehlbelichtung feststellen können.

Bei schwierigen Lichtsituationen, wie Gegenlicht, Low Key- bzw. High Key-Aufnahmen mit gewollten Über- oder Unterbelichtungen, bei längeren Belichtungsreihen, wenn Sie mit einem konstanten Belichtungswert fotografieren wollen oder für Langzeitbelichtungen ist „M" die richtige Wahl.

Langzeitbelichtung

In der Einstellung „M" finden Sie am Ende der Zeiteinstellung die längste feste Belichtungszeit von 250 Sekunden. Für extreme Aufnahmezeiten vorher den Akku aufladen. Wenn die Energie verbraucht ist, schaltet die Kamera sich automatisch ab und das Bild kann nicht mehr gespeichert werden.

Um die Verwacklungsgefahr bei Langzeitbelichtungen zu minimieren, sollten Sie ein standfestes, erschütterungsfrei aufgestelltes Stativ nutzen. Auch ist es wichtig, den Autofokus abzustellen und Schärfe per Hand zu wählen, da er bei Dämmerlicht im Freien nicht immer sofort reagiert, wenn überhaupt.

Sehr lange Belichtungszeiten führen beim Bildsensor zum Bildrauschen und zu Farbverschiebungen. Stellen Sie bei Langzeitbelichtung keine hohen ISO-Werte ein. Das mindert die Leistung des Sensors zusätzlich. Etwas Abhilfe schafft die „High ISO NR" Rauschreduzierung.

Beliebte Motive für Langzeitbelichtungen sind auch nächtliche Straßen mit Lichtspuren fahrender Autos, von Mondlicht beleuchtete

Landschaften oder ein prächtiges Feuerwerk. Eine exakte Belichtung wird Ihnen Ihre Kamera bei extremen Langzeitbelichtungen selten geben. Schon eine einzelne leuchtende Straßenlaterne kann den Messwert deutlich verfälschen. Auch hier geht das Probieren über Studieren, und immer mehrere Aufnahmen mit unterschiedlichen Belichtungszeiten machen. Hier lohnt sich ein Blick auf das Histogramm, wenn man sich bei der Displaybeurteilung in sehr dunkler Umgebung nicht ganz sicher ist.

Langzeitbelichtung mit manueller Belichtungssteuerung. Nach einer unverwackelten Teilbelichtung wurde die Kamera von Hand auf einen anderen Motivausschnitt hinbewegt. So entstand der Doppelbelichtungs- und Wischeffekt.

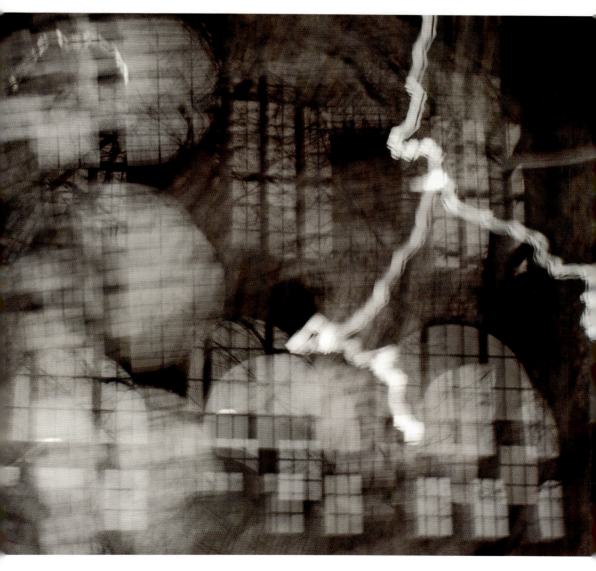

Histogramm im Detail

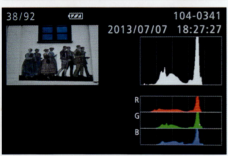

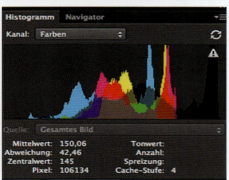

Von oben: Originalfoto und dazu das Luminanz-Histogramm sowie das RGB-Histogramm. Unten das Histogramm wie es im Photoshop dargestellt wird..

Mit der S120 kann ein Helligkeits- und ein RGB-Histogramm für jedes Bild angezeigt werden. Mit dem Helligkeits- oder auch Luminanz-Histogramm, einer Balkengrafik, wird die Tonwertverteilung im Bild dargestellt.

Mit 256 Helligkeitswerten kann das Histogramm annähernd übersichtlich die Verteilung der Helligkeit andeuten. Der erheblich höhere Umfang an differenzierten Helligkeitsstufen im RAW-Format ist auf diese Weise nicht dargestellt. Es genügt zu wissen, dass links die dunklen Partien (Schatten), rechts die hellen Partien (Lichter) des Bildes angezeigt werden. Alles im mittleren Drittel der Histogramm-Anzeige entspricht mittleren Helligkeiten. Die Höhe der Balken muss man sich als eine Annäherung an den Inhalt vorstellen, wobei ein niedriger Balken nur wenig Flächen-Anteil im Bereich der betroffenen Helligkeits-Werte symbolisiert. Hohe Balken stehen für umfangreiche Flächenanteile.

Die Histogramm-Anzeige kann von der Helligkeitsanzeige (Luminanz) auf eine Farbanzeige (RGB-Histogramm) durch einen weiteren Druck auf die DISP-Taste umgestellt werden, wobei die Anzeige von Aufnahmedaten reduziert wird. Die Kamera stellt das RGB-Histogramm nach Farben getrennt übereinander dar. Der Wunsch nach Bewertung der Farbigkeit oder Farbabstimmung wird in abstrakter Darstellung erfüllt. Informativer ist eine Darstellung wie im Adobe Photoshop, der mit einer Überlagerung der RGB-Histogramme dominierende Farben erahnen lässt. Eingriffe zur Veränderung, wiederum später in einer Bildbearbeitungs-Software, erlauben zahlreiche Möglichkeiten zur Neutralisierung für korrekte Farben (grauen Bildbereich anmessen) oder globale wie partielle Farbveränderungen in einem Bild. Hohe Schule der Fotografie oder des Foto-Designs also, die ich Ihnen als hochinteressanten Kreativ-Impuls nur empfehlen kann.

Histogramm im Detail

Original und Histogramm einer um zwei Belichtungs-Stufen unterbelichteten Aufnahme. Alle Helligkeitswerte, die sich zur Mitte des Histogramms orientieren sollten, werden nach links in den Bereich der dunklen Helligkeiten verdrängt. Das Farbgleichgewicht bleibt unberührt.

Praxisnutzen eines Histogramms

Wollen Sie einen praktischen Nutzen aus einem Histogramm (für das mir selbst das rechte „Herzblut" fehlt) ziehen, dann rate ich zu minimalistischer Betrachtung. In drei Vergleichen will ich zeigen, wie der Hinweis auf „Belichtung OK", auf „bedrohliche Unterbelichtung" oder „heillos überbelichtet" aussieht. Dabei bitte nie vergessen: Die wahren Eigenschaften eines Bildes sieht man nicht nur in Kurven und Daten, man sieht sie sogar am echten Bild. Fällt die Rückschau einer soeben gemachten Aufnahme bedrohlich negativ aus, dann „schießen" Sie sofort noch eine Aufnahme mit veränderter Belichtung – oder ein RAW-Foto, das wie ab Seite 19 beschrieben eine weitgehende nachträgliche Korrektur auch der Belichtungswerte zulässt. Dabei ist eine zu reichliche Belichtung eher zu vermeiden.

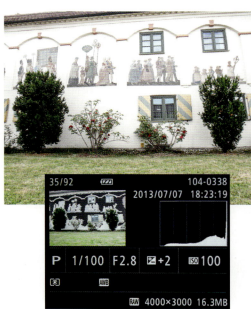

Noch zwei Mal ein Original und sein Luminanz-Histogramm. Oben bei normaler Belichtung, unten mit zwei Blenden Überbelichtung, bei der sich der Schwerpunkt der Helligkeit im Histogramm an den rechten Rand drängt.

Das universelle Zoomobjektiv

DAS UNIVERSELLE ZOOMOBJEKTIV

Zum Verständnis der optischen Zusammenhänge

Die Qualität eines digital geschossenen Fotos hängt nicht nur von der Auflösung des Bildsensors und der Kameraelektronik ab. Entscheidenden Einfluss auf die Bildqualität hat das in Ihrer Digitalkamera eingebaute Zoomobjektiv. Mit seinem enormen Brennweitenbereich und den dazu gehörigen Formatwinkeln können Sie bestimmte Bildausschnitte mit interessanten Perspektiven erfassen und so kreativ ablichten.

Die zwei wohl wichtigsten Merkmale eines Objektivs sind vorn auf Ihrem Zoomobjektiv zu lesen: der Brennweitenbereich und die Lichtstärke, wie bei PowerShot S120: **5,2-26 mm 1:1,8-5,7**. Die Verhältniszahl 1:1,8-5,7 bezeichnet die maximale Größe der Blende (Lichtstärke) in Abhängigkeit von der eingestellten Brennweite. (Die Blendenwerte werden als Verhältniszahl von physikalischer Brennweite zur maximalen vorderen Öffnung eines Objektivs angegeben.) Das Zoomobjektiv hat somit eine maximale Blendenöffnung von 1,8 bei der kürzesten Brennweite (5,2 mm) und 5,7 bei der maximalen optischen Zoom-Einstellung (26 mm), die bei der jeweiligen Brennweite zwischen 5,2 und 26 mm entsprechend variiert. Das Objektiv der S120 verfügt mit 1,8 über eine sehr hohe Anfangslichtstärke, die Sie gerade unter ungünstigen Lichtbedingungen nutzen sollten, indem Sie mit Blendenvorwahl arbeiten und anstatt den Zoomhebel zu bemühen lieber etwas näher an das Motiv herangehen.

Für die Vergleichbarkeit der Kameras mit unterschiedlich großen Bildsensoren werden Brennweiten auf das Kleinbildformat bezogen in den technischen Daten von Kameras angegeben. Das Kleinbild-Äquivalent ermöglicht so einen besseren Vergleich der Brennweite und des Formatwinkels. Das Kleinbildformat ist seit vielen Jahrzehnten eine Art Standard und Nutzern der KB-Technik geläufig. Die Brennweite des Zoomobjektivs Ihrer S120 mit 5,2 bis 26 Millimetern entspricht somit einer Brennweite von 24 bis 120 Millimetern beim Kleinbildformat (KB). Als Crop-Faktor wurde der Wert 4,6 benutzt (Sensortyp 1/1,7). Mit kleinerem 1/2,3 Sensortyp zum Beispiel liegt der Crop-Faktor bei rund 5,6.

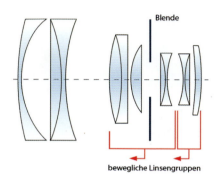

Schematischer Grundaufbau eines Zoomobjektivs.

Lichtstärke

Die Lichtstärke gibt die größtmögliche Anfangsblende eines Objektivs an, was nichts über die optische Abbildungsqualität aussagt. Ein Objektiv mit hoher Lichtstärke (kleine Zahl) ermöglicht eher auch bei ungünstigen Lichtverhältnissen verwacklungsfreie Bilder aus der Hand und ohne Blitz.
Vor allem im Bereich der kurzen Brennweiten (Weitwinkelstellung) ermöglichen große Anfangsblenden eine kreativere Arbeit mit der Schärfentiefe. Schließlich ist eine von hinten bis vorn durchgehende Schärfe nicht bei jedem Motiv gewünscht.

Brennweite, Format- und Bildwinkel

Mit der Wahl einer bestimmten Brennweite können Sie den Motivausschnitt ändern. Sie ändern somit den Formatwinkel und entscheiden, ob viel oder wenig vom Motiv aufgenommen wird.

Wenn Sie in der Weitwinkelstellung fotografieren, erhalten Sie einen guten Überblick über ein großflächiges Motiv, mit der Telestellung holen Sie entfernte Details nah heran. Mit der Änderung der Brennweite ändern Sie den zur Brennweite gehörenden Formatwinkel, der Bildwinkel bleibt, unabhängig von der gewählten Brennweite an Ihrer Kamera, immer gleich, da er sich auf den Bildkreis bezieht (Die Bezeichnung „Bildwinkel" wird häufig auch für Formatwinkel verwendet. Wer sich vertieft mit der Materie auseinandersetzen möchte, dem empfehle ich Band 2 des Photokollegiums, Grundlagen der Optik in der Fotografie von Marchesi, ISBN 978-3-933131-62-1).

In der Weitwinkelstellung Ihres Zoomobjektivs ist eine kurze Brennweite (z.B. 5,2 mm) eingestellt, somit ist der Formatwinkel groß und Sie bekommen relativ viel auf das Foto. Eine Landschaft wird in ihrer gesamten Größe oder ein enger Raum mit einem großen Blickfeld aufgenommen.

Die Telestellungen Ihres Zoomobjektivs entsprechen größeren Brennweiten (z.B. 26 mm). Der zugehörige kleine Formatwinkel bewirkt, dass entfernte Motive durch den engeren Bildausschnitt größer abgebildet werden.

Da das Aufnahmeformat des Bildsensors den Bildwinkel, das heißt die ausgenutzte Bildkreisfläche bestimmt, werden Objektivbrennweiten, wie bereits erwähnt, oft auf das klassische Kleinbildformat bezogen angegeben. Das Kleinbild-Äquivalent ist an sich nur interessant, wenn Sie sich mit einem anderen Fotografen über die Brennweite und den Formatwinkel unterhalten wollen, mit denen Sie Ihre Bilder geschossen haben. Den genauen Bildausschnitt des Zoomobjektivs Ihrer Powershot zeigt Ihnen ja der Kameramonitor. So können Sie mit dem Zoombereich Ihrer Kamera ohne Probleme kreativ gestalten und fotografieren.

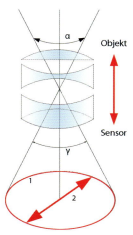

1 Bildkreis
2 Bildkreisdurchmesser (maximale Diagonale des Sensors)
α Formatwinkel (Objektseite des Objektivs)
γ Bildwinkel (Sensorseite des Objektivs)

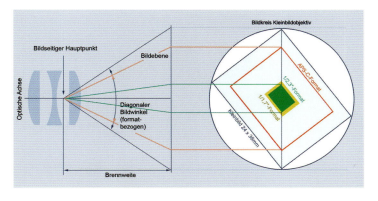

Das Schema zeigt den Zusammenhang von Bildkreis und Bildwinkel bezogen auf die Sensorgröße, aus der sich auch der Umrechnungswert, der sogenannte Crop-Wert, herleitet.

DAS UNIVERSELLE ZOOMOBJEKTIV

Asphärische Linsen

Asphärische Linsen verringern die chromatische Aberration. Chromatische Aberration macht sich in den Bildern mit Farbsäumen und Verfärbungen bemerkbar. Sie entsteht durch unterschiedliche Brechung der verschiedenen Farben des Lichts im Glas des Objektivs. Grün-Rot- oder Blau-Gelb-Farbsäume machen sich an Hell-Dunkel-Grenzen bemerkbar (Farbquerfehler). Verfärbungen vor bzw. hinter der Fokusebene werden als Farblängsfehler bezeichnet. Die S120 sorgt für Korrektur, die auch in moderner Bildbearbeitungs-Software geboten wird.

Optisch und digital, die Brennweiten Ihrer S120

- Lichtstarkes 1:1,8-5,7 Canon Objektiv, 5fach optischer Zoom.
- Brennweitenbereich: 5,2-26 mm (äquivalent zu KB: 24-120 mm)
- Aufbau: 7 Linsen in 6 Gruppen (1 beidseitig asphärische Linse, 1 beidseitig asphärische UA-Linse, 1 einseitig asphärische Linse)
- extrem hohe Lichtstärke im Weitwinkelbereich
- digitale Brennweitenverlängerung: ZoomPlus 10fach mit wenig sichtbaren Qualitätseinbußen; digital ca. 4fach (mit digitalem Telekonverter ca. 1,5fach bzw. 2,0fach, mit Safety Zoom kombiniert maximal rund 20fach, was einen Brennweitenbereich von 5,2-104 mm oder Kleinbildäquivalent 24-480 mm bedeutet)

Das Objektiv entfaltet mit seiner hohen Lichtstärke von 1:1,8 bei Aufnahmen unter extrem schwachen Lichtbedingungen sein volles Potenzial. Mit 5,2 mm (KB 24 mm) besitzt die S120 ein fotografisch interessantes Weitwinkel. Der optische Telebereich bis 26 mm (KB 120 mm) deckt einen praxisgerechten Brennweitenbereich ab. Durch den optischen Bildstabilisator gewinnt man Schutz vor verwackelten Aufnahmen im großzügigen Rahmen von drei Belichtungsstufen. Bei zunehmend schlechten Lichtbedingungen werden Aufnahmen aus freier Hand in bestechender Schärfe möglich.

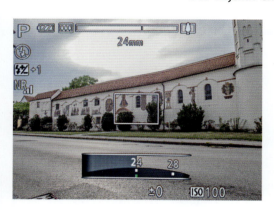

Vorwahl in festen Brennweiten-Stufen

Fotografen in (fast) vergangenen Zeiten lernten, Motive in Bildausschnitten zu bewerten, die bekannten festen Brennweiten entsprachen. Erst mit stufenlosen Zoom-Brennweiten konnte man sich (manuell noch) am Objektiv schraubend oder schiebend an den optimalen Bildausschnitt herantasten. Das Denken und Sehen in festen Brennweiten hatte den Vorteil, reproduzierbare Voraussetzungen zu nutzen und in gewisser Weise Vergleichbarkeit zu schaffen.

Sucherbild im Moment der Einstellung in KB-äquivalenten Festbrennweiten-Angaben mittels Ring-Steuerung im optischen Brennweiten-Bereich von 24 bis 120 mm.

Mit Hilfe der Ring-Steuerung erlaubt die Canon PowerShot S120, feste Brennweiten nach bewährter KB-Abstufung genau einzustellen. 24, 28, 35, 50, 85, 100 und 120 mm sind die Brennweitenangaben, die im Display angezeigt werden.

Was vor der Zeit der Zoomobjektive Alltag für Amateur wie Profi gleichermaßen war, sollte heute nicht darüber hinwegtäuschen, dass derart technisches Denken zwar ganz nützlich ist, letztlich jedoch eher kreative Fähigkeiten des Fotografierenden gefordert sind, wenn schöne bis herausragende Bilder entstehen sollen oder auch nur eine „saubere" fotografische Dokumentation gefragt ist. Motive erkennen, sie harmonisch in den Grenzen des gewählten Bildformats unterbringen und dann auch noch im richtigen Moment den Auslöser zu benutzen, sollte Vorrang vor der Technik haben. Die Technik

DAS UNIVERSELLE ZOOMOBJEKTIV

Das Zoomobjektiv der S120 bietet eine Lichtstärke je nach Brennweiteneinstellung, vom Weitwinkel mit 1:1,8 bis zur Tele-Brennweite mit 1:5,7. Der Brennweitenbereich von 5,2 bis 26,0 bedeutet ein 5fach Zoom. Äquivalent zum Vollformat (35 mm Kleinbild) entspricht das Brennweiten von 24-120 mm.

verstehen – von der Grundlage bis in die realen Details der benutzten Kamera – versteht sich von selbst. Wobei ich daran erinnern möchte, dass die „stufenlose" Veränderung der Brennweite in Ihrer PowerShot ganz genau betrachtet in kleinen Stufen erfolgt. Nicht sehr einfach auf zuvor benutzte Brennweiten exakt reproduzierbar, doch immer so gut anzunähern, dass der Entstehung einer einmaligen Fotografie nichts im Wege steht.

ZoomPlus oder Digitalzoom

Hinter diesen Begriffen versteckt sich nichts geringeres als ein zentrierter Bildausschnitt, der anders als beim optischen Zoom über ein Rechenprogramm im Kameraprozessor abläuft. Grundsätzlich besteht in der Bildwirkung kein Unterschied zum optischen Zoom, es wird auch hier lediglich der Bildausschnitt verkleinert. Der entscheidende Unterschied zum optischen Zoom besteht in der deutlich abnehmenden Bildqualität, je enger der Bildwinkel gewählt

Brennweite 5,2 mm (KB 24 mm) gleicher Standort

Brennweite 8,4 mm (KB 39 mm) gleicher Standort

Brennweite 15 mm (KB 70 mm) gleicher Standort

Brennweite 26 mm (KB 120 mm) gleicher Standort

wird. Im Digital- oder Safety-Zoom wird der Ausschnitt auf dem Sensor reduziert und auf die Größe des kompletten Sensors hochgerechnet. Aus einem 12 MP-Sensor zum Beispiel ergibt sich dann die Leistung eines 6 MP-Sensors – für viele Anwendungen völlig ausreichend. Da Rohdaten in der Kamera skaliert werden, kann man bessere Ergebnisse erwarten als beim späteren Ausschnitt aus einer JPEG-Datei. Verlustfrei kann ein Digitalzoom aber nicht sein.

Entscheidend für den Einsatz digitaler Zoomfunktionen ist die Toleranzgrenze des Betrachters und der spätere Verwendungszweck der Aufnahme. Da man diesen aber nicht immer so genau im voraus kennt, ist es grundsätzlich sinnvoll für seine Originalaufnahmen den Weg der maximalen Qualität in punkto Schärfe, Auflösung, Kontrast- und Farbwiedergabe zu gehen. Manipulation ist besser bei der Nachbearbeitung aufgehoben. Das RAW-Format, verwendbar in den Belichtungsprogramm-Modi P, Av, Tv und M, bietet dafür einen breiten Spielraum.

Die acht Bilder auf dieser Doppelseite zeigen einmal den Ausschnittseffekt unterschiedlicher Brennweiten bei gleichbleibendem Aufnahmeabstand (linke Seite); gut zu erkennen an der Lage der Oberkante der Kugel, und die deutliche Veränderung der Perspektive, wenn man die Brennweite und den Aufnahmestandort verändert. In den vier Beispielen auf dieser Seite blieb die Kugel weitgehend gleich groß, das Gebäude im Hintergrund erhielt jeweils eine völlig andere Größenrelation zur Kugel.

Brennweite 5,2 mm (KB 24 mm) veränderter Standort

Brennweite 8,4 mm (KB 39 mm) veränderter Standort

Brennweite 15 mm (KB 70 mm) veränderter Standort

Brennweite 26 mm (KB 120 mm) veränderter Standort

DAS UNIVERSELLE ZOOMOBJEKTIV

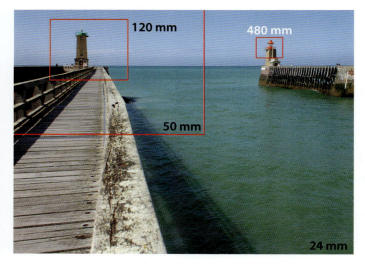

Die PowerShot S120 lässt unterschiedliche Digitalzoom Vorgaben zu. Wählt man den Faktor 1,5 als Vorgabe über das Aufnahme-Menü, dann darf der komplette Bereich der optischen Brennweite mit diesem Faktor multipliziert werden. Aus 24 bis 120 mm Brennweite wird damit der digitale Brennweitenbereich von 36 bis 180 mm. Die Vorgabe 2,0 führt analog dazu zu einem digitalen Brennweitenbereich von 48 bis 240 mm.

Mit der Vorgabe „Standard" am selben Ort der Vorgabe im Aufnahme-Menü setzt die Kamera alle Fähigkeiten der Brennweiten-Beeinflussung ein. Jetzt beginnt der Bereich der Brennweiten in Zahlen der KB-Äquivalenz ausgedrückt wieder mit 24 mm. Stufenweise wird der auf dem Bildchip

Die eingezeichneten Bildausschnitte zeigen das weite Gestaltungsspektrum, das die S120 bietet.

Beide Bilder entstanden mit der selben Weitwinkel-Einstellung. Im linken Bild wurde die Kamera genau senkrecht ausgerichtet, so entstanden keine stürzenden Linien wie im rechten Bild beim sehr steilen Blick von unten nach oben, aus der Froschperspektive.

genutzte Bereich verändert bis das absolute Maximum mit 480 mm Brennweite erreicht ist. Auf die reale Brennweite bezogen müsste das Datenblatt der PowerShot S120 nun von 5,2 mm bis 104 mm Brennweite sprechen.

Als 20fach Zoomobjektiv mittels der Einstellung „Standard" festgelegt, nutzt die Kamera Anfangs für das maximale Weitwinkel alle Pixel des Chips – 4000 x 3000 Pixel im Seitenverhältnis 4:3 also. Für die maximale Brennweite von 104 mm (480 mm KB-Äquivalent) wird ein Ausschnitt von 1000 x 750 Pixel für das Seitenverhältnis 4:3 als Ausgangsmaterial hergenommen. Hochgerechnet auf 4000 x 3000 Pixel wird aus einer 750000-Pixel-Quelle wieder ein 12 Mega-Pixel Bild. Inklusive der JPEG-Einflüsse wird dabei ein Verlust an Bildqualität sichtbar. Da mit erheblich größeren Anteilen vom Bildchip nahe der Weitwinkel-Brennweite begonnen wird, sind die Voraussetzungen für gute Bildqualität bis in den mittleren Brennweiten-Bereich erheblich besser. Erst oberhalb der 10fach-Brennweite (in wählbaren Stufen von 13fach, 16fach und 20fach) wird der Einfluss zunehmend sichtbar. Wählt man für die Ausgabe kleinere Fotopapier-Formate, dann wirken selbst die schwächsten Bilder noch in guter Bildqualität. Das gilt auch für die Betrachtung auf kleinem Handy-Display.

Die enormen Leistungsreserven aus Bildsensor und DIGIC-Prozessor ermöglichen auch noch bei der extremen Digitalzoom-Einstellung wie hier im rechten Bild mit 104 mm (480 mm) sehr respektable Bildergebnisse. Besser ist es im gelb markierten Zoom Plus Bereich zu bleiben, im blauen Bereich geht die Auflösung merklich zurück, was aber bei einer kleinen Abbildung wie hier im Beispiel, noch nicht auffällt.

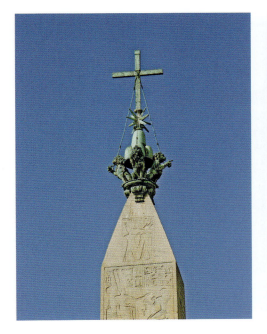

DAS UNIVERSELLE ZOOMOBJEKTIV

Digitalzoom-Bereiche der PowerShot S120

Mit Verlängerungsfaktoren von 1,5fach oder 2-fach beginnt der Einsatz von Digital-Teles. Das JPEG-Dateiformat ist die zwingende Voraussetzung. Teilweise wird auch eine andere Auflösung gewählt. Sie wird bei der Vorgabe „L" für höchste JPEG-Auflösung mit Bezug auf die Wahl der Brennweite durch die Kamera automatisch angepasst. Andere Auflösungsfragen (M1, M2 und S) sowie die Komprimierungsklassen Fein und Superfein sind an dieser Stelle nicht berücksichtigt, damit das Vorgehen mit der gezeigten Reihe bezüglich der Brennweiten klar überschaubar bleibt.

In unbeschnittenen Aufnahmen mit der PowerShot S120 zeige ich Ihnen Anfang und Ende der Brennweitenbereiche, wie sie

Anfangsbrennweite 24 mm Weitwinkel. Alle 4000 Pixel werden eins-zu-eins übernommen. (Anfangsbrennweite des optischen Zooms und in „Standard").

Digitalzoom 1,5: Anfangsbrennweite 36 mm Weitwinkel. Aus 2592 Pixel der langen Seite werden 4000 Pixel erzeugt.

End-Brennweite 120 mm Tele. Alle 4000 Pixel werden eins-zu-eins übernommen. (End-Brennweite des optischen Zooms.)

Digitalzoom 1,5: End-Brennweite 180 mm Tele. Aus 2592 Pixel der langen Seite werden 4000 Pixel erzeugt.

mit der entsprechenden Einstellung beziehungsweise der Wahl des optischen Zoombereichs oder einer Digitalzoom-Vorwahl verbunden sind.

Auf den folgenden Seiten kommt hinzu, was unter der als „Standard" bezeichneten Vorwahl mit der digitalen Unterstützung möglich ist. Dabei möchte ich nicht verschweigen, dass der für das Zusammenwirken aller optischen und digital berechneten Varianten möglicher Brennweiten gewählte Begriff „Standard" mir irreführend scheint. „Standard" klingt nach Normalität, dabei übertrifft die Zusammenfassung aller Möglichkeiten bis zur maximalen Brennweite von 480 mm doch wirklich die „Normalität" von maximal 120 mm optischer Brennweite (alle Angaben wieder einmal vereinfachend zur historischen Beziehung auf Kleinbild-Format-Brennweiten).

Mit dem Digital-Tele werden längere Brennweiten angestrebt, als das optische Zoom zu bieten hat. Das Ziel sind Brennweiten von mehr als 120 mm. Das wird in zwei Stufen (Digitalzoom 1,5fach und 2,0fach) realisiert.

Tatsächlich wird der gesamte Brennweitenbereich des optischen Zoomobjektivs dem gewählten Digitalzoom-Faktor entsprechend verändert. Von Anfang bis Ende des optischen Brennweitenbereichs dient der Digitalzoom-Faktor als Multiplikator. Der optische 24 mm Weitwinkelbereich bringt den Bildausschnitt einer 36 mm Weitwinkel-Brennweite beim Digitalzoom-Faktor 1,5. Wurde der Digitalzoom-Faktor 2,0 gewählt, dann werden Ihre Bilder mit dem Bildausschnitt einer 48-mm-Brennweite belichtet. Diese Brennweite liegt traditionell im Bereich der Normal- oder Standard-Brennweite wie sie im Kleinbild-Format aufgenommen wird.

Wurde die Wahl unter dem Menü-Punkt Digitalzoom mit „Standard" festgelegt, dann steht der vom optischen Zoom gewohnte Bereich ab 24 mm Weitwinkel praktisch stufenlos bis zum Maximum von 480 mm zur Verfügung. Nur „stufenlos" bedeutet in Wirklichkeit die Verfügbarkeit der erreichbaren Brennweiten in mehr oder weniger

Digitalzoom 2,0: Anfangsbrennweite 48 mm Weitwinkel. Aus 2048 Pixel der langen Seite werden 4000 Pixel erzeugt.

Digitalzoom 2,0: End-Brennweite 240 mm Tele. Aus 2048 Pixel der langen Seite werden 4000 Pixel erzeugt.

DAS UNIVERSELLE ZOOMOBJEKTIV

Digitalzoom im Aufnahme-Menü mit dem Faktor 1,5 gewählt. Der Brennweitenbereich erstreckt sich damit von 36 mm bis 180 mm.

Digitalzoom im Aufnahme-Menü mit dem Faktor 2,0 gewählt. Der Brennweitenbereich erstreckt sich damit von 48 mm bis 240 mm.

Digitalzoom im Aufnahme-Menü mit „Standard" gewählt. Der Brennweitenbereich erstreckt sich damit von 24 mm bis 480 mm.

großen Abständen. Kein Nachteil für die Aufnahmepraxis, da die Bildausschnitte sehr nahe beieinander liegen.

Unter der Standard-Auswahl scheinen die Abstände nur numerisch gesehen für den Bildausschnitt ebenfalls keinen gravierenden Unterschied zu bedeuten. Feinfühlige Betätigung, ganz kurz, des Zoomhebels führt im Bereich längerer Brennweiten zu den Faktoren 5fach (120 mm), 7,5fach (180 mm), 10fach (240 mm), 13fach (302 mm), 16fach (384 mm) und 20fach (480 mm).

Standard-Zoom, 5fach = 120 mm. Aus 3264 Pixel der langen Seite werden 4000 Pixel errechnet. Kleines Bild: Ausschnitt aus einer 100% Abbildung.

Standard-Zoom, 7,5fach = 180 mm. Aus 2592 Pixel der langen Seite werden 4000 Pixel errechnet.

Optisch und digital, die Brennweiten Ihrer S120

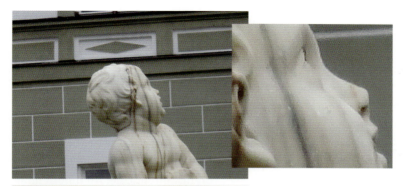

Standard-Zoom, 10fach
= 240 mm. Aus 2048 Pixel
der langen Seite werden
4000 Pixel errechnet.

Standard-Zoom, 13fach
= 302 mm. Aus 1600 Pixel
der langen Seite werden
4000 Pixel errechnet.

Standard-Zoom, 16fach
= 384 mm. Aus 1280 Pixel
der langen Seite werden
4000 Pixel errechnet.

Standard-Zoom, 20fach
= 480 mm. Aus 1000 Pixel
der langen Seite werden
4000 Pixel errechnet.
Verminderte Bildqualität
wird sichtbar, die aus
Hochrechnung und Komprimierung rührt.

DAS UNIVERSELLE ZOOMOBJEKTIV

Weitwinkelposition Brennweite 6,3 mm, Blende 4,5, Zeit 1/2000 s, ISO 80. Bis auf die Brennweite automatisch von der Kamera gewählt. Kamera in Bodennähe in extremer Weitwinkelperspektive. Für maximale Bildtiefe durch den nahen Vordergrund bitte beachten, dass der Schärfepunkt im Mittelbereich der Bildtiefe liegt und die Blende auf dem Maximalwert steht. So wird auch der Vordergrund schärfer abgebildet.

Naheinstellgrenze

Naheinstellgrenze beschreibt den minimalen Abstand zum Objekt in dem das Bild sich noch scharf stellen lässt. Je kürzer die Brennweite, umso näher liegt auch die Naheinstellgrenze am Objekt. Bei gleichem Abbildungsmaßstab können Sie mit längeren Brennweiten den Abstand zum Motiv vergrößern, womit die weitere Naheinstellgrenze weitgehend ausgeglichen ist.

Weitwinkel-Domäne

Im Brennweitenbereich bis 40 mm redet man vom „Weitwinkel". Von den Festbrennweiten hat sich eine weitere Klassifizierung verbreitet: Bis etwa 24 oder 26 mm Brennweite wird vom „Superweitwinkel" geredet. Brennweiten um 35 mm waren die weit verbreiteten „normalen" Weitwinkel-Brennweiten. Über 40 mm beginnt der Bereich normaler Brennweiten. Unter 20 mm hat man es mit Fisheye-Objektiven zu tun, die bei kürzester Brennweite kreisrunde Bilder liefern können. Strenge Motiv-Geometrie wird praktisch immer zu einem Kreis gebogen.

Weitwinkel-Brennweiten sind die Retter in der Not, wenn der Fotograf sich mit dem Rücken an der Wand nicht weiter vom Motiv entfernen kann. Das Weitwinkel bringt viel vom Motiv ins Bild, das Superweitwinkel noch mehr. Auf perspektivische Verzeichnung muss man in beiden Fällen achten. Sie tritt beim Weitwinkel schwächer auf als beim Superweitwinkel mit noch kürzerer Brennweite.

Weitwinkel-Brennweiten sind nicht nur für Aufnahmen unter Sucher-Kontrolle geeignet. Auch der „blinde" Schnappschuss mit einfach in die gewünschte Richtung gehaltener Kamera gelingt mit etwas Übung immer besser. Am ausgestreckten Arm sind sogar „Selbstporträts" möglich. Die schon bei offener Blende große Schärfentiefe verbessert den Erfolg, die Autofokus Automatik sorgt mindestens im Zentrum für die beste Schärfe.

Umfangreiche Schärfentiefe ist das Stichwort dafür, dass eine Brennweite von 35 mm traditionell als beste Voraussetzung für Schnappschüsse galt. Auch bei Profis wie Fotoreportern, die jederzeit für den fotografischen Zugriff im Bruchteil einer Sekunde vorbereitet sein wollten. Musste man „damals" immer daran denken, eine annähernd passende Belichtung aus Blende und Verschlusszeit parat zu haben, einen frischen Film eingelegt zu haben und für die Fokussierung sich zumindest in der Nähe einer Fixfokus-Einstellung zu bewegen, nimmt der moderne „Automat" Ihnen alles ab – nur für den Bildchip und einen voll geladenen Akku haben Sie selbst zu sorgen.

Wer vergleichbar gut vorbereitet sein will mit seiner PowerShot S120, der kann die Tugenden von damals in die Gegenwart übertragen. Soweit es die Brennweite betrifft, sollte man sich gleich nach dem Anschalten der Kamera mit dem in der Regel standardmäßig positionierten Weitwinkel gut aufgehoben wissen. Schnappschuss jederzeit ist die Regel. Diese Vorbedingung spricht nicht gegen die Möglichkeit, sich mit der Brennweite nach dem ersten Schnappschuß anpassen zu können. Die Brennweiten-Fahrt besitzt in der PowerShot S120 eine gute Schnelligkeit. Zur Sorgfalt bezüglich der Fokussierung möchte ich trotzdem raten. Scharfe Bilder sind es die Freude machen, doch seit es Fototechnik gibt, wird immer auch ein unscharfes Bild verziehen. Besser wenig Schärfe als gar kein Bild, heißt es.

Hohe Lichtstärke der PowerShot S120 verbunden mit hoher Chip-Lichtempfindlichkeit und kurzer Weitwinkel-Brennweite bei dieser angemessen umfangreicher Schärfentiefe macht die S120 somit auch zur idealen Schnappschuß-Kamera.

Besonders extreme Weitwinkel-Brennweiten können optische Verzeichnung bedeuten. Mit aufwändiger Korrektur der Optik wird diesem Einfluss begegnet. In zunehmendem Umfang sorgt man jedoch auch per Software für die Korrektur. Gegen Verzeichnung die aus der Perspektive, dem vom Fotografen benutzen Blickwinkel, herrührt ist jedoch „kein Kraut gewachsen" – außer vielleicht einer sehr guten Bildbearbeitungs-Software und einem fleißigen Benutzer derselben.

Abbildungsfehler

Es gibt verschiedene Arten von Abbildungsfehlern, wobei eine konstruktionsbedingte Verzeichnung nur eine von vielen ist. Ein weiterer Abbildungsfehler ist die chromatische Aberration. Sie führt zu bunten Rändern, besonders auffällig am Rand an Kanten und Linien im Motiv. Chromatische Aberration rührt daher, dass Licht unterschiedlicher Wellenlänge verschieden stark im optischen System gebrochen wird. Die Farbe eines spektralen Anteils wird dann neben der Linie der anderen spektralen Anteile abgebildet.
Chromatische Aberration gehört zu den korrigierbaren Fehlern und kann in einer guten Software auch nachträglich vorgenommen werden. Da der Fehler sich auf die drei verschiedenen Farbauszüge im digitalen Bild verteilt, ist die Chance zur Korrektur in allen Dateiformaten gleich gut.

„Blinder" Schnappschuss mit dem Weitwinkel. Mit etwas Training bekommt man ein Gefühl für die Ausrichtung der Kamera ohne lange durch den Sucher oder auf das Display zu schauen. Blitzschnell konnte der vorbeilaufende Surfer mit seinem bunten Segel vor blauem Himmel mit eingestellter Vollautomatik eingefangen werden – zugegeben, ein wenig Glück gehört auch dazu.

DAS UNIVERSELLE ZOOMOBJEKTIV

Ein gutes Beispiel für gleich mehrere gute Eigenschaften der digitalen Kamera. Eine Aufnahme, die mit Stativ und der Einstellung auf RAW-Format bei fachgerechter Nachbearbeitung zumindest ähnlich ausgefallen wäre, zumal im RAW-Format ohne weiteres die Dynamik von zehn Blendenstufen (auch mehr) enthalten sein kann.
Breit wie ein 16:9-Format, doch noch knapp 2 cm flacher ist dieses Bild auf jeden Fall eine Weitwinkel-Aufnahme, in der die Lust an der Panorama-Darstellung spürbar wird. Schärfe und Unschärfe verbinden sich auf natürliche

Optisch und digital, die Brennweiten Ihrer S120

Weise, denn wie man sieht sorgt überstrahlendes Licht für weiche Wirkung ohne den Eingriff durch Weichzeichner. Die natürliche Dynamik des Bildchips sieht Licht und Farbe im dunklen Abendhimmel, wo das menschliche Auge versagt. Die lange Belichtungszeit zeigt fließendes Wasser. Kurz gesagt: Eine HDR-Aufnahme, für die automatisch in der Kamera mehrere Belichtungen gesammelt werden um in grelles Licht wie im tiefen Schatten Details noch sichtbar abbilden zu können. (HDR = High Dynamic Range = hoher Dynamik-Umfang.)

DAS UNIVERSELLE ZOOMOBJEKTIV

Was ist „Standard-Brennweite"?

Gut, dass man sich bei Vergleichen immer noch an Gewohntem aus analogen Zeiten orientieren kann. Die Standard- oder Normal-Brennweite ist eine solche Erinnerung wert. Sie wurde von der Bild-Diagonalen eines Aufnahme-Formats abgeleitet. Da sich auch die digitale Kamera am Kleinbild-Format orientiert, ist eine Brennweite ab 45 mm zu den Standard-Brennweiten zu zählen. Die Standard-Brennweite zeigt ein Motiv mit immer noch mehr Umfeld, als man es durch persönlichen Augenschein wahrnimmt. Eigentlich gibt es

Landschaftsaufnahmen sind ein naheliegender Einsatzbereich für Weitwinkel- und Normalbrennweiten. Da mit dem Weitwinkel meist viele einzelne Bildelemente erfasst werden und zudem klein im Bild erscheinen, verlieren sie an Wirkung. Achten Sie daher besonders auf Linienführung, Spannung zwischen den Bildelementen und eine klare Staffelung in die Bildtiefe. Betonen Sie den Vordergrund.

für Standard-Brennweiten um 50 mm keinen besonderen Motiv-Schwerpunkt, doch ich möchte dieser Brennweite von 50 oder 60 mm besonders gute Eigenschaften bei Reproduktionen und in der Makro-Fotografie nachsagen. Hier wird das weite Umfeld eines Weitwinkels gut beschnitten, das zentrale Motiv lässt sich kompakt darstellen und bei Repros oder Makroaufnahmen kann man auch noch recht gute Schärfentiefe-Räume nutzen. Makromotive lassen sich zudem bei optimaler Anordnung vor sanft in Unschärfe verlaufendem Hintergrund präsentieren.

DAS UNIVERSELLE ZOOMOBJEKTIV

Die kurzen Telebrennweiten

Mit etwa 80 bis 100 mm Brennweite wird der Bereich eines leichten Tele-Objektivs angesprochen, der in der Vergangenheit schon als „Porträt-Tele" zum stehenden Begriff wurde. Obwohl man mit der digitalen Kamera auch zu noch längeren Tele-Brennweiten für Porträts greifen kann, beginnen bei 80 bis 100 mm Brennweite bereits die Vorteile für die Porträtfotografie:

- Größerer Abstand zum zu Porträtierenden bildet die Proportionen eines Gesichts natürlicher ab – je kürzer der Abstand und die Brennweite, um so länger wird die Nase in der Frontalansicht. Das gibt dann die berüchtigten Porträts mit „Kartoffelnase".
- Mehr Abstand zum Hintergrund erlaubt die Auflösung des Hintergrunds in Unschärfe. Das Porträt erhält eine plastischere Wirkung. Auf Farbigkeit und Helligkeit des Hintergrunds muss der Fotograf ebenfalls achten. Sich in den Vordergrund drängende Farben wie Rot- und Gelbtöne lieber vermeiden.

Vom Tele bis zum Supertele

Teleobjektive sind die „Ferngläser" einer Kamera. Im engen Bildausschnitt holen sie Entferntes heran. Superteles bilden Unerreichbares hautnah ab. 200 oder 250 mm Brennweite sind nicht mehr außergewöhnlich. Dennoch werden sie bestaunt, diese Objektive, die im Tanzturnier aus etwa 15 Meter Distanz ein Paar gut ins Format bringen, auf dem Fußballplatz nur bis zum 18-Meter-Raum noch nützen. Was auf dem Fußballplatz weiter weg ist, verlangt nach 400 mm Brennweite und mehr. Der kleine Ausflug zum Sport sollte nur daran erinnern, dass dynamische Fotos oft mehr Brennweite verlangen, als man ohne praktischen Versuch ahnt. Trainieren muss der Fotograf trotzdem, denn der Umgang mit langen Brennweiten fordert, das Motiv auch mit dem Tele immer im Bild zu haben.

Das lange Tele verlangt vom Fotografen Rücksicht auf Distanz zum Objekt und seine Größe. Dazu den Gedanken daran, ob das Motiv im Ganzen oder nur zum Teil, wie den Kopf, abgebildet werden soll. Gute Voraussetzungen wie Lichtstärke des Objektivs bei gewählter Tele-Brennweite, Helligkeit, ISO-Einstellung ermöglichen den Einsatz einer 500 mm Brennweite aus freier Hand. Stative bringen immer Vorteile, besonders jedoch, wenn die genannten Voraussetzungen für ein Bild weniger gut sind.

Tele-Brennweiten erfassen Entferntes in engem Ausschnitt. Architektur profitiert von verzerrungsarmer Abbildung wie im Bild auf der rechten Seite (Rouen, Frankreich). Zum Vergleich oben eine Aufnahme aus kurzer Distanz mit dem Weitwinkel.

DAS UNIVERSELLE ZOOMOBJEKTIV

Weniger wackeln mit System

- Optischer fünfachsiger Bildstabilisator
- Bildstabilisierung einstellbar auf Standbild und Filmaufnahmen
- Durch hohe Lichtstärke des Objektivs werden kürzere Belichtungszeiten möglich
- Gutes Stativ wirkt Wunder

Der „Intelligent IS" kompensiert Kamerawackler. Scharfe Bilder auch bei längeren Brennweiten und langen Belichtungszeiten aus der Hand. Dynamic IS kompensiert unerwünschte Kamerabewegungen und verhilft zu ruhigeren Filmaufnahmen auch im Gehen.

An der alten Fotografenregel, „je länger die Brennweite, umso kürzer muss die Belichtungszeit eingestellt werden", hat sich auch mit der modernsten Digitaltechnik nichts geändert. Klingende Wortschöpfungen wie „Intelligent IS", die Funktion die Kamerawackler kompensieren soll, verleiten dazu, auf die weiterhin gegebene Gefahr verwackelter Bilder weniger zu achten. Der Drei-Stufen-Bildstabilisator verspricht aber immerhin fast vier volle Zeitstufen bessere Verwacklungsfreiheit. Das wirkt sich auch positiv auf Film-Aufnahmen aus. Die Unsitte endloser Schwenks verhindert sie aber nicht. Solche Movies sind nur weniger verzittert!

IS-Modus

Bildstabilisator (**I**mage **S**tabilizer = IS). Im Kameramenü lasst sich die Bildstabilisierung von der Standardeinstellung „kontinuierlich" in „Nur Aufn." ändern. In dieser Einstellung ist die Bildstabilisierung nur für den Moment der Belichtung einer Aufnahme aktiv.

Kurze Belichtungszeiten durch hohe Lichtstärke des Objektivs und das hervorragend funktionierende Bildstabilisierungssystem der S120 machen die Nah- und Makrofotografie sehr erfolgreich. Schwebefliege auf einer Asternblüte.

Mit der Kamera auf dem Stativ kann die Bildstabilisierung abgeschaltet werden. Zumindest die pausenlose Stabilisierung. Lange Brennweite und auch spürbarer Wind sind die Einflüsse, die eine Bildstabilisierung während der Belichtung in Verbindung mit der Selbstauslöserfunktion ratsam machen.

Die Canon Hybrid-IS-Technologie kompensiert effizient Unschärfen, die durch unbeabsichtigte Schwenkbewegungen (drehend) und Verschiebungen (linear) der Kamera entstehen können. Je enger der Bildwinkel (Teleeinstellung), je näher man am Objekt ist

(Makroaufnahmen), umso stärker macht sich eine Kamerabewegung im Bild bemerkbar.

Zwei Sensoren kommen bei der IS-Technologie zum Einsatz, ein Winkel-Geschwindigkeits- und ein Beschleunigungssensor. Der Winkel-Geschwindigkeitssensor erfasst Schwenk- und erkennt Mitziehbewegungen. Der Beschleunigungssensor ermöglicht die Erkennung von Kameraverwacklungen, die durch Verschieben der Kamera hervorgerufen werden. Darüber hinaus nutzt der Hybrid-Bildstabilisator einen neuen Algorithmus, der die Messwerte beider Sensoren berücksichtigt und Linsen im Objektiv so verschiebt, dass beide Arten von Verwacklungsunschärfe deutlich minimiert werden.

Um zu vermeiden, dass beabsichtigtes Schwenken und Neigen zum Beispiel im Filmmodus versehentlich als Kamerawackler aufgefasst wird, deaktiviert sich die entsprechende IS-Funktion automatisch. Dauert eine Bewegung in einer bestimmten Richtung länger als eine vorgegebene Zeit an, schaltet sich der Bildstabilisator für diese Bewegungsrichtung ab.

Vom Stativ oder aus der Hand?

Kommen wir auf eine alte Fotografenregel zurück, die besagt, dass der verwendete Brennweitenwert (bezogen auf KB-Format) Anhaltspunkt für die längste freihändige Belichtungszeit ist. Wer auf Nummer sicher gehen wollte, erweiterte die Regel um bis zu zwei Belichtungsstufen. Ziehen Sie vier Belichtungsstufen vom errechneten Wert ab, dann wissen Sie um die Verwacklungsgrenze des Bildstabilisators. Bei 1/60 s Ausgangswert ohne „IS" wäre der neue Grenzwert immerhin 1/4 s. Längere Zeiten würde ich lieber vom guten Stativ aus machen. Gerade bei längeren Brennweiten und starker Vergrößerung werden deutliche Schärfeunterschiede erkennbar. Bestimmen Sie Ihre persönlichen Grenzwerte mit Testbelichtungen und überprüfen sie diese bei einer 100%-Ansicht am Bildschirm. Der Vergleich mit Aufnahmen von einem stabilen Stativ, ausgelöst mit Hilfe des Selbstauslösers (Vorlauf 2 s, besser aber 10 s), verdeutlicht Unterschiede.

Nutzen Sie die enorme Lichtstärke und den leistungsstarken Bildstabilisator Ihrer S120 für Freihandaufnahmen auch bei Nacht.

DAS UNIVERSELLE ZOOMOBJEKTIV

Schärfentiefe

Beeinflusst wird die Schärfentiefe von 3 Faktoren:
- **verwendete Blende**
  je größer die Blendenöffnung (je kleiner die Blendenzahl), umso geringer die Schärfentiefe
- **Brennweite**
  je länger die Brennweite, umso geringer die Schärfentiefe
- **Entfernung zum Objekt**
  je kürzer die Aufnahmedistanz, umso geringer die Schärfentiefe; das heißt auch, dass der Schärfebereich vor der eingestellten Schärfenebene kürzer ausfällt als dahinter.

Rund um Schärfentiefe

Blende, Brennweite und Fokussierung wirken zusammen, wenn es um die Bildwirkung der Schärfentiefe geht. Nicht immer ist die maximale Schärfentiefe von ganz vorn bis ganz weit hinten erwünscht. Abhängig vom Motiv und der erwünschten Bildwirkung kann die Abstimmung von Blende, Brennweite und Fokussierung der Schlüssel für das besondere Bild sein.

Der Einfluss der Blende – im Prinzip

Grundsätzlich gilt, dass eine weit geöffnete Blende die geringste Schärfentiefe bedeutet. Mit kleinerer Blendenöffnung nimmt die Schärfentiefe zu. Bei kleinster Blende erreicht sie ihr Maximum. Zusammen mit der Brennweite beeinflusst die Blende den Umfang der Schärfentiefe.

Einfluss der Brennweite

Für die Brennweite gilt: Bei kürzester Brennweite ist von nah bis weit entfernt die umfangreichste Schärfentiefe zu erzielen. Bis zur längsten Brennweite nimmt die Schärfentiefe immer stärker ab, bis sie bei längster Brennweite ihr Minimum erreicht hat.

Der Bezug auf die reale Brennweite der digitalen Kamera bringt wenig, zumal die tatsächlich benutzte Brennweite erst in den EXIF-Daten der fertigen Aufnahme abzulesen ist.

Im Nahbereich, in dem man am meisten mit mangelnder Schärfentiefe zu kämpfen hat, macht es bei der Schärfentiefe keinen Unterschied, ob man mit langer Brennweite und großem, oder kurzer Brennweite und geringem Aufnahmeabstand (bei gleicher Abbildungsgröße) das Motiv erfasst.

Schärfentiefevergleich: oben mit offener Blende (kleinste Blendenzahl); unten geschlossene Blende (größte Blendenzahl); Schärfe liegt auf erstem Drittel der Bildtiefe

Rechte Seite: Nah- und Makroaufnahmen gelingen mit der PowerShot und ihrem leistungsstarken Autofokus- und IS-System ohne großen zusätzlichen Aufwand frei Hand. Der deutlich kleinere Sensor im Vergleich zum APS-C oder KB Format, macht sich mit größerer Schärfentiefe bemerkbar.

DAS UNIVERSELLE ZOOMOBJEKTIV

Null Millimeter

Im Makro Modus kann die kürzeste Einstell-Distanz bei Null Millimeter liegen. Sie könnten also die Fußsohlen einer Fliege fotografieren, wenn diese über die Frontlinse Ihrer Kamera läuft. In der Praxis muss man auf eine saubere Frontlinse achten, da Ablagerungen darauf sehr schnell im Bild bemerkbar werden können.

Fast Fixfokus

Lassen Sie die Kamera die Weitwinkel-Brennweite auf eine Distanz zwischen fünf und zehn Meter fokussieren. Das ähnelt einer Fixfokus-Einstellung bei der die Schärfezone bei ein bis zwei Meter Distanz beginnt und bis Unendlich reicht. Diesen Versuch können Sie leicht realisieren, indem Sie auf manuelle Scharfeinstellung umschalten und die Kamera von Hand voreinstellen. Zur Belichtungssteuerung stellen Sie auf Zeitautomatik mit kleinster Blendenöffnung. Sie werden erstaunt sein, wie wenig Aufnahmen falsch belichtet oder unscharf sind – auch bei Blindschüssen ohne Sucherhilfe.

Einfluss des Aufnahmeabstandes, Einstelldistanz

Im Nahbereich macht sich der Schärfentiefenunterschied zwischen unterschiedlichen Blendenöffnungen am stärksten bemerkbar, weil der scharfe Bereich meist nicht das ganze Hauptmotiv erfasst.

Die kürzeste Einstelldistanz hängt von der Brennweite ab. Auch hier geht es um Grundsätzliches, wobei man sich im kürzesten Brennweitenbereich meist auf kurze Distanz von wenigen Zentimetern dem Objekt nähern kann. Je länger eine Brennweite ist, desto weiter entfernt sich die kürzeste Einstelldistanz auf Entfernungen von einem Meter und mehr. Eine Ausnahme muss extra gewählt werden: der Makro Modus, der nähere Distanz zulässt. Dabei kann brennweitenabhängig der Fokussierbereich bis Unendlich erhalten bleiben oder die weiteste Entfernung begrenzt sein.

Mit der Entfernungsmessung, die sich am Kontrast des Motivs orientiert, ist das Wissen um die Unendlich-Distanz nebensächlich geworden. Extreme Brennweiten müssen nicht erfahren, wie weit ein Motiv entfernt ist. Der als optimal befundene Kontrast garantiert die richtige Fokussierung. Es ist aber nützlich, zu wissen, dass extreme Brennweiten von 500 mm und mehr auch in ein paar Hundert Metern Aufnahmedistanz noch über ein paar Meter weiter oder näher entfernt unterscheiden können und somit das Thema Schärfentiefe und Blendenöffnung eine Rolle spielen kann.

Das kann der Fotograf beitragen

Die Aufgabe des Fotografen in Bezug auf Blende, Brennweite und Schärfentiefe ist, eine optimale Kombination zu schaffen. Mit der digitalen Kamera ist der Zugriff auf eine berechnete Einstellung weniger nützlich, als die kritische Bewertung dessen, was man auf dem Display zu sehen bekommt.

Kürzeste Brennweite und geschlossene Blende garantieren bereits eine umfangreiche Schärfentiefe. Lässt man eine Fokussierung in einer Distanz von etwa drei bis fünf Meter zu, so dürfte alles im Bereich von ein bis zwei Meter bis Unendlich scharf sein.

Mit längerer Brennweite beginnt die Zone der Schärfentiefe zu schrumpfen. Bis zur Blende 8 lässt sich eine Reduzierung der Schärfentiefe noch kompensieren. Bei der längsten Brennweite achtet man besonders sorgfältig auf Vordergrund, Mitte und Ferne. Man bewertet nach Augenschein auf dem Display. Hilfsmittel wie eine partielle Vergrößerung vom Sucherbild stützen als „Lupe" (als AF- und MF-Lupe in der S120) die Bewertung.

Aufgaben und mögliche Lösungen

Unabhängig von auf Themen sich beziehende Programme oder Motivprogramme lässt sich mit den Belichtungsprogrammen P, Av, Tv und M eine ideale Lösung finden. Hier ein paar Beispiele für eine Problemstellung und eine mögliche Lösung:

Porträt und Hintergrund

Immer wieder wird die Wirkung eines Porträts vor unscharfem Hintergrund als wünschenswertes Ziel genannt. Tatsächlich wirken solche Bilder professionell.

Die große Schärfentiefe eines Weitwinkelobjektivs erlaubt eine relativ nahe Distanz zum Porträt nebst Blick in den Hintergrund. Rückt man das Porträt in das linke oder rechte Drittel eines Bildausschnitts, so wird man beiden gerecht: dem oder der zu Porträtierenden und der location. Achten Sie darauf, das Porträt nicht durch perspektivische Verzeichnung zu entstellen. Variationen sind vom Superweitwinkel bis zur Normal-Brennweite machbar.

Mit dem Griff zur Tele-Brennweite vom Porträt-Tele mit etwa 17 mm (80 mm bei KB) Brennweite bis zu wirklich langen Brennweiten beginnt das Experiment mit der Verlagerung der Schärfe. Auf dem Porträt sollte sie immer liegen, damit nicht ein Antlitz mit einer geisterhaften Unschärfe entsteht. Nehmen Sie eine Brennweite, mit der Sie auf etwa drei bis fünf Meter Entfernung zum Porträt einen ansprechenden Bildausschnitt wählen können. Beginnt der Hintergrund gleich oder in kurzer Distanz hinter dem Porträt, dann können Sie das zentrale Motiv und den Hintergrund scharf abbilden. Die kleinste Blende fördert das Ergebnis. Je größer die Distanz hinter dem Porträt, desto stärker löst sich der Hintergrund in Unschärfe auf. Die offene Blende fördert die Trennung von Motiv und Hintergrund.

Experimentieren Sie mit Varianten von Abstand zum Porträt und Abstand zum Hintergrund des Porträts. Ist er weit genug entfernt, kann wieder abgeblendet

Porträtaufnahmen wirken meist dann besonders eindrucksvoll, wenn sie sich klar vom Umfeld abheben. Dies schafft man durch einen neutralen oder unscharfen Hintergrund, leichte Telestellung, weit geöffnete Blende und möglichst großen Abstand zum Hintergrund.

DAS UNIVERSELLE ZOOMOBJEKTIV

Maximal abblenden und auf mittlere Entfernung scharfstellen, schon klappt es mit durchgehend scharfen Landschaftsfotos.

Im Nahbereich ist selbst der kleine eingebaute Blitz oft zu stark. Da hilft die Drosselung über das Menü, oder Sie halten als Diffusor für ein weicheres Licht ein Stück Butterbrotpapier vor den Blitz.

werden, um die Schärfentiefe im Porträt gut zu nutzen. Achten Sie auf die Augen, die im Schärfemaximum liegen sollten. Flächiger Hintergrund wie sommerlich grüne Büsche lassen sich zu farbigen „Wolken" auflösen. Helle Farben im Hintergrund kann man bevorzugen. Dunkle bis schwarze Hintergründe schaden nicht der plastischen Wirkung bei allerdings wesentlich anderer Anmutung.

Landschaft, Kleinstadtstraße
Die weite Landschaft verlangt nach der kurzen Brennweite. Für die räumlich wirkende Abbildung einer Landschaft wird man ein Detail im Vordergrund abbilden wollen, das die Tiefe betont. In der Kleinstadtstraße mit von vorn bis hinten reichenden Häusern ist räumliche Tiefe naheliegend.

Kleines Objekt in kurzer Distanz
Geht man auf zehn bis zwanzig Zentimeter an ein Objekt im Streichholzschachtel-Format, dann führt die Weitwinkel-Brennweite zu scharf abgebildeten Objekten. Der Hintergrund ist scharf genug, um das ganze Bild als „scharf" zu werten.

Ab einer Normal-Brennweite von 50 mm verändert sich das Ergebnis. Der Hintergrund versinkt in weicher Unschärfe und das Objekt hebt sich scharf und plastisch ab. Eine leicht seitliche Beleuchtung verstärkt die plastische Wirkung. Mit zunehmender Brennweite wird der Effekt stärker, bis man den Makro Modus braucht, um bei längster Brennweite nahe

Mit dem Kamerablitz und langen Brennweiten bekommt man bei kurzen Aufnahmeabständen Abschattungsprobleme durch den ausgefahrenen Tubus. Ein kleiner Notbehelf wäre indirektes Blitzen mit schräg vor den Blitz gehaltener weißer Pappe. Sicherer ist ein Zusatzblitz oder eine LED-Leuchte.

genug an das kleine Objekt herankommen und fokussieren zu können. Eine große Blendenöffnung verbessert die Trennung von scharfem Vordergrund und unscharfem Hintergrund.

Tele-Motive

In sehr großer Distanz, zu Fuß nicht leicht erreichbar, liegt die Domäne der Tele- oder Super-Telebrennweiten. Die Schärfentiefe sollte das zentrale Motiv abdecken. Bereiche davor und dahinter sind weniger wichtig. Leichte Unschärfe vor dem zentralen Motiv stört weniger. Heftige Unschärfe im Vordergrund sollte man immer vermeiden. Seitliches Ausweichen mit der Kamera für einen besseren Bildausschnitt ist meistens möglich.

Tierbilder, ob im Zoo oder auf freier Wildbahn, gehören zu den bevorzugten Motiven für lange Brennweiten.

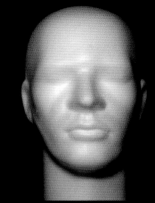
Frontales Licht

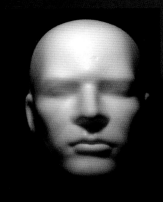
Frontal schräg oben

Frontal oben (Kopflicht)

Frontal schräg unten

Frontal unten (Gespensterlicht)

Seitenlicht Kopfhöhe

Seitenlicht schräg oben links

Seitenlicht rechts Kopfhöhe

Seitenlicht schräg oben rechts

Licht und Beleuchtung

LICHT UND BELEUCHTUNG

Der eingebaute Blitz

Der Kamerablitz der PowerShot S120 kann über den seitlichen Schiebeschalter aktiviert werden.

Blitzfunktionsanzeigen von links oben: Blitz löst bei dunklen Aufnahmebedingungen automatisch aus; blitzt bei jeder Aufnahme; Langzeitsynchronisation, je nach Einstellung im Menü auf den ersten oder zweiten Verschlussvorhang; Blitz deaktiviert. Unten rechts in der Anzeige wird die Blitz-Belichtungskorrektur eingeblendet.

Funktionseinstellungen im Menü für das eingebaute Blitzgerät.

Er wird etwas unterschätzt, ist aber oft die letzte Rettung in der Not, wenn man unkompliziert Licht im Dunklen benötigt. Seine Stärke liegt in der Aufhellung von Schatten, insbesondere bei Gegenlichtaufnahmen.

Bis zu einer Verschlusszeit von 1/2000 s kann der Blitz synchron ausgelöst werden. Die über das Menü zuschaltbare Funktion „Rote-Augen-Reduzierung" kann die rot aufleuchtende Reflektion des direkten Blitzes im Augenhintergrund weitgehend beseitigen. Hilfreich kann auch ein Zuschalten der „R(ote).Aug(en).Lampe" im Menü sein. Das Licht soll veranlassen, dass sich die Pupillen möglichst weit schließen, damit die roten Punkte in den Augen verkleinert oder vermieden werden.

Die Blitzbelichtungskorrektur von ± 2 Blenden in Drittelstufen erlaubt eine exakte Dosierung des Blitzlichts – alle Beispiele auf der rechten Seite dazu. Ferner ist die Blitzleistung in drei Stufen wählbar.

Mit der Blitz-Langzeitsynchronisation auf „1. Vorhang" (zu Beginn der Belichtung) oder „2. Vorhang" (kurz vor dem Ende der Belichtung) können Sie bei bewegten Objekten entscheiden, ob die Bewegungsunschärfe vor oder nach der scharf durch den Blitz beleuchteten Kontur verläuft.

Als Zubehör ist ein „Sklavenblitz" von Canon zu bekommen, der mit der PowerShot S120 zusammenarbeitet. Näheres dazu weiter hinten, wo es um nützliches Zubehör geht.

Blitzaufhellung

Motive im Gegenlicht, wie Personen vor Fenstern oder im direkten Schatten, können Sie mit dem integrierten Blitzlicht sehr gut aufhellen. Die Alternative wäre eine Spotmessung auf das Gesicht, mit der Folge eines stark überbelichteten Hintergrunds. Bei kurzen Aufnahmeentfernungen die Blitzleistung über die Minuskorrektur lieber etwas drosseln.

DER EINGEBAUTE BLITZ

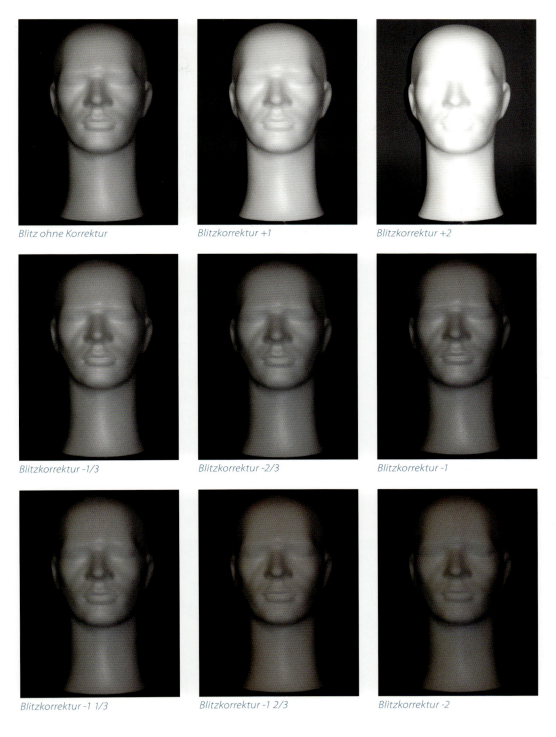

LICHT UND BELEUCHTUNG

Externer Blitz und Dauerlicht-Beleuchtung

Blitzgerät HF-DC2

Mit dem externen Blitzgerät HF-DC2 bietet Canon zusätzliche Blitzleistung an. Bei gleicher Ausrichtung zum eingebauten Blitzgerät wird die Reichweite erhöht.

Das HF-DC2 Blitzgerät ist ein Sklavenblitz. Er zündet ausgelöst durch das Blitzlicht der Kamera. Drei Leistungsstufen lassen sich am HF-DC2 per Schalter wählen. Er bietet manuellen oder automatischen Betrieb. Eine Streuscheibe weitet den Leuchtwinkel für volle Ausleuchtung bei maximaler Weitwinkelstellung der Kamera.

Mit einem HF-DC2 im Zubehörfach des Fotokoffers ist man für sehr viele Aufnahmesituationen gut gerüstet. Zwei dieser Blitzgeräte im Fotokoffer versprechen im angemessenen Maßstab eine nahezu ideale profistudiogerechte Lösung, wenn es um „Licht setzen" geht. Mehr Licht aus einer Richtung oder eine Blitzlicht-Fotografie bei bewusst ausgeklügelter Lichtführung sind der Gewinn.

Eine mittels Blitzlicht beleuchtete Szene erlaubt nahezu unbegrenzte Möglichkeiten der Platzierung externer Zusatz-Blitzgeräte. Zur kameranahen Anbringung wird zum HF-DC2 eine Blitzschiene geliefert. Sie verbindet Blitz und Kamera durch Stativschrauben. Abgesetzt von der Kamera lässt sich der Blitz auf einem Stativ anbringen. Eine leichtere Stativ-Ausführung genügt dafür. Achten Sie darauf, dass das Blitzlicht auch einen etwas abgewendeten Sensor des HF-DC2 erreicht, da der Sklavenblitz nur zündet, wenn sein Sensor vom Kamera-Blitzlicht getroffen wird. Im Normalfall reicht das reflektierte Licht des Kamerablitzes zum Zünden.

Das schwache vorhandene Licht im linken Bild schafft zwar eine spannende Beleuchtung, die notwendige lange Belichtungszeit lag aber bereits sehr nahe an der Verwacklungsgrenze. Dann doch sicherheitshalber den Blitz aktivieren; rechtes Bild.

Mit Licht gestalten

Seitlich zum Motiv aufgestellt, garantiert der externe Blitz eine erheblich bessere, plastische Ausleuchtung. Links und rechts zum Motiv weisend aufgestellt, kann einer Seite der Vorzug des Blitzgerätes als Führungslicht gegeben werden. Viel Licht wirft dabei viel Schatten, den man durch ein Blitzgerät auf der gegenüberliegenden Seite aufhellt. Durch Wahl der kleineren Leistung für den Aufheller oder auch durch größeren Abstand zum Motiv kann man das Licht sehr feinfühlig dosieren.

Weitere wirkungsvolle Positionen – sie könnten der Grund für die Anschaffung eines dritten externen Blitzgerätes sein – findet man für die Sklavenblitzgeräte:

- Hinter dem zentralen Motiv (Porträt). Es wirkt verdeckt als Gegenlicht, ziert Konturen mit einem Lichtsaum.
- Aus hoher Position auf das zentrale Motiv herableuchtend. Sorgt für Glanz und Zeichnung in der Frisur.
- Hoch angebracht als indirektes Blitzlicht, das weich von der Raumdecke zurückgeworfen wird.
- Auf einem Stativ im Hintergrund. Weit von der Kamera entfernt wird auch ein tiefer Raum optimal beleuchtet.

Der Maßstab einer Szene ist weniger bedeutend – und damit lassen sich die zuvor aufgereihten Beispiele auch auf den kleinen Raum einer Szene anwenden. Table-Top Aufbauten oder eine optimale Sachaufnahme – zum Beispiel für das nächste Auktionsangebot im Internet – profitieren vom fachgerechten Aufwand.

Mit „Sehgewohnheiten" möchte ich eine gut ausgeleuchtete Aufnahme mit Hilfe einer gezielten Ausleuchtung bezeichnen, in der man das Führungslicht von links einsetzt. Ebenso wichtig die Aufhellung aus der Gegenrichtung, damit die Szene in den Schatten nicht zuläuft. Alle weiteren Lichtakzente setzt man ein, beispielsweise dunklem Haupthaar einen Glanz und bessere Zeichnung zu geben.

Mit Blitzlicht gestalten bedeutet im Rahmen der einsetzbaren Geräte ein Ergebnis erst dann zu sehen und durch eine weitere Aufnahme korrigieren zu können, wenn die Aufnahme gemacht worden ist. Ein hilfreiches Einstelllicht muss durch Erfahrung aus zahlreichen Übungsfotos gewonnen werden. Wer sich mit Dauerlicht für Filmaufnahmen ausstattet kann den Vorteil genießen, seinen Leuchtenpark auch zum Fotografieren zu benutzen.

Canon HF-DC2

HF-DC2 mit Blitzschiene und Streuscheibe für Weitwinkelaufnahmen. Der Sensor auf der Frontseite erkennt das Aufblitzen des eingebauten Blitzgerätes und zündet den Sklavenblitz.

Rückseite des externen Blitzgeräts HF-DC2, das über zwei Tasten in Leistung und Betriebsart (Manual/Auto) bedient wird.

LICHT UND BELEUCHTUNG

LED-Videoleuchten

Video-Flächenleuchten mit LED-Technik werden in vielen Leistungsstufen angeboten. Wer sie häufig einsetzt, sollte auf Akkutauglichkeit achten. Links: Leuchten von Metz, auch kombinierbar; Mitte und rechts Nanguang-Leuchten.

Dauerlicht für Film und Foto

Besonders für Filmaufnahmen wird der Einsatz einer durchgehenden Beleuchtung notwendig. Als kontinuierlich strahlende Lichtquellen kommen in Frage:
- Halogenleuchten, zum Beispiel Videoleuchten
- Halogenleuchten kleiner Leistung
- Portable Aufnahmeleuchten
- LED-Leuchten für Netzbetrieb
- Batteriebetriebene LED-Leuchten
- Stromsparlampen in eigenem Reflektor

Für den Einsatz zuvor genannter Leuchten gelten praktisch keine besonderen Hinweise, wenn es um Fotos geht. Lediglich ein

Links oben: Langzeitbelichtung ohne Blitz, Tageslichteinstellung; Links unten: Blitzlicht; Rechts: Langzeitbelichtung Farbtemperatur Kunstlicht.

Vorteil fällt auf: Man kann die Ausleuchtung anders als beim Blitz vor einer Aufnahme oder Probebelichtung in der Szene oder auch auf dem Monitor besser kontrollieren.

Geht es um Filme, dann kann die Art der Leuchte Ursache für Bildstörungen sein. Alle Netzstrom-Leuchten (Wechselstrom 50 Hz) wechseln ihre Helligkeit dem Strom folgend. Vom Auge unbemerkt, zeichnet die Kamera Filme mit 30 beziehungsweise 60 Bildern in der Sekunde auf. Eine Bildfrequenz, die nicht synchron zum Dauerlicht ist. Durchlaufende Streifen können die Folge sein. In Zeitlupe lässt sich dieser Effekt bei der Wiedergabe sehr gut beobachten, wenn man mit 120 oder 240 Bildern in der Sekunde aufgenommen hat. Das wechselnde Licht ist deutlich in von hell nach dunkel und umgekehrt wechselnden Bildern zu erkennen.

Keine Probleme bereiten Batterie-Leuchten, die den Gleichstrom der Stromquelle nutzen. Das ist der Fall bei Niedervolt-Halogen-Leuchten und bei LED-Leuchten mit Batterie.

LED-Leuchten, die am Wechselstromnetz betrieben werden, können jedoch auch zu den genannten Problemen führen. Ebenso Leuchtstoffröhren und Stromsparlampen. Portable Leuchten, die Leuchtmittel für höhere Spannungen benutzen, können sogar durch hochfrequente Stromversorger betrieben werden. Deren meist unbekannte Frequenz kann sich ebenfalls negativ auswirken. In jedem Fall sollte man vor der Anschaffung von Aufnahmeleuchten kurze Testfilme in den verschiedenen Bildfrequenzen drehen, um ihre Eignung festzustellen.

Eine Anpassung an vorherrschende Farbtemperatur erlauben Angebote von LED-Leuchten, die mit Filterscheiben geliefert werden. Wichtig ist eine mögliche Anpassung an Kunstlicht.

Preiswert: Aufheller

Als Aufheller eignen sich dem Objekt entsprechend große helle Flächen. Von der weißen Pappe oder einer Styropor-Platte bis zu käuflichen Aufhellern. Aluminium-Folien, leicht geknittert für weichere Reflektion, und selbst eine aus dem Auto-Verbandskasten ausrangierte Rettungsdecke können für den Zweck herhalten. Aluminium reflektiert „kalt". Die goldfarbige Rettungsdecke reflektiert das Licht zu wärmerer Lichtwirkung. Aufheller sind die preiswerten Hilfsmittel, die keine zusätzlichen Stromkosten verursachen.

Mischlichtsituation meistern

Linkes Bild: eine Mischung aus Tages- und Kunstlicht, aufgenommen mit Tageslichteinstellung; Mitte: automatischer Weißabgleich; rechtes Bild geblitzt, wie so häufig bei frontalem Blitzen, geht die Lichtmodulation verloren.

Bildgestaltung mit Ihrer PowerShot S120

BILDGESTALTUNG MIT IHRER POWERSHOT S120

Wie nähern wir uns der gestalteten Aufnahme?

- alles Überflüssige weglassen
- Konzentration auf wesentliche Bildinhalte
- in Aktion fotografieren, Aufnahmen bei Freizeitaktivitäten erstellen
- eine Idee umsetzen: man sollte wissen, was man zeigen möchte und warum
- Fotografieren in der „ersten Person", gleichzeitig Handelnder und Fotograf sein

Überflüssiges weglassen und sich auf Wesentliches konzentrieren ist ein bedeutender Schritt in Richtung besserer Bilder.
1. *unruhigen Hintergrund vermeiden oder durch Unschärfe verwischen*
2. *ablenkende Bildelemente ausblenden*
3. *belanglose Motivteile besser weglassen*
4. *Schilder, Aufkleber, Preisauszeichnungen etc. wirken meist störend*
5. *unruhiger Bildrandbereich lenkt vom Hauptmotiv ab*
6. *Objekte am Rand, die nicht genau zuzuordnen sind, stören den Bildaufbau*

WIE NÄHERN WIR UNS DER GESTALTETEN AUFNAHME?

Mit etwas Geduld, einer der ganz besonderen Eigenschaften erfolgreicher Fotografen, wurde aus der Rücken- im Bild links oben eine Frontalansicht.

- den richtigen Moment erfassen – auf den richtigen Moment warten, sich Zeit lassen
- die gestalterischen Möglichkeiten der Technik ausnutzen, aber nicht überbetonen

Sich in eine Situation hineinversetzen, auch ruhig einmal kleine Regieanweisungen bei Personenaufnahmen geben und anderen Handelnden mitteilen, welche Bildidee man umsetzen möchte, erleichtern das Zusammenspiel mit allen Beteiligten. Bei Kindern kommt man mit Gelassenheit und einem „ruhigen Händchen" am besten zum Ziel.

BILDGESTALTUNG MIT IHRER POWERSHOT S120

Was ein Bild ausmacht

- Ein Bild besteht zu allererst aus einer Bildfläche mit genau definierter Begrenzung, dem Rahmen
- Ein Bild ist nur ein Ausschnitt der Wirklichkeit, bestimmt vom Fotografen
- An der Bildflächenbegrenzung orientiert sich die Komposition innerhalb der Bildfläche. Sie bildet aber auch gleichzeitig die Grenze zur Präsentationsumgebung.
- Die Bildfläche als geometrische Form ist somit ein wichtiger Bestandteil der Gesamtgestaltung.
- Ein Bild besteht aus grafischen Elementen, es zeigt ein Spiel aus Linien und Formen; ausgeprägt wirken sie abstrakt und strukturiert.
- Ein Bild besteht aus der Farbinformation, aus der Bildaussage, reportageartig, dokumentarisch oder abstrakt – es vermittelt Informationen.
- Ein Bild kann emotional sein, künstlerisch-ästhetisch, einmalig.

Durch unterschiedlichste Einflussnahmen über Fototechnik (Blendenöffnung, Belichtungszeit, Brennweite), Lichtführung und Lichtfarbe (frontales, seitliches oder Gegenlicht, Tages- und Jahreszeit) oder Standort des Fotografen (Aufnahmeperspektive) bekommt die Wiedergabe eines Motivs seine Individualität – und das Foto die Handschrift des Fotografen.

Was ein Bild ausmacht

Ein Schnappschuss ist journalistisches Fotografieren. Er zeigt die vom Fotografen unbeeinflusste Situation, er ist Außenstehender.

Rechtes Bild: Ausschnitte, Details Kombinationen aus Farbe und Form lassen dem Betrachter Raum für eigene Interpretationen.

Die Form vermittelt die materielle Information, die Farbe ist mehr für die emotionale Seite der Bildinhalte zuständig.

BILDGESTALTUNG MIT IHRER POWERSHOT S120

Eigenschaften eines Bildes

- Schärfe oder auch Auflösung – je schärfer ein Bild, je besser die Auflösung in Details, umso mehr Informationen sind darstellbar.
- Kontrast, er macht die formale Information möglich. Je höher der Kontrast, umso intensiver ist die Formensprache. Ist der Kontrast eintönig, grau, farblos, zeigt das Bild nur Zwischentöne, nicht sehr hell, nicht sehr dunkel, so fehlt der optische Reiz.
- Farbsättigung – bei hoher Farbsättigung wirkt ein Bild lebendig, manchmal schon aggressiv. Bei geringer Farbsättigung, bei Pastelltönen, spricht man von zarten Farben.

Kontrastarmes Bild bedeutet ein geringer Dichteunterschied zwischen hellster und dunkelster Stelle im Bild.

Hoher Kontrast im Bild bedeutet großer Dichteunterschied zwischen hellster und dunkelster Stelle im Bild.

Schärfe, Kontrast und Farbe bilden die technischen Parameter des Bildes. Inhaltlich lassen sie sich in unterschiedliche Hauptgruppen gliedern.

- *Reproduktive Fotografie*, die reine uninterpretierte Darstellung von Material, Form und Oberfläche. Dazu gehört die wissenschaftliche und technische Fotografie.
- *Journalistische Fotografie*, die objektive und spontane Wiedergabe von Ereignissen und Situationen. Dazu gehört die professionelle Reportage, genauso wie die Bilder vom Kindergeburtstag oder Urlaubsfotos am Strand.
- *Künstlerische Fotografie* bedeutet interpretierende, subjektive, abstrahierende Darstellung von Objekten und Situationen.

Pastelltöne bedeuten ungesättigte bzw. verweißlichte Farben, wie man sie auch bei überbelichteten Bildern finden kann.

Gesättigte Farben erster und zweiter Ordnung, Farben die ein Bild beleben aber auch aggressiv wirken. Dazu später mehr.

BILDGESTALTUNG MIT IHRER POWERSHOT S120

Bildkomposition

Bereits geringe Änderungen bei der Wahl des Bildausschnitts können die Bildwirkung maßgeblich beeinflussen. Parallel zur Bildkante verlaufende Linien wirken statisch, schräg dazu verlaufende dagegen dynamisch.

Bildkomposition, also das aktive Zusammensetzen eines Bildes aus verschiedenen Bildelementen, versteht sich mehr im übertragenen Sinne. Sicher kann man auch aktiv in den Motivaufbau eingreifen, besonders bei Studioaufnahmen oder im Makrobereich. Auch wird man mal einen störenden Stuhl zur Seite schieben. Was man unter Bildkomposition im eigentlichen Sinn versteht, ist die Anordnung der Bildelemente im Sucher durch:

- Auswahl geeigneter Motivsituationen
- Ausschnittswahl
- Wahl der geeigneten Perspektive
- die Anordnung der Bildelemente übermittelt die körperliche Information und
- die Farbe bringt die atmosphärische Komponente ins Bild.

Die Bildkomposition ist aber noch viel mehr. Sie muss die Bildaussage tragen, sie vermittelt Emotionen.

Bildaufbau

- Der Bildaufbau ist ein Zusammenspiel von Linien und Flächen in all ihren Varianten. Die Linie kann eine geometrische oder genauso eine beliebige Form besitzen. Die Fläche kann sich zum Punkt reduzieren, sich aber genauso fast formatfüllend ausdehnen.
- Mehrere punktförmige Flächenelemente können wieder geometrische Formen bilden.
- „Auf den Punkt bringen", also zur wichtigen Aussage gelangen, spielt beim Bildaufbau eine entscheidende Rolle und ist als wesentliches Kriterium für die Qualität eines Bildes zu sehen.
  - „Schwerpunkte setzen" bedeutet in die Bildersprache umgesetzt, Bildelemente auf der Bildfläche anzuordnen und Wichtiges zu betonen. Da spielen Begriffe wie „ausgewogen", „Spannung", „Kontrast" oder „Blickführung" eine wichtige Rolle – sie spiegeln sich in der Anordnung der Bildelemente im Bildrechteck wider.

Im klassischen Bildaufbau sucht man einen interessanten Vordergrund, legt Wert auf einen informativen Mittelgrund und achtet darauf, dass auch der Hintergrund etwas Spannendes zur Bildwirkung beitragen kann.

Aufnahmestandort und Blickwinkel

- Aufnahmestandort kann auch der Aufnahmestandpunkt sein – ist also alles „Ansichtssache".
- Wir haben die geografische Zuordnung aber auch die persönliche Einstellung zum Motiv.
- Wir hinter der Kamera bestimmen die Aussage im Bild durch Richtungsänderung, Ausschnitt und Perspektive.
- Unter Blickwinkel verstehen wir weniger den Bildwinkel des Objektivs, als vielmehr unsere Sicht auf das Motiv, also die Perspektive. Kamera nach oben = Froschperspektive; Kamera nach unten = Vogelperspektive.

Augenperspektive

Bezug für die subjektive Sicht der Perspektive ist die Augenperspektive – die Sicht aus Augenhöhe. Aufnahmetechnisch bedeutet das eine Aufnahme planparallel zum Objekt, die Kamera ist horizontal und vertikal ausgerichtet. Ein Rechteck in der Natur bleibt ein Rechteck im Bild. Eine Voraussetzung in der Architekturfotografie um stürzende Linien zu vermeiden. Augenperspektive bedeutet nicht automatisch verzeichnungsfrei aufzunehmen. Steht man versetzt zum Quadrat und versucht das Motiv in der Mitte des Bildausschnitts zu positionieren, muss man die Kamera entsprechend drehen und schon erhält man trapezförmige Verzerrungen, die aber weniger stören, da sie wie natürliche Fluchtlinien bei einer räumlichen Darstellung wirken.

Augenperspektive bedeutet planparallele Abbildung des Objekts ohne Verzeichnung

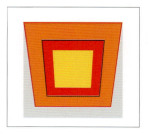

Vogelperspektive, der Blick von oben

Vogelperspektive

Sobald man von der Augenperspektive abweicht und die Kamera nach unten schwenkt, bekommt man die Aufsicht oder auch Vogelperspektive. Um beim Beispiel mit dem Quadrat zu bleiben, die obere Kante wird größer als die untere abgebildet, das Quadrat „stürzt" nach vorn und bildet ein gleichschenkliges Trapez mit verkürzten Seiten.

Froschperspektive, der Kamerablick nach oben

Froschperspektive

Schwenken wir die Kamera nach oben, wird das Quadrat mit langer Unter- und kurzer Oberkante dargestellt. Alle Linien die senkrecht verlaufen scheinen nach hinten zu stürzen, das Quadrat wird in der Abbildung zum sich verjüngenden länglichen trapezförmigen Viereck; wir sprechen von der Frosch- oder Bodenperspektive.

> **Verkanten**
>
> Verzerrungen entstehen dann, wenn die Bildebene nicht mehr parallel zur Aufnahmeebene verläuft, die Kamera ist verkantet. Seitliches Verkanten (seitliche Schräglage) bedeutet schiefe Horizontlinie, was meist als störend empfunden wird.

Der Aufnahmestandort wird nicht nur über „Google Earth" definiert, sondern auch vom Blickwinkel zum Motiv. Die Sicht gerade aus Augenhöhe ergibt die Augenperspektive, Bild oben. In diesem Fall aus Höhe der Blüten fotografiert, was eine kleine Kniebeuge bedeutete.

Das mittlere Bild entstand in normaler Körperhaltung aber mit leicht nach unten gerichteter Kamera. Diese Aufsicht auf die Blüten im Vordergrund ergab die Vogelperspektive und zugleich eine bessere Trennung vom Hintergrund.

Der tiefe Standort aus der Froschperspektive im unteren Bild hebt die Blüten in den gestalterischen Mittelpunkt und zugleich fotogen und kontrastreich vor dem blauen Himmel ab.

BILDGESTALTUNG MIT IHRER POWERSHOT S120

Emotionale Sicht der Perspektive

- Die Perspektive besitzt nicht nur eine geometrische Dimension.
- Sie prägt in unserem Unterbewusstsein auch Emotionen.
- So wie wir bei einer Begegnung auf „Augenhöhe" von einer Gleichwertigkeit sprechen,
- so wirkt der Blick von oben nach unten „herablassend" – „der Große schaut auf den Kleinen herunter".
- Unterwürfig empfinden wir den Blick nach oben – wir sind die Kleinen.
- Fotografieren wir Menschen leicht von unten, machen wir sie auch im übertragenen Sinne größer,
- geht der Sucherblick – was oft bei Kinderbildern geschieht – von oben nach unten, machen wir die Kleinen noch kleiner als sie schon sind.

Wie wichtig oft nur kleine Standortänderungen sind, zeigt sich in vielen Bildbeispielen, wenn z.B. störende Bildüberschneidungen durch einen kleinen Schritt zur Seite oder durch die kleine gymnastische Übung in die Hocke zu gehen, vermieden werden.

Schulen Sie Ihr Auge indem Sie das Zusammenspiel von Vorder- und Hintergrund im Sucher oder auf dem

Im oberen Bild stimmt so einiges nicht. Das Hauptmotiv, Fahrrad, wird durch die Buchsbaumtöpfe weitgehend verdeckt, die Schrägen weisen auf einen angeschnittenen Müllcontainer hin. Erst der kleine Schritt zur Seite zeigt die fotogene Seite des Motivs. Klare Linienführung, symmetrische Wiederholung von Bildelementen und ein interessanter Schattenwurf auf der Hauswand.

EMOTIONALE SICHT DER PERSPEKTIVE

 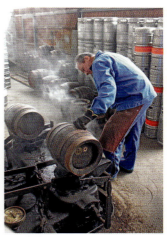

Der Blick von unten nach oben macht Personen größer und wichtiger, wie im linken Bild. Von oben herab fotografiert wirkt die Person kleiner, unbedeutender.

Display beobachten, wenn Sie die Kameraposition horizontal und vertikal verändern. Oft reichen schon wenige Zentimeter um Störendes zu vermeiden oder die Anordnung des Hauptmotivs im Bild zu optimieren.

Scheuen Sie sich nicht vor extremen Aufnahmepositionen – oft liegt der Reiz in der Übertreibung. Ein bisschen schief sieht wie ein Fehler aus – total schräg ist gewollt. Wenn Sie das Hochhaus, den Kirchturm oder den Maibaum nicht ohne Kippen der Kamera im Bild erfassen können, gehen Sie eben nahe heran und fotografieren steil nach oben.

Legen Sie sich ruhig mal auf den Bauch zum Fotografieren – es muss ja nicht gerade in einer belebten Fußgängerzone sein und mit einem schwenkbaren Display geht das auch ohne Verrenkungen – und Sie werden schnell den Beweis erbracht haben, dass ungewohnte Standorte der Kamera außergewöhnliche Bilder schaffen.

Extreme Aufnahmepositionen, wie hier mit einer auf den Boden gelegten Kamera, schaffen ungewohnte Perspektiven und machen aus einfachen Holzhockern imposante „Bauwerke".

BILDGESTALTUNG MIT IHRER POWERSHOT S120

Räumliche Wirkung

Bildausschnitt und Perspektive

Man kann es nicht oft genug betonen, Brennweitenänderung vom identischen Aufnahmestandort verändert nur den Bildausschnitt, aber nicht die Perspektive.
So funktioniert auch ein elektronisches Zoom, hier wird lediglich der Bildausschnitt auf dem Sensor reduziert, was zwangsläufig auch eine Minderung der Bildqualität bedeutet. Moderne Sensoren haben da aber erstaunliche Qualitätsreserven.

- Unsere Realität, unsere Motive, bestehen bekanntermaßen nicht wie unsere Bilder nur aus zwei Ebenen. Wir müssen uns auch mit der dritten Dimension, der Räumlichkeit auseinandersetzen.
- Für den Bildaufbau bedeutungsvoll ist dabei das Zusammenspiel von Aufnahmewinkel (Brennweite) und Aufnahmeabstand, und das in Beziehung gesetzt zum Motivausschnitt.
- Sie können die Brunnenfigur in gleicher Größe aus 100 m Entfernung mit extremem Teleobjektiv formatfüllend aufnehmen, aber auch aus 3 m Abstand mit einer Weitwinkelbrennweite.
- Auf Grund der Bildwinkelunterschiede wird bei der Teleaufnahme nur ein kleiner Hintergrundausschnitt mit erfasst, beim Weitwinkel aus kurzer Entfernung zur Brunnenfigur dagegen ein weites Panorama.

Räumlichkeit im Bild. Nein, wir sprechen nicht von 3D-Bildern, sondern von der Tatsache, dass wir die dreidimensionale Wirklichkeit unserer Motive mit den zwei Dimensionen unserer Bilder darstellen. Dass wir eine Räumlichkeit im Bild erkennen, liegt an bestimmten Merkmalen im Bild, die das menschliche Gehirn auf Grund von gespeicherten Erfahrungswerten sofort als Entfernungsunterschied

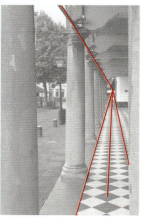

Fluchtlinien mit Fluchtpunkt im Bild geben einen räumlichen Eindruck besonders intensiv wieder.

erkennt und sie somit der Räumlichkeit zuordnet. Unterstützt wird diese Zuordnung noch durch diagonal bzw. schräg verlaufende Linien im Bild. Je mehr Informationen dieser Art dem Betrachter zur Verfügung gestellt werden, umso räumlicher wird die Bildwirkung. Ins Fotografische übersetzt heißt das, Aufnahmen mit der Weitwinkelbrennweite bilden die Räumlichkeit besser ab als ein Teleobjektiv mit seinem engen Bildausschnitt.

- Tiefenwirkung durch die Betonung des Vordergrundes
- Durchblicke
- unscharfer Vordergrund
- Tiefenstaffelung gleich großer Objekte

Durchblicke verstärken die Tiefenwirkung in der Bilddarstellung

Weitwinkelaufnahmen mit einer betonten Vordergrundgestaltung bringen Räumlichkeit ins Bild, im Gegensatz zum knappen Bildausschnitt im unteren Bild, den man bevorzugt mit Telebrennweiten erzielt. Verstärkt wird der zweidimensionale Eindruck noch durch einen unbekannten bzw. irritierenden Größenbezug der Schrift zum Gitter. Bei Schrift schaltet das Gehirn sofort auf „klein" und sieht die großen Letter „Holz" im Vordergrund und löst somit die Tiefenwirkung völlig auf.

Gestaltungsebenen

- Vordergrund
- Mittelgrund
- Hintergrund
- Schärfenebene

Der rote Blumenteppich dominiert den aus dem Vordergrund in den Mittelgrund verlaufenden Bildaufbau. Der leicht asymmetrisch gesetzte Fluchtpunkt in der Horizontlinie baut eine zusätzliche Spannung zum Leuchtturm auf, wodurch der Hintergrund mit dem relativ kleinen Turm sehr stark an Bedeutung gewinnt.

Wie auf den Seiten zuvor beschrieben, leben viele Bilder von der richtigen Umsetzung der drei Dimensionen unserer Motive in die zwei Dimensionen unserer Bilder. Die räumliche Wirkung wird geprägt – vereinfacht dargestellt – von der Gestaltung des Vorder- und des Hintergrundes und dem weiten Bereich dazwischen. Der Spannungsbogen entsteht zwischen den Ebenen durch dem Betrachter bekannte Größenzuordnungen, Diagonalen und den daraus resultierenden sichtbaren oder gedachten Fluchtpunkten, wie beim Beispiel auf dieser Seite. Das Schema zeigt den Fluchtpunkt im Hintergrund, der eine starke Spannungswirkung auf den rechts angeordneten Leuchtturm ausübt.

GESTALTUNGSEBENEN

Diagonalen, kleiner werdende Gegenstände die in Wirklichkeit gleich groß sind, geben einen räumlichen Bezug. Das Bild ist klar in Vorder-, Mittel- und Hintergrund gegliedert.

Unschärfe lässt Ebenen verschmelzen. Der Himmel und das Gras im nahen Mittelgrund verschmelzen zu einer optischen Ebene. Das Schild wird so vor dem unscharfen Hintergrund freigestellt.

Auch wenn es mit kleinen Aufnahmechips und weiten Aufnahmewinkeln nicht immer einfach ist Bildteile unscharf abzubilden, es geht aber doch. Der Vordergrund muss nur nah genug sein. Manchmal muss noch der Autofokus überlistet werden, aber auch das ist zu schaffen. Mit Schärfe und Unschärfe lassen sich bestimmte Bildebenen betonen, was zu einem der wichtigen Gestaltungsmittel in der Fotografie gehört.

BILDGESTALTUNG MIT IHRER POWERSHOT S120

Bildausschnitt, von der Totalen bis ganz nah

- Jedes Bild zeigt immer nur einen Ausschnitt der Aufnahmesituation. Es ist nun Aufgabe, die Aufnahme so zu steuern, dass der Bildausschnitt eine möglichst klare Information vermitteln kann. Dabei kann mit einer kurzen Brennweite aus entsprechend großer Entfernung eine Panoramadarstellung gewählt werden, die so einen Überblick vermittelt, aber durch die Fülle kleinster Details schnell unübersichtlich wirken kann.
- Sich auf Wesentliches zu beschränken, führt meist zum besseren Bild – die Bildaussage wird verständlich. Beim Filmen spricht man von der Totalen (der Übersicht), Halbtotalen, Nahaufnahme und Großaufnahme.

Der beim Film übliche Begriff der Totalen beschreibt den Blick über die Gesamtszene. Die Totale muss nicht zwingend mit dem Weitwinkel aufgenommen werden. Wichtiger ist die klare Situationsschilderung. Durch viele unterschiedliche

Bildelemente wird die Bildkomposition anspruchsvoller. Ausschnitte der Totalen führen uns zur Halbtotalen, mit der der Betrachter auf einen Teilbereich hingeführt wird.

- Will man nur den Ausschnitt ändern, wechselt man einfach die Brennweite, ein Zoomobjektiv macht das leicht möglich. Dies kann man bis zu einem gewissen Maße auch nachträglich durch Beschneiden des Bildes mit einem Bearbeitungsprogramm erreichen, ein besonderer Vorteil hoch auflösender Bildsensoren. Digitale Zoomeinstellungen machen das bereits in der Kamera. So wird nur ein Teil des Sensors genutzt, entsprechend muss man aber Abstriche bei der Bildqualität machen.
- Ein anderer Weg den Bildausschnitt zu variieren führt über die Abstandsänderung zum Motiv. Das bedeutet aber auch Änderung der Perspektive im Bild. Moderne Objektivkonstruktionen lassen meist sehr kurze Aufnahmeabstände zu, so dass man auch ohne Spezialequipment bis in den Makrobereich vordringen kann.

Übungen mit Bildausschnitt

Suchen Sie sich eine Location, machen Sie Übersichtsaufnahmen und fertigen innerhalb dieser Location einmal vom identischen Standort mit unterschiedlichen Brennweiteneinstellungen Ausschnitte und gehen anschließend mit kürzeren Brennweiten an die Details heran, die Sie vorher mit den langen Brennweiten erfasst hatten. Sie werden über die große Motivausbeute positiv überrascht sein.

Mit der Nahaufnahme verdichtet sich die Bildaussage. Der Betrachter kann sehr schnell erfassen worum es sich dreht.

Die Großaufnahme, in unserem Beispiel die Makroaufnahme, bringt dann den Aha-Effekt durch ungewohnte Detailansichten.

BILDGESTALTUNG MIT IHRER POWERSHOT S120

Hoch- bis Querformat

Das Querformat entspricht unserem Gesichtsfeld, das bei unbewegten Augen horizontal ca. 180° und vertikal ca. 130° erfasst. Da sich aber das bewegte Auge unbewusst mehr an horizontalen Linien orientiert, empfinden wir unser Gesichtsfeld deutlich breiter

- Der Bildausschnitt, ob im Hoch- oder Querformat, ist eines der entscheidenden Kriterien für gute Fotos.
- **Querformat:** das gewohnte Gesichtsfeld
- **Hochformat:** das spannungsreiche Format
- **Panoramaformat:** der Rundumblick der alles zeigen will
- **Quadrat:** das indifferente, unentschiedene Format, das in sich ruht und gestalterisch schwer in den Griff zu bekommen ist

Extreme Panoramaformate vermitteln besonders eindrucksvoll die Weite, bei einbezogenem Horizont aber auch die Tiefe im Bild. Das Querformat nennt man unter Künstlern auch Landschaftsformat.

HOCH- BIS QUERFORMAT

So wie wir das Querformat als gewohntes, stabiles Format empfinden, sehen wir im Hochformat eher etwas Instabiles, Spannungsreiches. Eine Porträtaufnahme wird man meist unbewusst im Hochformat wiedergeben, wie es uns die malende Zunft schon seit Jahrhunderten vormacht.

Das quadratische Bildformat wird oft als langweilig empfunden. Das liegt aber eher daran, dass seine Stärken nicht ausgenutzt werden. Stärker als Rechtecke verlangt das Quadrat einen asymmetrischen Bildaufbau. Das Quadrat war jahrzehntelang das klassische Mittelformat, das vom Berufsfotografen gerne eingesetzt wurde. Dies hatte aber mehr den Grund, Bildvorlagen zu schaffen, bei denen man sich erst im Labor oder am Leuchttisch zusammen mit dem Auftraggeber entschied, ob man daraus je nach Verwendungszweck, einen Hochformat- oder Querformatausschnitt anfertigte.

Sie müssen nicht unbedingt eine Panoramafunktion bemühen oder mehrere überlappende Aufnahmen am PC zusammenfügen, eine beschnittene Weitwinkelaufnahme führt auch zum Ziel.

Flächenaufteilung

Bereits geringe Ausschnittsänderungen wie eine dezentrale Positionierung des Hauptmotivs können die Bildwirkung stark beeinflussen.

Es gibt die unterschiedlichsten Theorien, was die Anordnung von Bildelementen auf der Bildfläche beim Betrachten emotional bewirkt.

- So wird die Anordnung in der Mittelachse als ausgewogen bis langweilig definiert.
- Die seitliche Position baut Spannung auf.
- Links oben beginnt der Betrachter meist ein Bild mit den Augen abzutasten.
- Rechts oben empfindet man als positiven „Sonnenplatz".
- Links unten ist der dynamische Ausgangspunkt für Bewegung, sei es seitlich nach rechts oder nach rechts oben.
- Rechts unten ist der „Schlusspunkt" im Bild, die Betrachtung der Fläche ist abgeschlossen.

Doch spielt das physikalische Grundverständnis vom Gleichgewicht beim Betrachter eine nicht unwesentliche Rolle, wenn wir die Gleichgewichtsformen „labil", „indifferent" und „stabil" bemühen.

- Alles was sich im oberen Drittel des Bildformats befindet, empfinden wir als labil, also „wackelig",
- Elemente im mittleren Drittel der Bildfläche als indifferent,
- Elemente im unteren Drittel als stabil.

Einen ähnlichen Bezug löst auch die Betrachtung der vertikalen Anordnung der Bildschwerpunkte aus. Als Mitteleuropäer liest man von links nach rechts, und so geht auch die spontane Augenbewegung im Bild.

- Bildelemente im linken vertikalen Drittel bauen unbewusst eine Bewegung nach rechts auf, es entsteht Spannung.
- Bildelemente im mittleren Drittel befinden sich dagegen in einem neutralisierten (indifferenten) Spannungsfeld, bezogen auf die linke und rechte Bildbegrenzung.
- Bildelemente im rechten Drittel „lehnen sich gemütlich an die rechte Bildkante" und werden dort optisch abgebremst, stabilisiert.

FLÄCHENAUFTEILUNG

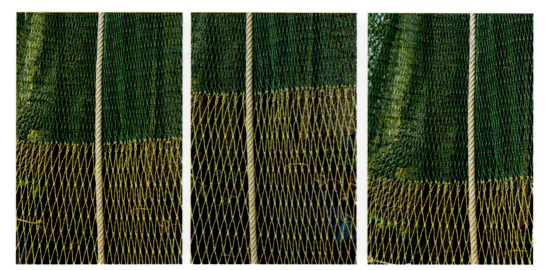

Die beiden Hauptlinien schneiden sich im linken Bild in der Mitte, teilen das Bild in fast gleich große Flächen auf und machen den Flächenbezug spannungslos. Ganz anders beim mittleren und rechten Bild. Die Asymmetrie schafft Spannung und Wertung.

Die beiden motivlich sehr ähnlichen Bilder vermitteln allein durch die Anordnung der Elemente völlig unterschiedliche Empfindungen beim Betrachter. Im linken Bild streben sie dynamisch nach oben, im rechten hängen sie durch die nach unten zeigenden schrägen Linien schlapp nach unten.

Der Goldene Schnitt

Überlegungen zur geometrischen Bildaufteilung sind nichts Neues. Das wohl bekannteste Raster ist der „Goldene Schnitt", den schon die alten Meister beherzigt haben sollen, was aber bisher nicht verbindlich nachgewiesen werden konnte. Die Berechnung nach dem Goldenen Schnitt ist wohl auch mehr für Mathematiker, weniger für die Bildgestaltung von Bedeutung.

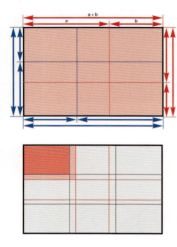
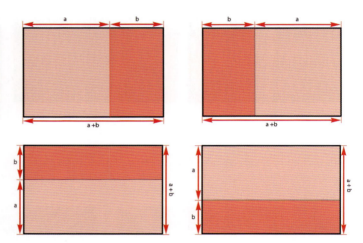

*Oben: Bildrasterung nach dem Goldenen Schnitt beim Kleinbildformat 24 x 36 mm
Unten: direkter Vergleich der Formatrasterung mit 1/3-Teilung (schwarze Linien) und einer Teilung nach dem Goldenen Schnitt (rote Linien)*

Aufteilungen des Kleinbild-Seitenverhältnisses 24 : 36 bzw. 2 : 3 des Kleinbildformats im Goldenen Schnitt nach der Formel a : b = (a+b) : a. Die Strecke a kann man auch errechnen, indem man die Gesamtstrecke (a+b) durch 1,62 (aufgerundet) teilt. Prozentual aufgeteilt bedeutet der Goldene Schnitt 62 % für die lange (a) und 38 % für die kurze (b) Strecke.

Die Formel a:b = (a+b):a ist für die praktische Anwendung beim Blick auf den Kameramonitor nicht wirklich umsetzbar. Darum behilft man sich mit der vereinfachten Aufteilungsregel 1/3 : 2/3, die aber, wie die oben stehenden Schemata zeigen, erheblich vom Goldenen Schnitt abweichen. Bei vielen Kameramodellen lässt sich ein entsprechendes Raster in den Suchermonitor einblenden. Die wichtigste Lehre, die man für die praktische Arbeit daraus ziehen kann ist, dass ein asymmetrischer Aufbau im Bild deutlich Spannung erzeugt.

Der Klassiker unter den Gestaltungsregeln drückt letztendlich mathematisch aus, keine wichtigen Bildelemente in die horizontale oder vertikale Mittelachse zu stellen. Automatisch erzeugt die

DER GOLDENE SCHNITT

Im Bildaufbau wird der Goldene Schnitt eher nur als Richtschnur von Bedeutung sein. Im Beispiel links liegt der gestalterische Schwerpunkt in der unteren Bildhälfte und gibt dem Bild eine entsprechend stabile Kraft. Die Längsachse des Boots liegt dabei genau im Goldenen Schnitt

Dieser Bildaufbau verlegt den Bildschwerpunkt nach oben. Der Vordergrund erhält eine größere Bedeutung, das Bild wird aber auch gleichzeitig kopflastig. Bei genauerer Betrachtung findet man in vielen Bildern mehrere Aufteilungen nach dem Goldenen Schnitt, wie in unserem Beispiel gekennzeichnet durch die roten und blauen Pfeile.

Komposition nach dem Goldenen Schnitt Spannung im Bild – sei sie von links unten nach rechts oben mit positivem oder von links oben nach rechts unten mit einem eher negativ empfundenen Spannungsverlauf.

Die vertikale Bildteilung wird durch die Industrietürme geprägt. Auch in diesem Beispiel wird der gemittelte optische Schwerpunkt in den Goldenen Schnitt gelegt. Innerhalb des Bildes finden sich noch viele Beispiele von Flächen und Linienbezügen im Goldenen Schnitt, wie z. B. die Lichter- und Schattenbereiche bei den Tanks oder bei den Turmbreiten oder deren Abstände zueinander.

BILDGESTALTUNG MIT IHRER POWERSHOT S120

Der Punkt

Unter „Punkt" verstehen wir im Bildaufbau nicht die Interpunktion „Punkt, Komma, Strich", sondern vielmehr ein oder mehrere isolierte Bildelemente, die zur Bildaussage beitragen. Das können Personen genauso sein, wie die rote Boje im See.

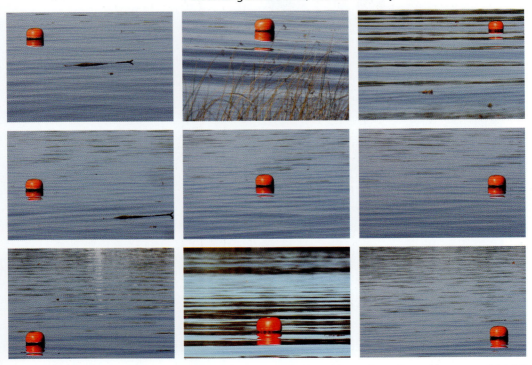

Um die Wirkung der Positionierung der roten Boje im Einzelbild noch besser beurteilen zu können, empfehle ich mit vier weißen Blättern (oder zwei zugeschnittenen Winkeln) die übrigen Bilder abzudecken. Entsprechend der Ausführungen auf Seite 144, kann man die gestalterische Wirkung sehr gut nachvollziehen.

Dass ein paarweises Auftreten von Bildelementen von besonderer Bedeutung sein muss, wird man spätestens bei einem Spaziergang durch eine niederländische Straße erfahren. Auf nahezu jedem Fenstersims findet man identische Blumentöpfe, singende Schwäne oder was auch immer, gleich zweimal. Auf jeden Fall vermittelt diese Symmetrie Harmonie, und es lohnt sich bei der Motivsuche auf solche Paarungen von Bildelementen zu achten.

DER PUNKT

Trotz interessantem Umfeld wie hier die lavaschwarze Landschaft auf Lanzarote mit den Windschutzmauern um einzelne Weinstauden, dominiert die Palme als isolierte Form – als Punkt – das Bild.

Ein einzelnes Element bezieht seine Wirkung von der Orientierung zur Bildbegrenzung, mehrere Bildelemente bilden zusätzlich einen Bezug zueinander. Sie bilden gedachte Linien und damit auch Formen miteinander oder zusammen mit dem Bildrahmen.

Übungen mit Punkten

Als elementares Training zum besseren Verständnis der Wirkungsweise einzelner Bildelemente im Bildfeld und der Beziehung zueinander, kann man sich einfache Objekte im Freien suchen und damit systematisch Variationen schaffen. Für den Anfang genügt auch ein abgestecktes Rechteck auf dem Fußboden oder ein Tisch als Objektfeld um zum Beispiel mit einem Apfel eine Bildserie wie auf Seite 148 aufzunehmen. Danach empfehle ich den Schwierigkeitsgrad mit steigender Menge Äpfel zu erhöhen und Anordnungsvarianten durchzuspielen.

Linie

Zurück zur Anordnung von Bildschwerpunkten. Befindet sich nur ein wichtiges Bildelement im Rahmen, finden wir in erster Linie den Bezug zur Bildbegrenzung. Anders sieht es da bei mehreren Elementen aus. Da entsteht ein Bezug zueinander und damit bekommen wir auch eine Verbindung zur Wirkung von Linien.
Eine Linie im gestalterischen Sinn kann
- die klassisch durchgezogene Linie – ein Strich – sein oder
- die Kante zwischen zwei Helligkeits- oder Farbwerten,
- die gedachte Linie zwischen zwei oder mehreren Bildschwerpunkten.

 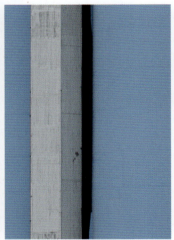 

Linien können als Strich verstanden werden oder als Kante zwischen zwei Flächen oder eben als gedachte Linie zwischen Bildschwerpunkten beziehungsweise aufgereihten Bildelementen.

Auch hier gelten die Aufteilungs- und Wichtungskriterien.
Bei zwei Punkten ergibt das eine einfache Linie, die in den horizontalen und vertikalen Dritteln die Spannung zur Bildbegrenzung aufbaut. Jetzt kommt aber eine weitere Spannungslinie dazu: die Diagonale bzw. Schräge, wobei die Diagonale das Maximum repräsentiert.
- Eine Linie von links oben nach rechts unten empfinden wir als abfallende Linie und interpretieren das negativ.
- Eine Linie von links unten nach rechts oben ist eine aufsteigende Linie und somit positiv besetzt.

Diagonalen im Bild bedeuten in der Landschafts- und Architekturfotografie die Darstellung von räumlicher Tiefe. Die Diagonale

Die diagonale Linienführung in der Architektur- und Landschaftsfotografie gibt die Räumlichkeit des Motivs besonders realistisch wieder.

kann ein Bild, ähnlich wie die Horizontlinie, in zwei Bilder zerschneiden, wie zum Beispiel auf Seite 152. Bei der Zentralperspektive laufen die Diagonalen innerhalb des Bildes in einem Punkt zusammen.

Die Diagonale im Bild wirkt immer dynamischer als die horizontale Linienführung. Bedingt durch unsere Sehgewohnheit von links nach rechts zu schauen, empfinden wir eine Linie die von links unten nach rechts oben verläuft als optimistisch, da aufsteigend, und pessimistisch, wenn sie von links oben nach rechts unten verläuft.

Sich im Bild kreuzende Diagonalen sind mit Vorsicht zu genießen, weil sie sich in ihrer Wirkung aufheben, oder es handelt sich um Überschneidungen von Bildelementen, was man im klassischen Bildaufbau möglichst vermeiden sollte.

Linienverläufe von links oben nach rechts unten wirken negativ, von links unten nach rechts oben dagegen positiv.

Übungen mit Linien

Neben der Linie als Flächenbegrenzung suchen wir bei dieser Übung Linien in Form von Strichen. Das können Hochspannungsleitungen, Risse im Asphalt, Plattenfugen, herabhängende Perlenketten im Schaufenster oder Baugerüste vor einer Backsteinmauer oder das filigrane Muster einer winterlichen Baumkrone sein – Motive lassen sich überall finden. Jetzt liegt es wieder an Ihnen, mit möglichst vielen Ausschnittvarianten aus dem Motiv Bilder zu gestalten.

Horizont

Liegen die Endpunkte einer Linie innerhalb des Bildes, empfinden wir dies meist als Form, liegen sie dagegen außerhalb der Bildbegrenzung, wirkt das meist als Bildteiler. Die wohl wichtigste und bekannteste bildteilende Linie ist der Horizont. Wir finden uns auch meistens damit ab, d.h. es stört uns nicht, wenn die Horizontlinie das Bild in zwei Teile schneidet oder sogar durch ein bildwichtiges Element im Vordergrund läuft. Schafft man es wie die Landschaftsmaler die Horizontlinie in die Gestaltung mit einzubeziehen, wird sie zum belebenden Element im Bild – auch hier gilt die Aufteilungsregel mit den Bilddritteln oder ganz ausgefeilt, der Goldene Schnitt.

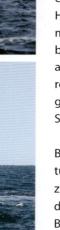

Mit dem Horizont wird in der Bildgestaltung nicht nur der natürliche Übergang von der Erde zum Himmel bezeichnet, sondern auch waagerecht durch das Bild verlaufende Objektkanten. Horizontal verlaufende Bildlinien zerschneiden die Fläche, man sollte dominierende Linien möglichst nicht in die Bildmitte legen. Der Goldene Schnitt (Seite 146) gibt hier eine ideale Regel.

Der natürliche Horizont sollte umso höher im Bild liegen, je langweiliger er ist – ein grauer

Die Anordnung der Horizontlinie hat eine prägende Wirkung auf die Bildaussage, siehe auch Seite 144 „Flächenaufteilung".

HORIZONT

unstrukturierter Himmel sollte möglichst „ganz von der Bildfläche verschwinden" – was man durch einen erhöhten Standpunkt auch meist erreicht.

Der Himmel spielt in der Bildgestaltung eine oft unterschätzte Rolle. Die Horizontlinie schneidet ein Bild unweigerlich in zwei Hälften und die Farbe des Himmels hat auf die Farbwirkung des Gesamtbildes einen entscheidenden Einfluss. Je heller und großflächiger der Himmel im Bild ist, umso dunkler wirken die Farben im Rest des Bildes, bei dunkler Himmelsfläche dagegen heller und intensiver. Das ist auch ein Grund, warum Bilder ohne „langweiligen" Himmel oft interessanter wirken.

Mit der horizontalen Bildteilung muss man sich auch in der übrigen Bildgestaltung immer wieder auseinandersetzen. Im mittleren Beispiel ist die sonst eher verpönte Linie durch die Mitte eine gute Kompromisslösung.

Die Grenzlinie zwischen Himmel und Erde wird wie in unserem Beispiel unten links nicht nur waagerecht verlaufen, sondern immer eine starke Bildwirkung ausüben. Um die Aufmerksamkeit mehr auf die drei Elemente „grüner See", Brandung und das Schild im Vordergrund zu lenken, war es sinnvoll den Himmel abzuschneiden.

Fläche und Formen

- Die Fläche als Form gebendes Element ist gestalterisch genauso zu bewerten, wie kleine Bildelemente, wobei der Kantenverlauf als Linie und die Größe in der Flächenform als zusätzliche Komponente hinzukommen.
- Verfolgt man die Abfolge wie eine Fläche betrachtet wird, kommt man zu einem überraschenden Ergebnis. Dominierend sind die Ecken, dann kommen die Begrenzungslinien bzw. Kanten und erst zum Schluss der Flächeninhalt. Das Zusammenwirken von zwei Kanten einer Fläche zu einem Winkel hat neben der reinen Formgestaltung auch eine Richtungswirkung, was dem Betrachter eine zusätzliche Bedeutung suggeriert. Je reduzierter die eckige Form sich darstellt, umso intensiver ist diese Richtungswirkung, wobei wir die einfachste eckige Form im Dreieck finden. Je mehr Ecken die Form aufweist, umso unbestimmter wird die Richtungswirkung, bis hin zur Kreisfläche, die den Außenbezug der Form auflöst und die Bildaussage auf den Flächeninhalt konzentriert. So erhält man eher eine mit dem Punkt vergleichbare gestalterische Wirkung durch die Positionierung zur Bildbegrenzung.

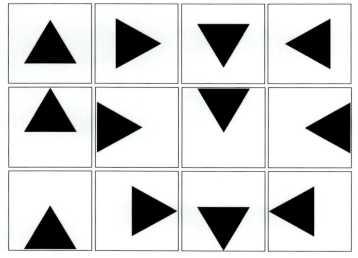

Die Ausrichtung dieses gleichschenkligen Dreiecks zeigt sehr deutlich die Richtungswirkung einer Fläche und die Kraft von parallelen Linien – im Beispiel mit der Bildbegrenzung –, die uns eine Hauptrichtung des „Pfeils" vorgibt: oben, rechts, unten, links (obere Reihe). Verändert man die Anordnung der Form in ihrer Beziehung zum Bildrand, bauen sich unterschiedliche Spannungen und Assoziationen auf. (Die Wirkung der Einzelgrafik wird noch deutlicher, wenn man die übrigen abdeckt.)

Die Richtungswirkung und Dynamik einer Form ist im Dreieck am stärksten, im Kreis am schwächsten.

FLÄCHE UND FORMEN

Ein Naturschauspiel auf der einen Seite, das durch Algen grün gefärbte Wasser. Für die Bildgestaltung war die in viele Dreiecke gegliederte Linie der besondere Reiz. Die gegenläufigen grünen und schwarzen Dreiecke kämpfen hier gegeneinander um die Richtungshoheit.

- Die Fläche erhält mit der Farbgebung eine entscheidende Bedeutung. Da tritt die Form der Fläche deutlich in den Hintergrund. Die Wirkung entsteht dann mehr aus dem Zusammenspiel unterschiedlicher Farben, deren Reinheit, Flächenausdehnung und emotionalen Bedeutung.

Übungen zum Thema „Formen"

Geometrische Formen suchen und für die Bildgestaltung nutzen. Hier ist weniger der pfadfinderische Spürsinn gefragt, sondern mehr das gestalterische Auge aus dem unerschöpflichen Angebot das Richtige auszusuchen. „Ausschnitte wählen", heißt hier die Zauberformel.

Als Übungsbeispiel bieten sich Gullideckel an – ein beliebtes Thema bei Fotosammlern. Fotografieren Sie diese runde Form in

Der Blick vom Kirchturm sollte nicht nur für Übersichtsaufnahmen der weiten Landschaft genutzt werden. Picken Sie sich mit dem Tele interessante Details heraus, wie hier die Spitzdächer einer mittelalterlichen Stadt.

BILDGESTALTUNG MIT IHRER POWERSHOT S120

Dreidimensionale Formen werden in der zweidimensionalen Wiedergabe im Bild je nach Aufnahmestandort in ihrer Form verändert. Bei diesen perspektivischen Verzeichnungen bilden bekannte Formen und Größenvergleiche eine wichtige Orientierung für den Betrachter, der so die Räumlichkeit besser beurteilen kann.

möglichst vielen Varianten – von oben, schräg von allen Seiten. Beziehen Sie das Umfeld mit ein. Sie werden schnell merken, dass aus solch einem einfachen Motiv zahllose Bilder gestaltet werden können. Machen Sie noch ein bisschen Aktion, lassen Sie ein Kind mit Roller darüber fahren oder ein Fahrrad oder ein Auto, das Sie mit einer langen Belichtungszeit unscharf wiedergeben usw.

Als nächste Übung wählen Sie sich das Rechteck oder Quadrat aus. Suchen Sie sich z.B. ein Fenster als Rahmen vor einem belebten Platz und Sie werden überrascht sein, was sich da so alles an Zufallsmotiven entwickeln kann. Alternativ können Sie auch gestalterisch eingreifen und Ihren Fensterausschnitt variieren – Fenster

Der Aufnahmestandort bestimmt die Perspektive und damit im starken Maße die Formen. In kurzem Abstand mit dem Weitwinkel und großem Abstand mit dem Teleobjektiv aufgenommen, können Aufnahmen den identischen Bildausschnitt ergeben, aber immer eine andere Perspektive und damit völlig unterschiedliche Formen desselben Motivs.

auf oder zu, mit oder ohne Vorhang, Belichtung auf die Außenhelligkeit oder auf die Lichtverhältnisse im Zimmer. Person davor, mit oder ohne Aufhelllicht – Sie sehen, auch hier ist ein breites Motivangebot gegeben.

Fenster und Türen selbst bieten sich ebenfalls als Thema an. Alte Türen bunt bemalt, mit abblätternder Farbe oder massiven Eisenbeschlägen; Fenster in allen Variationen. Das schult den Blick und verspricht viele interessante Bilder.

Der nächste Übungsschritt wäre die angeschnittene rechteckige Form, das heißt wir bilden mit den Bildkanten und der Motivform neue Flächen, die Kanten der angeschnittenen Form schaffen dominante Bildlinien.

Türen und Fenster sind starke Elemente in der Architektur. Sie charakterisieren nicht nur Baustile und Zeitepochen, sie sagen auch viel aus über die Menschen die dort leben.

Übungen mit Strukturen

Strukturen oder auch Texturen, Oberflächen charakterisieren bestimmte Materialien und sind somit ein wichtiges Wiedererkennungsmerkmal. Durch oft nur geringfügige Veränderungen, sei es durch Licht, mechanische Einflüsse, Verschmutzungen, Korrosionen, Alterungseinflüsse, entstehen nahezu unendlich viele Erscheinungsformen gleicher Materialien. Nun ist es die Aufgabe des Fotografen, spannende Motivsituationen zu finden und mit Mitteln der Gestaltung in wirkungsvolle Bilder umzusetzen. Unerschöpfliche Motivreservoirs sind dabei der Himmel mit seinen Wolkenstrukturen, Wasser in all seinen Formen oder Bodenstrukturen von welligen Sandflächen bis hin zur Flechten bedeckten Felswand. Aber auch der Mensch hinterlässt überall seine Spuren, die symbolhaft eingefangen, aussagekräftige Bilder liefern: Reifenspuren im Schlamm, Fußabdrücke im Schnee, Grafitti an Wänden, ausgetretene Steinstufen. Entwickeln Sie Spürsinn und die Motive werden Ihnen nie ausgehen.

Farbgestaltung

Jahrzehntelang hat sich die Fotografie mit Schwarz, Weiß und 254 Grauwerten begnügen müssen – und es sind Meisterwerke entstanden. Das zeigt aber auch, dass die formale Bildinformation über den Helligkeitskontrast transportiert wird. Die Farbe dagegen schafft eine wichtige zusätzliche Differenzierung zur figürlichen, was durch die Tatsache untermauert wird, dass das menschliche Auge mehrere Millionen Farben unterscheiden kann.

- Farben wecken Emotionen
- es gibt fröhliche aber auch düstere Farben
- sie wecken Wünsche, wärmen uns, beruhigen uns
- es gibt Farbkombinationen die uns stören, andere finden wir harmonisch – und jeder nennt Farben anders und
- wir haben kein ernst zu nehmendes Farbengedächtnis, sobald es in feinere Differenzierung geht. So wie es für Töne das absolute Gehör geben kann, ist das für das Farbensehen bisher noch nicht nachgewiesen worden.

Bunte und unbunte Farben

Hinter dieser einfachen Aussage, „bunte und unbunte Farben", versteckt sich das ganze Stimmungsbarometer unserer Farbenwelt. Mit bunten Farben verbindet man Jugend, Fröhlichkeit, Sommer, mit den unbunten Farben trübe Stimmung, Vergänglichkeit, Alter; dazwischen liegt ein unermesslicher Reichtum feinster

Vier wichtige Grundfarben großflächig auf einer Aufnahme ergeben zwar ein sehr farbiges Bild, trotzdem empfindet man das Bild spannungslos, weil sich die Farben in ihrer Wirkung gegenseitig neutralisieren und die Formen werden zur Nebensache.

FARBGESTALTUNG

Nuancierungen. Farben können die unterschiedlichsten Reaktionen und Assoziationen beim Betrachter auslösen, die von individuellen Erfahrungen aber auch jahrhundertealten im Kulturerbe verankerten Überlieferungen bestimmt werden.

Die Bildinformation ist hier weitgehend auf Helligkeitswerte, d.h. Grauwerte reduziert. Wir sprechen hier von unbunten Farben.

Farbsymbolik, den Farben zugeordnete Empfindungen:
- **Gelb:** Reife, Wärme, Optimismus, Vorwärtsstreben, Heiterkeit, Freundlichkeit, Veränderung; extrovertiert.
- **Rot:** Aktivität, Dynamik, Gefahr, Temperament, Zorn, Wärme, Leidenschaft, Tatendrang; aggressiv.
- **Orange:** Freude, Lebhaftigkeit, Spaß, Lebensbejahung, Ausgelassenheit; fanatisch; aktiv.
- **Blau:** Harmonie, Zufriedenheit, Ruhe, Passivität, Unendlichkeit, Sauberkeit, Hoffnung.
- **Grün:** Durchsetzungsvermögen, Frische, Beharrlichkeit, Entspannung, Ruhe, Lebensfreude, Naturverbundenheit.
- **Violett:** Selbstbezogenheit, Eitelkeit, Einsamkeit, Genügsamkeit; introvertiert.
- **Braun:** Sinnlichkeit, Bequemlichkeit, Anpassung, Schwere; zurückgezogen.
- **Weiß:** Reinheit, Sauberkeit, Ordnung, Leichtigkeit, Vollkommenheit; illusionär.

BILDGESTALTUNG MIT IHRER POWERSHOT S120

Additive Farbmischung (Lichtmischung) mit den Grundfarben Rot, Grün und Blau.

Subtraktive Farbmischung mit den Farben Cyan, Magenta und Gelb (Yellow).

- **Schwarz:** Negation, Auflehnung, Undurchdringlichkeit, Trauer, Einengung, Abgeschlossenheit, Funktionalität; pessimistisch; hoffnungslos; schwer.
- **Grau:** Neutralität, Trostlosigkeit, Nüchternheit, Elend, Nachdenklichkeit, Sachlichkeit, Funktionalität, Schlichtheit; unbeteiligt.

Es gilt sein Auge zu schulen, um den Formen eines Bildes die rechten Farben zu geben. Allein durch die Belichtungssteuerung kann man viel erreichen. Reichliche Belichtung verweißlicht die Farben – sie werden pastellfarben, knappe Belichtung verschwärzlicht die Farben – sie werden unbunt.

Farbe technisch gesehen

Im Alltag begegnen uns Begriffe wie RGB, sei es beim Einstellen der Farben am Fernseher oder Monitor oder CMYK wenn man sich mit dem Farbdruck beschäftigt. Spätestens bei der Nachbearbeitung der Bilder am PC stößt man auf diese Abkürzungen. Wenn man nicht beruflich mit dem Druckgewerbe zu tun hat, kann man das CMYK-Modell ersteinmal zur Seite schieben – übrigens, das „K" steht für Schwarz. Schwarz wird im Druck für mehr „Tiefe" benötigt, da

Der Farbkreis zeigt die sechs Primärfarben Gelb, Rot, Magenta, Blau, Cyan und Grün (mittlerer Ring) sowie ihre Verschwärzlichung und Verweißlichung in jeweils zwei Dichtestufen. Die beiden übereinander liegenden Dreiecke in der Mitte verbinden die Farben der beiden Farbsysteme; graues Dreieck für CMY(K) und rotes Dreieck für RGB. Jeweils zwischen den Primärfarben befinden sich die Sekundärfarben. Farben die sich im Farbkreis gegenüber liegen, nennt man Komplementärfarben.

das Schwarz nur aus den drei subtraktiven Farben gebildet, nicht deckend, also schwarz genug ist. Wer die Wirkung von zusätzlichem Schwarz im Bild nachvollziehen möchte, sollte in seinem Nachbearbeitungsprogramm eine Datei im CMYK-Modus bearbeiten und zur Kontraststeigerung nicht nur den Kontrast der Farben anheben, sondern statt dessen nur Schwarz im Kontrast verstärken.

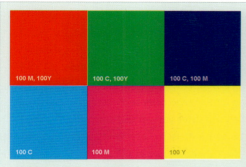

Primärfarben sind die Grundbausteine aus denen sich viele andere Farben zusammensetzen. Es sind immer drei. Der Farbraum entscheidet. Bei RGB sind es die drei „Lichtfarben" Rot, Grün und Blau. Doch das wissen Sie ja bereits. Im CMY(K) Farbraum beherrschen hingegen Cyan, Magenta und Yellow die Szene. Die Zahlen stehen für das anteilige CMY-Mischungsverhältnis.

Sekundärfarben entstehen, wenn zwei Primärfarben in unterschiedlichen Mengen gemischt werden. Beim CMY(K) Farbmodell ergeben sich beim Mischungsverhältnis 1 : 2 die Sekundärfarben Eisblau, Violett, Karmin, Orange, Gelbgrün und Seegrün.

Tertiärfarben sind eine Dreier-Seilschaft. Die drei RGB-Lichtfarben erzeugen weißes Licht. Tun sich Cyan, Magenta und Yellow beim Druck zusammen, entstehen verschwärzlichte Farben bis hin zu reinem Schwarz. In der oberen Reihe entsteht der Schwarzanteil nur durch den gemeinsamen Farbanteil von 50 CMY, in der unteren Reihe durch das zusätzlichen Schwarz von 50 K.

Pastellfarben. Mischt man laut Küppers Weiß zu einer Farbe, so wird sie verweißlicht, fotografisch gesehen „überbelichtet", die Farbe verliert ihre Sättigung. Bei unserer Darstellung verwenden wir wieder das CMY Farbmodell. Hier werden die Farbanteile jeweils unter dem Wert 100 angesetzt. Obere Reihe: 50C, 50M, 50Y. In der unteren Reihe wurden die Mengen auf 20 herabgesetzt.

BILDGESTALTUNG MIT IHRER POWERSHOT S120

Kontraste empfinden

Zweipolige Empfindungen sind starke Kontraste, die sich auch bildnerisch gut umsetzen lassen, mit einem sehr hohen Wiedererkennungswert:
kalt – warm
kühl – lauwarm
fern – nah
schattig – sonnig
hell – dunkel
durchsichtig – undurchsichtig
beruhigend – erregend
dünn – dicht
luftig – erdig
leicht – schwer
feucht – trocken

Auf diesem Weg vermeidet man auch eine Überbetonung von Farben im Bild.

Kontraste

Es gibt keine Bilder ohne Kontraste. Selbst eine einfarbige Fläche als Bild steht im Kontrast zum Umfeld, in dem es gezeigt wird. Kontraste in der Bildgestaltung lassen sich in drei Hauptgruppen gliedern:

- Farbkontraste (Komplementärkontrast (Blau/Gelb, Rot/Blaugrün, Grün/Purpur; Kalt-Warm-Kontrast)
- Mengenkontraste
- Helligkeitskontraste (Hell-Dunkel-Kontrast, kennzeichnet Grauwertunterschiede genauso wie die Hell-Dunkelabstufung einer Farbe oder technischer ausgedrückt die Verschwärzlichung oder Verweißlichung einer Farbe)
- Formenkontraste (symmetrisch – asymmetrisch; rund – eckig)

Diffuses Licht vermeidet zwar Schattenbildungen und stellt die Farben der Objekte in den Vordergrund, die Übersichtlichkeit und schnelle Erfassbarkeit des Bildes leidet aber schnell darunter.

Kontraste polarisieren und bringen somit Spannung ins Bild. Steigert man sie bis zu ihrem Extrem, spricht man auch von polaren Kontrasten. In der gestalterischen Praxis wird man sehr oft auf die Kombination mehrerer Kontrastformen zurückgreifen oder besser gesagt in den Motiven wiederfinden, wie eine Mischung aus Mengen- und Farbkontrast oder der Hell-Dunkelkontrast ist fast zwangsläufig mit dem Kalt-Warm-Kontrast von Farben verbunden.

Farbkontraste

Seit Jahrhunderten versuchen Wissenschaftler aber auch Künstler Farben und Farbwirkungen zu katalogisieren und in Systemen darzustellen. Auf ein einheitliches System und auf eine eindeutige Beschreibung von Farbwirkungen hat man sich bis heute nicht einigen können. Zu unterschiedlich sind die Auffassungen von Wissenschaftlern und Technikern sowie kreativ Schaffenden. So beschreibt Johannes Itten mehr von der kreativen Seite ausgehend sieben Farbkontraste:
- Hell-Dunkel-Kontrast
- Farbe-an-sich-Kontrast
- Kalt-Warm-Kontrast
- Komplementärkontrast
- Simultan-Kontrast
- Qualitäts-Kontrast
- Quantitäts-Kontrast

und sein wohl schärfster Kritiker Harald Küpers nur die vier ersten als Farbkontraste. Für die reine Bildgestaltung spielen Definitionen zum Glück eine nur untergeordnete Rolle, in ihrer Wirkung sind sie alle vorhanden. Einige für die Fotografie besonders wichtige Farbkontraste wollen wir uns genauer anschauen.

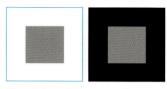

Ein mittleres Grau vor weißem Hintergrund wirkt dunkler, vor dunklem Hintergrund heller.

Helligkeitskontrast von gesättigten Farben; im Beispiel links Blau und Cyan, rechts Rot und Gelb.

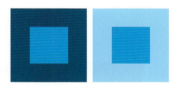

Hell-Dunkel-Kontrast, in der Mitte jeweils gesättigtes Cyan, links Hintergrund durch Verschwärzlichung Cyan + 50% Schwarz; rechts durch Verweißlichung, Sättigung von Cyan auf 50% reduziert; man spricht hier auch von einem Qualitätskontrast.

Hell-Dunkel-Kontraste

Helligkeitsunterschiede zeigen sich nicht nur durch Unterschiede von Schwarzanteilen in der Farbe oder geringerer Farbdichte, sondern auch durch Helligkeitsunterschiede von gesättigten Farben an sich. Das kann man an Hand des RGB-Modells leicht erklären. Die drei Grundfarben Rot, Grün oder Blau absorbieren jeweils 2/3 des auffallenden weißen Lichts, die Farben Cyan, Magenta und Gelb dagegen nur 1/3. Somit wirken diese sogenannten subtraktiven Grundfarben deutlich heller als ihre additiven Verwandten „RGB".

Mit dem Begriff Hell-Dunkel-Kontrast erfasst man alle Nuancierungen zwischen hellen und dunklen Farben, Pastelltönen und Verschwärzlichungen, besonders im fotografischen Bild beeinflusst durch Licht und Schatten.

Der Hell-Dunkel-Kontrast spielt bei der Hintergrundgestaltung eine nicht unbedeutende Rolle. Ein dunkler Hintergrundton intensiviert die Vordergrundfarbe, lässt sie heller erscheinen, was noch verstärkt wird, wenn der Hintergrund eine verschwärzlichte Komplementärfarbe besitzt.

BILDGESTALTUNG MIT IHRER POWERSHOT S120

Komplementärfarben

Zwei Farben, welche sich zu einem neutralen Farbton mischen, werden komplementär genannt:
- Bei der additiven Mischung addieren sie sich zu Weiss,
- bei der subtraktiven Mischung zu Schwarz.
- Es gibt immer nur eine einzige Farbe, die zu einer anderen Farbe komplementär ist.

Komplementärkontrast

Der Komplementärkontrast ergibt sich, wenn zwei im Farbkreis gegenüberliegende Farben, wie z.B. Rot und Grün, Orange und Blau, Gelb und Violett etc. nebeneinander angeordnet werden. Derartige Farbpaare ergänzen sich zu Schwarz beziehungsweise zu Weiß. In der subtraktiven Farbmischung (Gelb- + Blaufilter absorbieren sie das gesamte weiße Licht, es entsteht Schwarz; mischt man gelbes mit blauem Licht, entsteht Weiß). Weitere Komplementärfarbenpaare der Grundfarben sind Cyan und Rot sowie Magenta und Grün. Die Rot-, Grün-, Blauanteile und Gelb-, Magenta-, Cyananteile beider komplementären Farben müssen sich jeweils zu 100% ergänzen.

Bei dieser Art der Farbbetrachtung ist immer streng darauf zu achten, in welchem Farbsystem man sich bewegt – in der additiven Lichtmischung oder der subtraktiven Filterwirkung. Zerlegen wir die komplementären Farbenpaare in ihre Komponenten, machen wir die Feststellung, dass sie immer alle drei Grundfarben Grün,

Der Komplementärkontrast steigert nicht nur in den reinen Grundfarben die Farbwirkung, auch in den Farbkombinationen der Sekundär- oder Tertiärfarben ist er, zwar in abgeschwächter Form, noch wirksam.

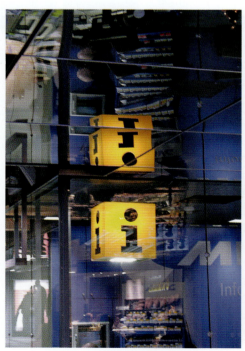

FARBGESTALTUNG

Rot und Blau enthalten:
- Rot zu Cyan = Rot zu Grün + Blau
- Gelb zu Blau = Rot + Grün zu Blau
- Grün zu Magenta = Grün zu Blau + Rot

Im Komplementärkontrast sind immer alle drei Grundfarben vorhanden, er bildet somit ein Farbgleichgewicht das sich zu einem unbunten Wert ergänzt. Die Farben befinden sich besonders dann in einem Gleichgewicht, wenn das Mengenverhältnis ausgewogen ist, Starke Mengenunterschiede machen den Komplementärkontrast besonders wirkungsintensiv. Ein Komplementärkontrast wird dann besonders harmonisch empfunden, wenn die Flächengrößen der Farbwirkung der Einzelfarbe angepasst werden. Grün verträgt zum Beispiel eine größere Fläche als Blau oder Rot. Schon Goethe hat in seiner Farbenlehre für die subjektiv empfundene Wertigkeit der einzelnen Farben einfache Zahlenwerte aufgestellt.

Oft werden umgangssprachlich Rot und Grün als Komplementärpaar angegeben, es ist aber Rot und Cyan, wie man es eher im unbewölkten Himmel findet als in den Farben der Wiesen und Wälder.

Besser konnte der Beetle-Fan sein Auto kaum in Szene „stellen". An dieser Zufallsbegegnung zweier Komplementärfarben kann man als Fotograf nicht ohne eine Aufnahme gemacht zu haben, vorbeigehen.

BILDGESTALTUNG MIT IHRER POWERSHOT S120

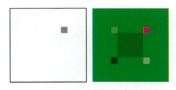

Mengenkontraste sind dann besonders wirksam, wenn neben dem Alleinstellungsmerkmal noch ein starker Helligkeitskontrast oder Komplementärkontrast dazu kommt. Zu kleine Kontrastflächen, in denen man nicht sofort einen Sinn erkennt, wirken im Bild schnell eher störend.

Mengenkontrast

- Bildspannung entsteht nicht nur durch die Anordnung im Bildfeld, sie entsteht auch durch Kontraste. Bedeutend ist der Mengenkontrast. Einer großen Fläche steht eine kleine Fläche gegenüber. Die Wirksamkeit der Fläche wird zusätzlich von der Farbe selbst mit beeinflusst, von der Komplementärfarbigkeit, Leuchtkraft und dem subjektiven Empfinden d.h. Vorlieben des Betrachters gegenüber einer einzelnen Farbe.
- Freigestellt, d.h. mit einem Alleinstellungsmerkmal, entwickelt der Mengenkontrast eine intensive Wirkung, die durch einen starken Farb- oder Helligkeitskontrast noch verstärkt werden kann; der berühmte rote Punkt oder auch umgangssprachlich der „springende Punkt"
- oder das Verhältnis von Hintergrundfläche zum Objekt. Im Extremfall ein „Scherenschnitt" vor weißem Hintergrund.

Qualitätskontrast

Der Begriff der Farbqualität wird verstanden als Reinheits- und Sättigungsgrad der Farben. Reine Farben mit maximaler Sättigung und Leuchtkraft sind Spektralfarben, wie sie durch die Lichtbrechung eines Prismas entstehen. Beim Qualitätskontrast stehen sich Farben unterschiedlicher Qualitätsklassen gegenüber, zum Beispiel eine Sekundärfarbe und eine Tertiärfarbe. Beim Qualitätskontrast hat die schwächere Farbe die Aufgabe der reineren Farbe noch mehr Leuchtkraft zu verleihen. Die Wirkung ist dann besonders ausgeprägt, wenn die Farbe minderer Qualität deutlich dunkler ausfällt, wie wir es bereits beim Hell-Dunkel-Kontrast kennengelernt haben.

Beim Qualitätskontrast kann selbst ein schwacher Farbton neben einem düsteren Grau noch leuchten, während der gleiche Farbton in Nachbarschaft gesättigter Farben stumpf erscheint; neben helleren Farben wirkt er blasser als neben dunkleren Farbtönen.

Kalt-Warm-Kontrast

Die Gegenüberstellung von warmen Farben, wie Gelb, Orange, Magenta und Rot, zu kalten Farben, wie Cyan, Grün und Blau, ergibt folgerichtig den Kalt-Warm-Kontrast. Die Einteilung in warme und kalte Farben hat wenig physikalische Gründe, sondern ist assoziativ zu Feuer (Rot und Gelb) oder Wasser und Eis (Blau, Weiß) zu sehen.

Der Farbkreis kann durch Halbieren in einen Bereich mit warmen Farben und in einen mit kalten Farben aufgeteilt werden. Dabei wird deutlich, dass die warmen Farben durch den Gelbanteil dominiert werden, einer Farbe die wir mit dem warmen Sonnenlicht in Verbindung bringen.

Klassischer Farbdreiklang der drei Grundfarben Rot, Grün und Blau, die sich farbmetrisch zu Weiß ergänzen. Das ist ein wichtiger Grund, warum sich gestalterisch nicht das Rot in den Vordergrund drängt, sondern die weißen Streifen.

Menschen vor der Kamera

Menschen vor der Kamera, Menschen hinter der Kamera. Beide müssen zumindest am Anfang natürliche Hemmschwellen überwinden. Es ist nicht einfach, mit dem strengen Auge der Kamera auf sich gerichtet sich „natürlich" zu geben.

Als Fotograf haben Sie es dank digitaler Monitore kaum noch nötig, sich hinter der Kamera zu verstecken. Sie können mit Ihrem Motiv sprechen und in Augenkontakt bleiben. Das lockert auf, zumindest die Erwachsenen.

Menschen unter der Foto-Lupe: Das Porträt

Ein guter Einstieg ist die Porträtfotografie. Sie müssen nicht die Frage nach der Gestaltung der „Porträt-Session" stellen. Richten Sie ein neutrales Umfeld ein, wobei Ihnen die Ratschläge zum Anlegen eines Studios helfen können. Auch im eher sachlichen Studio hat man Gelegenheit, ein „Umfeld" zu schaffen. Ein Stuhl, ein Sessel, in dem der oder die zu Porträtierende entspannt Platz nehmen kann. Eine Sitzgelegenheit mit Lehne gibt Händen und Armen halt – zwei Extremitäten, die Menschen vor der Kamera oft irgendwie „im

Ob mit oder ohne Gesichtserkennung fotografiert, bei der Personenfotografie kommt es vor allem auf Gesichtsausdruck, Körperhaltung und Aufnahmeperspektive an. Auch Hintergrund und Lichtführung spielen eine wesentliche Rolle. Diffuses Licht bei bewölktem Himmel bietet meist die besseren Aufnahmebedingungen als direktes Sonnenlicht. Man vermeidet starke Schlagschatten im Gesicht und reduziert die Gefahr zugekniffener Augen.

Ruhiger Hintergrund, ein sinnvoller Platz für die Hände und schon haben Sie richtige Voraussetzungen für ein gelungenes Porträt.

Weg" sind. Wollen Sie ohne nachhaltig nostalgische Gefühle etwas Besonderes erreichen, dann machen Sie es wie Urgroßvater es in seiner Jugend getan hätte: Stellen Sie einen kleinen Tisch daneben, auf dem sich von Stillleben-Blumenvase bis Zeitung oder Buch nebst Lesehilfe ein Hauch von Ambiente erzeugen lässt. Übrigens: Diesen Ansatz können Sie vom auf den Kopf beschränkten Porträt über Halbporträt (Kopf und Oberkörper) bis zum kompletten Menschen ausbauen und von der sittsamen Porträt-Session bis zur nicht weniger sittsamen Akt-Sitzung nutzen.

Machen Sie generell viele Aufnahmen und lockern Sie alles durch verschiedene „Posen" oder Körperhaltungen auf. Man sucht aus solchen Bilderfluten immer nur die besten Fotos aus. Man nutzt

Es muss nicht immer die klassische Augenperspektive der Porträtfotografie sein – Fotografieren in Augenhöhe des Modells –, experimentieren Sie ruhig auch mal mit der extremen Froschperspektive wie in unserem Beispiel, oder lassen eine Personengruppe nach oben schauen und fotografieren aus der Vogelperspektive

Auch mit einfachsten Mitteln lassen sich gut ausgeleuchtete Porträtaufnahmen in Innenräumen gestalten. Nutzen Sie Ihre Fenster als Tageslichtatelier. Ideal sind zwei Fenster über Eck, wie hier im Bildbeispiel. Wenn Sie noch etwas mehr Aufwand betreiben wollen, dann bauen Sie sich einen ca. DIN A2 großen Aufheller aus stabiler Wellpappe, die Sie mit leicht zerknitterter Alufolie bekleben. Damit lässt sich die Schattenseite diffus aufhellen.

auch den Umstand, dass nach einer gewissen Zahl Aufnahmen so etwas wie Gewöhnung aufkommt. Der rechte Augenblick, von dem ab sich der Porträtierte lockerer gibt.

Achten Sie auf die kleinen Nebensachen. Geordnete Kleidung, passende Accessoires und harmonische Farben. Das gilt für das gesamte Bild, für die Hauptperson wie für die Umgebung. Nutzen Sie soweit es geht natürliches Licht und achten Sie auf Lichtreflexe in den Augen – sie machen jedes Lebewesen lebendiger.

Studio mit „künstlichem Ambiente" steht in Konkurrenz zum tatsächlichen Umfeld eines Menschen. Letzteres hat den Vorteil, dass man sich in gewohnter Umgebung bewegt und einen Teil des täglichen Umfelds in die Zukunft rettet: Schließlich sollen solche „Porträts" Jahre später auch daran erinnern.

Vom Baby bis zum Kleinkind

Kinder vor der Kamera sollten in der Regel wenig Probleme machen. Ein Baby dürfte sich kaum Gedanken machen über das, was der fotografierende Papa (die Mama ebenso) vor seinen Augen tut. Denken Sie daran, dass Blitzlicht aus nächster Nähe zu vermeiden ist. Nutzen Sie die üblichen täglichen Verrichtungen vom Essen bis zur Badezeit – und selbst „Klein Werner" auf dem Töpfchen gehört dazu. Sie wissen um die Wirkung gerade dieses Genres im Erwachsenen-Zeitalter und wollen diese Spätererfahrung Ihren Nachfahren sicher nicht vorenthalten.

Wieder sollte „available light", die natürlich gegebene Lichtstimmung, den Vorrang haben. Vermeiden Sie nicht zu viel „Umgebung", räumen Sie nicht krampfhaft auf. Erinnerung an den Menschen an sich, aber auch an die Lebenszeit und das persönliche Umfeld findet nicht nur in stets aufgeräumt „klinisch reinem Studio" statt.

Mit dem Wachsen eines Kindes – und der Häufigkeit der Fotografier-Stunden – wächst Abneigung oder Zuneigung zu den Resultaten aus der Kamera. Entsprechend werden Sie ein Kind im Spiel ablenken

Schnappschüsse die nicht nur eine Entwicklungsphase dokumentieren, sondern auch nette Urlaubserinne-rungen festhalten.

Das Bild von Heute: Erinnerung für Morgen

Wichtige Aufgaben einer fotografischen Lebens-Dokumentation sind mit „Menschen unter der Foto-Lupe: Das Porträt" und „Vom Baby bis zum Kleinkind" angesprochen – vom Baby, über Kleinkind und Kind bis zum Erwachsenen. Machen Sie eine „Aufgabe" daraus, deren Wert sich erst in späteren Jahren erkennen lässt. Überlegen Sie, ob Sie sich auf Fotografien beschränken oder auch das Mittel „Film" nutzen möchten. Beides parallel zu tun, kann ob seiner Unterschiede vielleicht lästig sein, das gebe ich gerne zu. Meine Erfahrung hat mich jedoch gelehrt, Defizite zu erkennen. Ein statisches Foto ist ein wichtiger Erinnerungsträger. Ein Film fügt den Menschen in seiner persönlichen Art sich zu bewegen zu und seine Stimme ist vielleicht das letzte konservierbare Detail, das man der Zukunft überliefern kann. Ihre digitale Kamera nebst hochgezüchtetem Film-Potenzial stellt Ihnen alle Mittel zur Verfügung. Ein Gespräch vor der Kamera, das zwischendurch auch den überwiegend unsichtbaren Gesprächspartner zeigt, ein Film vom Typ eines „Interviews" oder eine „Vorlesestunde" (ein Audio-Buch?) bei laufender Kamera kann Ihnen plausibler, erweiterbarer Anfang zur Praxis sein.

MENSCHEN VOR DER KAMERA

müssen oder eine Art „Fotografier-Sucht" zu regulieren haben. Nutzen Sie alles, woran Kinder Spaß haben. Dabei denke ich an Verkleidung, an Schminken; warten Sie nicht auf das Resultat der Aktion, die ganze Aktion selbst ist das fotografische Thema, eine kleine Bildreportage oder besser noch ein Video.

Ein Anlass macht Motive

Fotos dokumentieren ein Leben – ganz gleich, ob Sie als Fotograf von Berufs wegen einen Beitrag für „Jemand" leisten oder als Mitglied einer Familie den eigenen „Clan" im Sucher behalten. Was würde Ihre Antwort sein auf die Frage: „Was ist ein Leben?" Würden Sie daran denken, dass es mit der Schwangerschaft beginnt? Üblicherweise – mit oder ohne Eisbärenfell – klebt als erstes Bild im Fotoalbum ein Babyfoto.

Es folgen viele Schritte vom Baby bis zur „Volljährigkeit" und damit eine Zeit, in der es viele Anlässe gibt für Fotos, ein paar Film-Clips. Ein wirklich „großer Dokumentator" verteilt die Aufgaben auf die ganze Familie. Drücken Sie die Kamera einem anderen Familienmitglied zwischendurch in die Hand. Das erweitert die Sichtweise. Opa wird fototechnisch wieder jung, mit Partner oder Partnerin teilt man sich das „Heute" und ab einem gewissen Alter ist die Jugend, die nächste Generation beteiligt. Sie bringt ihre Sicht mit ein und gewöhnt sich daran, eines Tages die Chronik abzurunden – der eigenen Erinnerung zuliebe.

Anlässe für den Griff zur Kamera gibt es nahezu grenzenlos. Es sind die Geburtstage, die Interessen (Sport, Hobby, Freizeit), die Feier-Tage vom Ausflug bis Weihnachten oder Silvester. Es sind auch Lebensstationen wie Konfirmation oder Hochzeit. Von jedem Anlass kann man sich eine Vorstellung über den Ablauf verschaffen und danach die wichtigen Details erkennen, die im Foto festzuhalten wären. Vergessen Sie nicht die kleinen „Randereignisse", vergessen Sie weder die Geburtstags- noch die Hochzeitstorte. Schließlich sind Sie ja so etwas Ähnliches, wie der „Familien-Reporter". Nahe dran mit dem Weitwinkel und dicht dabei, selbst wenn Sie den sportlichen Junior nur noch mit dem Tele einfangen können.

Die Familienreportage

Eine Reportage sollte die im Journalismus geprägten 5 W Fragen beantworten:
- Wer (ist beteiligt)
- Wann (geschah es)
- Was (ist geschehen)
- Wo (ist es passiert)
- Wie (war der Ablauf)

Ein Rezept, das jeder Bilderstory, jedem Videofilm gut tut.

Frontalansichten, formatfüllende Porträts gehören zur Grundausstattung der Motivpalette. Versuchen Sie sich aber auch mal an Bewegungsstudien und Silhouetten.

Landschafts„maler"

Mit dem Superweitwinkel bis zum Tele beherrschen Sie jede Landschaft, die sich Ihren Augen und dem Auge Ihrer Kamera bietet. Blättern Sie zwischendurch zu Themen wie „Panorama" oder zu Tele-Brennweiten, um noch einmal das technische Werkzeug für die Landschaft Revue passieren zu lassen.

Das weite Land

Wer an Landschaft denkt, muss zwangsläufig an die Weite denken. Nichts als Landschaft – von links nach rechts. Der Griff zur kurzen Brennweite, vielleicht sogar zur Panoramatechnik ist jetzt richtig, wenn viel Himmel, viel Acker oder Wiese und ein schmaler Horizont zu Bilde gebracht werden soll. Breite Bildformate, schmal in der Höhe, lassen sich durch Beschnitt einer Weitwinkel-Aufnahme oder Anreihen einzelner Aufnahmen zu einem außergewöhnlichen Panorama fotografisch zusammenfügen. Umfangreiche Schärfentiefe vermag den Vordergrund zu betonen. Ohne Rücksicht auf den Goldenen Schnitt, darf auch einmal gegen dieses Prinzip verstoßen werden.

Auf den Himmel will man in der Landschaftsfotografie meist nicht verzichten. Da ist es dann besonders wichtig, die Horizontlinie so zu legen, dass dieser „Bildteiler" asymmetrische Flächenverhältnisse schafft, siehe auch „Goldener Schnitt".

In der Landschaftsfotografie erliegt man leicht der Versuchung, so viel wie möglich aufs Bild zu bekommen; man dreht das Zoom bis Weitwinkel extrem oder ...

Weites Land finden Sie am Meer: viel Wasser, viel Himmel – dazwischen ein schmaler Horizont, dazu vielleicht ein Schiff. Bei schöner Bewölkung kann man den Himmel betonen. Mehr oder minder bewegte Brandung im Vordergrund ist für die der Erde zugewandte Betonung geeignet. Suchen Sie im niedrigen oder überhöhten Standpunkt die Perspektive, die Ihnen am meisten zusagt.

LANDSCHAFTS„MALER"

Wiesensalbei verwandelt hier die Landschaft in ein Blumenmeer.

Weites Land finden Sie im Vorgebirge, beispielsweise der Alpen. Aus großer Distanz zeigen sich die Berge nicht immer, doch aus nahezu 100 km Entfernung und bei Föhn müssen Sie nur in München den besten Standpunkt finden, von dem aus ein zwar bekanntes, doch immer wieder überwältigendes Bild zu machen ist. Kaum etwas ist schöner, als das Bild, das Sie mit Ihrer Kamera selbst aufgenommen haben.

Die hügelige Landschaft zwischen den beiden genannten Extremen bietet eine Vielzahl an Motiven, denn die Natur selbst sorgt für einen Anblick, in dem man mit den Augen auf die Suche geht. Wiesen und Wälder sind Natur, doch einzelne Gebäude oder kleine Dörfer aus der Ferne gehören auch dazu. Aus der Höhe eines kleinen Berges (Hügels) ergeben sich weitere Perspektiven.

Nutzen Sie längere Telebrennweiten, um Details einer Landschaft zu verdichten. Vor allem aus etwas größerer Distanz kann man bei ausreichender Schärfentiefe Landschaftsausschnitte interessanter gestalten.

... versucht es mit dem Panorama und setzt mehrere Bilder zu einem Bild zusammen. Im Beispiel unten mit der maximalen Teleeinstellung und dem Stativ aufgenommen, mit einem Panoramaprogramm nachbearbeitet. Alpenpanorama vom Hohen Peißenberg aus erfasst.

Eine gelungene Verbindung von Landschafts- und Architekturfotografie bei dieser Spiegelung in einer Glasfront direkt am Meer.

Architekturfotografie

Wie bei den meisten Aufnahmebereichen stellt sich zuerst die Frage nach dem späteren Verwendungszweck der Aufnahme. Schon ein Architekt wird ein Gebäude anders aufnehmen als ein Baustatiker oder Bausachverständiger; mal ganz davon abgesehen, wie es ein Reisender oder kreativer Freizeitfotograf sieht.

Mit dem Hauptproblem der Architekturfotografie, den stürzenden Linien, müssen sich aber all diese Gruppen auseinandersetzen. Es ist Naturgesetz, dass zwei parallel verlaufende Linien nur dann als Parallelen abgebildet werden, wenn die Aufnahmeebene – der Sensor – exakt parallel zur Objektebene ausgerichtet wird. Da wir aber aus „Ameisenperspektive" das Gebäude betrachten, kippen die Linien, d.h. sie laufen in der Verlängerung irgendwann zusammen. Es bleibt uns dann die Entscheidung das zu akzeptieren, die Verzeichnung fotografisch-gestalterisch zu nutzen oder Abhilfe zu schaffen.

Die theoretisch naheliegendste Lösung ist die Verlegung des Aufnahmestandorts nach oben, genau gesagt auf die Mitte des Gebäudes. Manchmal hat man das Glück, vom Nachbargebäude aus fotografieren zu können. Das bedeutet viel Fragerei und wenn

Linkes Bild, ausgerichtete Weitwinkelaufnahme aus Straßenhöhe; viel Vordergrund und abgeschnittenes Dach. Mittleres Bild, Kamera nach oben geneigt; Ergebnis stürzende Linien. Die Nachbearbeitung mit einer „Verzerrungsfunktion perspektivisch" mit einem der zahlreichen Nachbearbeitungsprogramme ergab eine professionell wirkende Architekturaufnahme, rechtes Bild.

man Pech hat, kann man dann das geeignete Fenster nicht öffnen oder man kommt nicht nahe genug heran.

Der nächste Weg ist der große Aufnahmeabstand zum Gebäude, jetzt relativieren sich die Größenunterschiede von Gebäude zu Fotograf beträchtlich, und Sie schaffen mit einer langen Teleeinstellung nahezu parallele Linien. Aber leider stehen nicht alle Gebäude so frei, dass ein großer Aufnahmeabstand möglich wird. Aber es gibt weitere Möglichkeiten.

Die kurze Brennweite: Oberstes Gesetz bei dieser Zoomeinstellung ist, die Kamera nicht zu verkanten, in keine Richtung. Das bedeutet aber auch, dass Sie sehr viel Vordergrund bekommen, wollen Sie ein höheres Objekt aufnehmen oder die Aufnahmeentfernung ist sehr kurz. Hier hilft die hohe Auflösung Ihrer Kamera. Sie können eine ganze Menge vom Bild abschneiden, ohne groß auf Qualität verzichten zu müssen. Oft können Sie auch einen interessanten Vordergrund mit ins Bild einbeziehen.

Mit den meisten Nachbearbeitungsprogrammen können Sie noch einige perspektivische Ungereimtheiten beseitigen. Aber auch hier sind Grenzen gesetzt. Bedenken Sie beim Aufnahmeausschnitt, dass das Bild durch die spätere Entzerrung beschnitten wird. Auch sollten Sie darauf achten, dass sich durch die Sehgewohnheit bedingt, ein höheres Gebäude nach oben hin leicht verjüngen sollte, da sonst der Eindruck entsteht, dass das Gebäude oben breiter wird.

Architekturaufnahmen leben von einer technisch hochwertigen Darstellung, hoher Detailgenauigkeit und Schärfe über das gesamte Gebäude. Bei Telezoomeinstellung und schwachen Lichtbedingungen im Zweifelsfall ein Stativ einsetzen.

Besonders wichtig ist das Licht in der Architekturfotografie. Wenn man nicht gerade Stimmungsaufnahmen plant, sollte Gegenlicht tabu sein. Frontales Licht ergibt meist nur mittelmäßige Ergebnisse. Leichtes Seitenlicht bei dunstig verhangener Sonne ist dagegen ideal, es betont die architektonische Struktur besonders gut.

Nachts beleuchtete Baudenkmäler sollte man sich nicht entgehen lassen. Bei diesen Aufnahmen kommt es auf die Stimmung an; hier kann man ISO auch mal voll aufdrehen, wenn kein Stativ greifbar ist oder Personen mit auf dem Bild sind. Oft werden die Scheinwerfer schon in der Abenddämmerung eingeschaltet. Diese Mischlichtsituation ergibt besonders eindrucksvolle Stimmungsbilder.

Selbst beim extremen Kamerakippen ist es meist sinnvoll, die Bildmittelachse senkrecht auszurichten. Das obere Bild kippt nach rechts, im unteren wurde ein seitliches Kippen vermieden.

Tierisch gut

Mögen Sie Spinnen, Käfer und Tausendfüßler? Dann sind Sie ein „Fall für die Makrolinse". Liegen Ihnen Mäuse näher? Auch Hamster und Ratten? Normalbrennweite und Makro-Tele bringen Sie Ihrem Liebling näher, ohne ihn wie das Weitwinkel zu verkleinern, zu verziehen und zu verzeichnen. Ein paar Tipps für das, was gleich folgt, können Sie auf den Hausgenossen anwenden.

Mögen Sie alles, was sich – zumindest theoretisch – streicheln und knuddeln lässt? Im Zoo und Daheim? Dann sind diese Seiten für Sie als angehenden Tierfotografen richtig.

Im „Privat-Zoo"

Augenperspektive sichert auch bei Tieren gelungene Aufnahmen und für den Fotografen eine extra Kniebeuge.

Glücklich, wem ein Hund „gehört" und gehorcht. Glücklich auch, „wer" einem Kätzchen gehört! Zwei absichtsvolle Aussagen, die Sie fotografisch nutzen können. Dem Hund können Sie „Posen" befehlen. Einen Kater müssen sie bitten. Beide haben jedoch tägliche Pflichten: Futter fassen, Mittagsschlaf, Schmusestunde; die sollten Sie als Fotograf nutzen.

Zumindest in der Schmusestunde gehört der Zweibeiner mit aufs Bild. Vielleicht auch beim Spiel, wo Hund und Katz sich schon unterscheiden. Versuchen Sie, Porträts zu machen. Bleiben Sie dabei

Lange Brennweite bei größerem Aufnahmeabstand ergibt annäherungsweise eine Augenperspektive ohne sich flach auf den Boden legen zu müssen. Durch die leichte Schrägsicht erfasst man den Boden als durchgehenden Hintergrund, der sich bei offener Blende schnell in Unschärfe verläuft und so einen perfekten Hintergrund abgibt.

möglichst auf gleicher Höhe. Aus Ihrer Augenhöhe schrumpft ein Rehpinscher noch mehr, aus seiner Augenhöhe ist er ein respektabler Hund. Aus Fressnapfhöhe wächst er gar zum Dalmatiner.

Wer „sein" Tier kennt, es genau beobachtet, wird viele Anlässe finden, die zu fotografieren sich lohnen. Auch Tiere sind Individualisten und zeigen Verhalten außerhalb der Norm. Fotos davon bewahren irgendwann einmal die Erinnerung als „typisch mein...".

Streichler von Kaninchen, Frettchen, Meerschweinchen und ähnlichem mögen verzeihen. Nicht genannt, trifft vieles zuvor Gesagte auch auf ihre Lieblinge zu.

Kamera mit einem kleinen Tischstativ auf den Asphalt gestellt, hinter der Kamera in die Hocke gegangen, den Hund herbeigerufen und in Serienschaltung belichtet.

Die „Wilden" im Zoo

Nehmen Sie sich vor allem Zeit, Geduld und lange Brennweite nebst stabilem Stativ. Die „Wilden" im Zoo toben nicht pausenlos artgerecht umher. Überlegen Sie, was Sie auf Ihren Zoobildern sehen wollen. Schlafende oder ruhende Tiere kann man fast immer aufnehmen. Die Nahrungsaufnahme ist manches Mal auf feste Zeiten festgelegt – wie zum Beispiel die Fütterung der Robben.

Tiere bei irgendeiner Aktivität zu fotografieren bedeutet für den Tierfotografen das wahre Glück. Nehmen Sie sich Zeit und nur wenige Ziele vor. Ihre Eintrittskarte ist ja für den ganzen Tag bezahlt. Vergessen Sie nicht: Tiere werden lebhaft, wenn es ihnen passt, nicht, wann es Ihnen recht wäre. Sie sind im Vorteil, wenn Sie einen Zeitraum treffen, zu dem die Wahrscheinlichkeit groß ist, dass etwas Außergewöhnliches passiert. Belichten Sie gezielt möglichst viele Bilder. Nutzen Sie vielleicht auch die Fähigkeit der Kamera zu Reihenaufnahmen. Achten Sie auf erkennbare Details. Kaum etwas anderes als sichtbare Augen, mit Spiegelung und Reflexen darin, macht ein Tierfoto lebendiger.

Zoos bieten zu jeder Jahreszeit und bei jedem Wetter lohnende Motive.

Tiere in freier Wildbahn

Vögel und Waldwild sind in unseren Breitengraden alles, was wir erwarten dürfen. Die Scheu dieser Tiere ist zum Teil wohl das Ergebnis einer Welt, die diese Tiere immer stärker einengt. Als Fotograf müssen Sie sich mit dem Verhalten von Wild beschäftigen, einfühlsam bewegen und dazu noch die längsten Brennweiten schussbereit halten. Begegnung auf kurze Distanz ist eher selten, oft überraschend und dann meist mit „Flucht" verbunden, auf die man mit der Kamera kaum noch reagieren kann.

Nehmen Sie ein Stativ zum Ihnen bekannten Ort, an dem beispielsweise öfter Rehe zu beobachten sind. Halten Sie die Kamera auf dem Stativ beweglich in alle Richtungen. Es gibt dennoch genug Sicherheit, mehr als Sie aus freier Hand bieten können.

Nah- und Makrofotografie

Über die Definition, wann hört die Nahfotografie auf, wann fängt Makrofotografie an, gibt es keine verbindliche Aussage – ist für unsere Betrachtungen auch Nebensache. Unser Ziel ist es, kleine Dinge in guter Qualität möglichst groß abzubilden, egal ob Makro beim Maßstab 10:1 oder 1:1 anfängt oder aufhört. Die Grenzen der Detailauflösung werden mit der Abbildung auf dem Chip festgelegt. Eine spätere Vergrößerung bringt nur größere Bilder aber kein Mehr an Detailreichtum.

Außergewöhnliche Perspektiven und Mut zum Gegenlicht schaffen besondere Blumenbilder

Makrofotografie in der Praxis betrachtet, erfordert ein Objektiv mit möglichst kurzem minimalen Aufnahmeabstand. Es ist der kürzeste einstellbare Aufnahmeabstand, der in der digitalen Kamera zudem die präzise Einstellung der Schärfe mittels Autofokusautomatik zulässt. Bei sehr kurzem Aufnahmeabstand kann auch die manuelle Fokussierung notwendig werden, wenn man auf Details einstellen will, die nicht vom Autofokus zur Fokussierung verwendet werden.

Wichtig für die Makrofotografie ist die Wahl eines Makromodus in der Kamera. Sie erweitert den Bereich der kürzesten einstellbaren Entfernung und bezieht Autofokusfunktionen ein. Unterschiede sind nur feststellbar, wenn die Kamera einen Bereich nächster Nähe bis Unendlich erlaubt oder sehr kurze Aufnahmeabstände mit einer Begrenzung der weitesten Distanz kombiniert. Im letzteren Fall bedeutet das, dass man nicht mehr auf Unendlich scharf stellen kann.

Suchen Sie nach besonderen Lichtsituationen, und wenn die Sonne nicht mitspielt, versuchen Sie es mit Blitz und Dauerlicht.

Kurze Makrodistanzen werden im Bereich von etwa zwei oder fünf Zentimeter vor der Frontlinse ermöglicht. Die nicht seltene Ausnahme von kürzester Aufnahmedistanz bei Null Zentimetern erlaubt den Daumenabdruck auf der Frontlinse noch scharf zu verewigen. Die Naheinstellgrenze von Zoomobjektiven variiert je nach Brennweiteneinstellung recht erheblich – je länger die Brennweite, umso größer die kürzeste Naheinstellentfernung.

Kleine technische Hilfen

Eine Liste der denkbaren Motive für die Makrofotografie könnte ganze Bücher füllen. Sie reicht von den kleinen Dingen, für die man sich besonders interessiert, über die Dokumentation von Wertgegenständen bis zu ausgefallenen Interessen in allen unter „Hobby" zu verstehenden Gebieten. Sie schließt „tote Materie" wie gleichermaßen lebendige Objekte von der Blüte bis zum Maikäfer

ein. Wer viel im Nahbereich fotografiert, sollte sich mit dem nützlichen Zubehör befassen, um sich einerseits die Arbeit zu erleichtern aber auch mehr Abwechslung in seine Bilder zu zaubern:
- Makrostativ, Stativ mit umdrehbarer Mittelsäule, Repro-Säule
- Geeignete Beleuchtung für den Nahbereich, wie Leuchtzelt (kann mit wenigen Handgriffen aus ein paar Leisten und einer dünnen Schaumfolie selbst gebaut werden) oder ein Tisch-Makrostudio. Kleine LED-Leuchten bis hin zur LED-Taschenlampe, mit dem großen Vorteil wenig Wärme zu entwickeln und als Dauerlicht die volle Kontrolle über die Lichtführung zu bieten.
- Montage-Hilfen für kleine Objekte, da hilft oft Improvisation oder kleine Metallständer mit Klammern, Krokodilklemmen (wem die Zacken zu scharf sind, der klebt einfach oben und unten kleine Kunststoffblättchen oder Pappe drauf) oder auch die gute alte Wäscheklammer (die man mit Sekundenkleber an einem Stab befestigt oder mit einem Draht durch die Spirale gezogen, fast

Mit kurzen Brennweiten verringert sich zwar die Naheinstellgrenze, man erreicht aber auch schneller die Fluchtdistanz bei schreckhaften Kleinstmodellen.

Unruhige Hintergründe, selbst wenn sie durch Unschärfe in ihrer Wirkung zurückgedrängt werden, sind bei Nahaufnahmen möglichst zu vermeiden.

Freigestellt vor schwarzem Hintergrund betonen Sie die Form des Objekts und bringen Farben zum Leuchten.

überall befestigt werden kann) und schon hat man eine Halterung für den Papier- oder Stoffhintergrund mit Minihohlkehle.

- Hintergrund-Material, da sind der Fantasie keine Grenzen gesetzt. Zu kontrastreiche Strukturen oder intensive Farben beeinträchtigen mehr oder weniger stark den Vordergrund, das heißt das Hauptmotiv, in seiner Bildwirkung.
- Fernauslöser ist besonders bei schwierigen Aufnahmesituationen, bei denen man kaum noch an die Bedienelemente der Kamera kommt, oder sie wegen der genauen Scharfeinstellung nicht mehr berühren möchte, oder bei scheuen Objekten lieber weiter entfernt stehen möchte... besonders hilfreich. Auch verringert sich bei längeren Belichtungszeiten durch Fernauslösen des Verschlusses die Verwacklungsgefahr ganz erheblich.
- Intervalometer, nützliches Hilfsmittel für Langzeitstudien
- Makro-Schlitten; ein Feintrieb des Makro-Schlittens ermöglicht die feinfühlige Regulierung des Abstands zum Objekt; besonders angenehm bei manueller Scharfeinstellung mit maximaler Teleeinstellung.

Makro und Schärfentiefe

Je näher man einem Objekt kommt, umso geringer wird die Schärfentiefe. Hat man bei planen Objekten so gut wie keine Probleme, so erfordern räumlich ausgedehnte Objekte die Verwendung kleinster Blenden. Das Lichtangebot sollte ausreichend stark sein, um kurze Belichtungszeiten bei kleinen ISO-Werten und damit nur geringste Einflüsse von Bildrauschen zu garantieren.

Mit der Ausrichtung eines Objekts kann man versuchen, die geringe Schärfentiefe besser zu nutzen. Auch die Nutzung der Makrobereiche bei größerem Arbeitsabstand kann für optimale Makroaufnahmen eingesetzt werden. Ansonsten ist der Makrobereich der Telebrennweiten prädestiniert für die Aufnahme beißender oder stechender Insekten, die bei größerer Distanz sich Flucht oder Angriff versagen können.

Stillleben und Sachaufnahmen

Beide Sachgebiete gehören fotografisch in einen Topf und besitzen in ihren technisch-fotografischen Anforderungen große Ähnlichkeit mit der Nah- und Makrofotografie. Bei großen Objekten benötigen Sie größere Räumlichkeiten und bei Kunstlichtbeleuchtung einen leistungsstärkeren Lampenpark.

- Stillleben im klassischen Sinne erfordern ein Studio im Miniaturmaßstab und viel Improvisationstalent. Hier ist mehr gestalterische Kreativität gefordert als ein riesiges Arsenal unterschiedlichster Lichtformer. Da Ihnen in freier Natur auch „nur" eine Sonne und als Diffusor Wolken und Dunst zur Verfügung stehen, sollten Sie bei Ihrer Beleuchtungstechnik im Kleinststudio diesem Vorbild nacheifern: eine starke Lichtquelle, einen großflächigen Diffusor und reflektierende Flächen zur zusätzlichen Schattenaufhellung. Die besondere Lichtwirkung erzielen Sie dann durch den Stand Ihrer „Studiosonne".
- Sachaufnahmen verlangen nicht viel mehr, nur etwas mehr Sorgfalt bei der Materialdarstellung. Starke Schlagschatten oder kreativ abgedunkelte Objektpartien sind in der klassischen Produktabbildung für Kataloge oder Auktionsangebote weniger angebracht. Hier hilft die gleichmäßige Lichtverteilung durch ein Lichtzelt eines Ministudios auf dem Tisch weiter. Sollten Sie mit dem Gedanken spielen, sich die kleine Studioblitzanlage für ein Heimstudio anzuschaffen, so ist die Arbeit mit dem Ministudio eine gute Vorübung.

„Bildfehler"-Korrektur

Das stromsparende LED-Dauerlicht erlaubt die gezielte Gestaltung in Sachaufnahme und table top Fotografie. Kleines Zubehör wie Montage-Knete, Tesafilm und Klammern und Nadeln genügt zur Ausrichtung und Gestaltung. Pinsel, Blasebalg und weiche Tücher beseitigen Flecken und Staub, die in der Sachaufnahme kleiner Dinge überproportional auffallen.

Aufnahmetisch, Lichtzelt

Halogenleuchten und Halogenscheinwerfer werden noch zur großflächigen Ausleuchtung von Videoszenen eingesetzt. Ihr hoher Stromverbrauch verlangt aber den Anschluss ans Stromnetz. Für die Beleuchtung eines Tischstudios, hier zwei Beispiele von Kaiser, für kleinere Sachaufnahmen oder Makroaufbauten bestens geeignet.

Vom Filmtagebuch zum Videodreh

Mit Filmtagebuch und Film-Modi von Standard bis zu Zeitlupe und Superzeitlupe bietet die PowerShot ein volles Programm an Aufnahme- und Wiedergabe-Spezialitäten. Die Kamera spielt bei der Aufnahme wie bei der Wiedergabe eine wichtige Rolle.

Kamera plus Film-Symbol am Modus-Wahlrad aktivieren das Filmtagebuch.

Filmtagebuch

Filmtagebuch und Smart Auto arbeiten auf gleicher Grundlage: Auch das Filmtagebuch bedient sich der verfeinerten Automatik mit 58 unterschiedlichen Aufnahmesituationen. Beide Modi werden zudem unter „Modus Hybrid Auto" subsummiert.

Vier Sekunden vor der Aufnahme soll man die Kamera auf das Motiv richten, bevor man auslöst – so die Empfehlung. Mit dem Druck auf den Auslöser wird ein Film-Clip von 2 bis 4 Sekunden aufgezeichnet, bevor das Foto entsteht.

Für die Aufzeichnung des Filmtagebuchs sieht die Kamera unterschiedliches Vorgehen vor. Eine tageweise Zusammenfassung von Film und Foto, die nicht unter allen Umständen so von der Kamera vorgesehen wird, kommt der Tagebuch-Idee sicher sehr nahe. Außerhalb der Kamera sollte man für diese nicht gängigen Datei-Normen die Software von Canon nutzen.

Der Hinweis darauf, dass Filmtagebücher nicht mehr als 4 GB Umfang annehmen können, liegt darin begründet, dass das Format der Speicherkarten (FAT 32) diese Grenze setzt.

Mit dem Symbol einer Filmkamera wird der Movie-Modus aktiviert.

Praxis mit dem Movie-Modus

Movie oder Film – gemeint ist dasselbe, obwohl die Nähe zum Video recht kurz ist. Mit dem Drehen des Wahlrades auf dieses Programm meldet sich unter FUNC. SET das kombinierte Symbol aus Sportler und Filmkamera. Es steht für Superzeitlupe. Zur weiteren Wahl bieten sich zwei Möglichkeiten an:
- 120 – für 120 Bilder in der Sekunde bei 30 Sekunden maximaler Aufzeichnung in der Auflösung 640 x 480 Bildpunkte.
- 240 – für 240 Bilder in der Sekunde bei 30 Sekunden maximaler Aufzeichnung in der Auflösung 320 x 240 Bildpunkte.

Film schneiden

Wenn man einen Film schneiden möchte, muss man die Wiedergabe aufrufen. Aus den Symbolen wählt man die Schere.

Mit Hilfe der Symbole oben links werden Anfang und Ende des Bildschnitts gewählt. Die Zeitangabe hilft, einen Schnitt nicht zu kurz geraten zu lassen.

In einer weiteren Auswahl wird der Standard der Filme angeboten. Seine grundlegenden Eigenschaften führen zur Auswahl unter vier Einstellungen:
- 1920 x 1080 bei 60 Bildern pro Sekunde (HD1080 = Full HD)
- 1920 x 1080 bei 30 Bildern pro Sekunde (HD1080 = Full HD)
- 1280 x 720 bei 30 Bildern pro Sekunde (HD720)
- 640 x 480 bei 30 Bildern pro Sekunde (Standard 4:3)

Den Formaten entsprechend wird die Anzeige begrenzt. Bei Full HD Formaten ergibt sich das Seitenverhältnis aus den Dimensionen in Bildpunkten (16 zu 9). Der Monitor wird durch schwarze Abgrenzung bei voller Breite auf das richtige Seitenverhältnis reduziert.

Die Wahl des Standard-Formats mit 640 x 480 Bildpunkten führt zum klassischen Fernseh-Format 4:3 – die Monitoranzeige wird voll genutzt. Abhängig von der Kapazität der Speicherkarte wird die zu erwartende Aufzeichnungsdauer angezeigt.

Vom Clip zum Dokumentarfilm

Die direkte Verbindung für eine hochwertige Wiedergabe wird durch den HDMI Ausgang der Kamera zu einem HDMI Fernseher ermöglicht. Das mit DIGIC 6 eingeführte Datei-Format MP4 ist in guter Computer-Software mühelos zu verarbeiten. Damit liegt die Wiedergabe der Film-Clips aus der Kamera auf einem TV-Bildschirm nahe. Soll ein etwas anspruchsvollerer „Dokumentarfilm" entstehen, so bietet sich Filmschnitt und Vertonung mit Computerhilfe an.

Mit den Formaten Full HD und SD steht in einer Computer-Software jede Möglichkeit der Filmbearbeitung zu abendfüllenden

Superzeitlupe

Nach dem Movie-Modus-Symbol ist der Weg frei zu diesem Sportler für die Superzeitlupen mit 120 oder 240 Bildern pro Sekunde.

Smart Auto Filme

Filmen im Smart Auto Modus profitiert von der Vielfalt der individualisierten Automatik. 21 Aufnahmesituationen sind es, die beim Filmen unter Smart Auto für bessere Filmqualität genutzt werden.

PRAXIS MIT DER POWERSHOT S120

Film-Genre Auswahl

- Abenteuer
- Action
- Familiengeschichte
- Historie
- Land und Leute
- Musik
- Fantasie
- Porträt/Home-Story
- Science Fiction
- Unterhaltung

Ohne Anspruch auf Vollständigkeit können die Sparten des kommerziellen Films Anregung und Vergleich zu privatem Film-Genre sein.

Formaten bereit. Wer auf Full HD verzichten muss, der kann mittels Konvertierung die Clips zu angepasstem Format vom TV-Bildschirm bis zum Smartphone-Format umsetzen. Es entstehen ansehnliche Filme, vor allem wenn man mit hoher Qualität aufzeichnet bekommt man auch in niedriger Auflösung gute Bildqualität.

Die Arbeit mit Vertonung, Bild- und Ton-Überblendung bietet weitere Verfeinerung einer gekonnten Filmgestaltung. Dank Stereo-Mikrofon in der Kamera lässt sich auch die Vertonung mit authentischen Ton-Clips vervollkommnen.

Das Filmtagebuch als Foto/Film-Mixtur und der reine Tonfilm erinnern daran, dass man aus seinem Vorrat an ausgezeichneten Fotos auch eine vertonte Diaschau machen kann.

Filmen

Filme sind lebendige Bilder, die den vom Foto gezeigten Höhepunkt durch den chronologischen Ablauf davor und danach erweitern. Sogar mit Ton, wenn möglich in Stereo. Mit dem Druck auf ein Knöpfchen beginnt die Aufzeichnung eines Ereignisses mit etwas anderen Mitteln als denen der Fotografie. Mit einem zweiten Druck auf dasselbe Knöpfchen wird die Aufzeichnung beendet und zur Datei darf man „Filmclip" sagen.

Es ist ein Film, doch eine Filmgeschichte muss damit noch lange nicht entstanden sein. Zeit für ein paar Erinnerungen an die technischen Möglichkeiten und mögliche Ziele. Auf der technischen Seite zählen Eigenschaften wie:

- Standard Bildfrequenz, Zeitlupe, Zeitraffer
- Belichtung, Einfluss der Blende
- Auflösung und Seitenverhältnis

Filme leben in starkem Maße von der Ausschnittänderung – von der Totalen bis zur Nahaufnahme – und von der Standortänderung – Variationen der Perspektive.

Ausnahmen

Keine Regel ohne Ausnahme und so sollte man sich anhand der Film-Genres überlegen, wie unterschiedlich Themen aufgebaut sein können. Man sollte sich auch mit dem Wandel der filmischen Darstellung, dem Wandel der Schnitt-Technik befassen. Weit verbreitet war die Meinung, dass eine Einstellung sechs Sekunden dauern sollte. Moderner Filmschnitt schwankt zwischen extremen Einstellungen, die von Anfang bis Ende einer Handlung bei statischer Kamera durchgehalten werden und Schnitten, die mit Wechsel im Sekundentakt optisch kaum zu verfolgende Hektik erzeugen.

Ist die langatmige Fassung geeignet, den Zuschauer zu ermüden, sein Interesse erlahmen zu lassen, so lenkt ein Wechsel im Sekundentakt von der Story ab. Finden Sie für sich und Ihr Publikum das rechte Maß. Halten Sie die Kamera auf die Szene, so lange Sie wollen – denn erst der Schnitt macht aus laufenden Bildern einen Film.

- Fester Standpunkt (Stativ) oder entfesselte Kamera
- Bewegung im Bild, Bewegung mit der Kamera
- Licht und Beleuchtung

Das technische Potenzial ist die Voraussetzung für gestalterische Freiheit, wenn ein Film nicht nur chronologische Abfolge von Ereignissen sein soll. Selbst die chronologische Abfolge kann nur als Rohmaterial einer Tages- oder Wochenschau bezeichnet werden. Bereits an dieser Stelle kann man an die Verwendung einer Filmaufnahme denken, um weitere Aufgaben aufzulisten:

- Auswahl von Clips, Zusammenstellung und Abfolge
- Filmschnitt, Vertonung

Mit den genannten Eingriffen lässt sich bereits eine gelungene, zur Story verarbeitete „Tagesschau" schneiden. Sie rafft einen Ablauf zu kompakter Wiedergabe, lässt Verschiebungen und Wiederholungen zu und greift damit zu Mitteln moderner, journalistischer Aufbereitung. Sie „Film" zu nennen ist kein Widerspruch

Bildserie zeigt Szenen einer Prozession von Indios in Rom.

Screenshot von Adobe Premiere Elements, eine preiswerte Video-Software zur Bearbeitung und Vertonung eines Films.

zur Verwendung der Technik, doch ein Film in Anlehnung an das was als abendfüllender Film im Kino zur Unterhaltung, im Fernsehen zur Information oder im Nachmittagsprogramm als Seifenoper läuft, ist es noch lange nicht. Es ist Zeit, sich über Inhalt, Form und Zweck eines Films Gedanken zu machen. Es gibt nun einmal feste und erweiterbare Vorstellungen vom Genre eines Films.

Die Zeit ist ein Maßstab

Jeder Film sollte Regeln unterworfen werden. Jedes Ereignis hat die Zeit zum Maßstab. Clips entstehen in chronologischem Ablauf. Höhepunkte kann man durch betonten Einsatz einzelner Clips setzen und durch den Ton verstärken. Wiederholungen können eine Story beeinflussen.

Regie ist die Umsetzung in angemessene Spannung oder Entspannung einer Geschichte. Dabei kann der Regisseur gehörig dem Autoren, der Dramaturgie ins Handwerk pfuschen, doch da Sie alle Jobs in die Hand nehmen, haben Sie die Chance zur gütlichen Einigung. Regie können Sie im laufenden Ereignis führen. Sie können aber auch am Schneidetisch noch die führende Hand eines Regisseurs einbringen. Schließlich ist es immer ein „author's cut".

Nimmt man die Zeit als Maßstab der Entwicklung einer filmischen Story, so bleibt die Erzählung sachlich. Nutzt man den Filmstil einer „Rückblende", dann beginnt man mit einer Art Manipulation des Zuschauers.

Bearbeitung

Es ist Zeit, an Unterschiede zu denken, die aus dem eingeschränkten Angebot bei Verarbeitung in der Kamera und einer Bearbeitung am Computer bestehen.

Eine Clip-Sammlung zu einem Film zusammenzufügen setzt eine leistungsfähige Software wie „Adobe Premiere Elements" voraus. Im Bündel mit Photoshop Elements noch preiswerter.

Clip-Sammlung

Naheliegende Themen lassen sich in nahezu allen Bereichen des privaten Lebens finden. Familiennah mit Clips aus dem Alltag, vom Wochenende, von Ausflügen oder Festlichkeiten. Lassen Sie den chronologischen Ablauf Ihr Drehbuch-Autor sein. Datum und Zeit, verbunden mit den Filmdateien, sind im ersten Moment nach der Übertragung zum Computer Ihr Leitfaden. Fügen Sie Datum und Zeit den Namen der einzelnen Dateien bei oder setzen Sie eine Nummerierung mit reichlicher Stellenzahl an den Anfang des automatisch vergebenen Dateinamens.

Greifen Sie als Regisseur zumindest am Anfang nur wenig ein. Ihre Darsteller sind noch auf dem Stand von Laiendarstellern. Nimmt man sie so auf, wie sie agieren, so bleibt der Film authentisch. Mit der Zeit lernen Sie als Filmer, aber auch Ihre Akteure.

Die einfache Beobachtung des Geschehens schließt nicht aus, die Kameraperspektive ab und zu zu ändern. Auch der Brennweiten-Wechsel ist ein gutes Mittel zum Zweck. Versuchen Sie, die Kamera nur wenig zu schwenken und die Zoom-Fahrt sehr sparsam einzusetzen. Schnitt und Gegenschnitt eignen sich, um dem Gespräch zweier Beteiligter zu folgen.

Groß ist das Risiko bei häufigem Zoom-Einsatz am Schneidetisch einen Film aus häufigem Wechsel zwischen Weitwinkel und Teleobjektiv zusammenfügen zu müssen. Bewegung sollte im Bildausschnitt herrschen, nicht nur oder zusätzlich mit Kamera und Brennweiten-Variation. Schwenk oder Zoom-Fahrt nutzt man bei statischen Motiven, wie bei einem Panorama.

Denken Sie bei allen Clips an den Ton. Ein halber Satz durch zu spät gestartete Aufnahme lässt sich schneiden. Etwas „Luft" im Bild und Ton vor dem Ereignis erleichtert den Schnitt. Nachvertonung kann nützlich sein, doch hier ist O-Ton und Nachvertonung einfühlsam zu mischen oder aneinanderzufügen.

Der Familienfilm

Nehmen Sie die Familie mit Ihren Festen zum Anlass, als Filmemacher erfolgreich zu werden. Warum gerade dieses Thema? Nun, so ganz nebenbei entsteht vielleicht ein Vorrat für einer Art Biographie über Jahre hinweg. In ihr findet man wieder, wie die Kinder aufgewachsen sind, die Großeltern grau und weise wurden und man selbst sich veränderte. Greifen Sie abgeleitet vielleicht von einem Urlaub das Thema „Landschaft" auf. Man kann beides verquicken. Den mit Angehörigen gezierten Urlaubsfilm neben schönen Landschaftsansichten. Sie trainieren auf diese Weise alles was zu Themen wie „Land und Leute" oder „Familienchronik" gehört.

NACH DER AUFNAHME

Drahtlos verbunden

WLAN-Einstellungen müssen vor der ersten Nutzung vorgenommen werden.

„Reset" um Probleme sicher zu lösen.

Fest eingebunden in der PowerShot S120 ist die Fähigkeit, mittels WLAN (Wireless Local Area Network) mit dem „Rest der Welt" in Verbindung zu treten. Diese Fähigkeit schließt zahlreiche ebenfalls drahtlos arbeitende „Geräte" ein:

- Internet und soziale Netzwerke (facebook)
- Computer und Drucker
- Smartphone und Kameras
- email, Twitter und YouTube
- Clouds und Canon iMage Gateway

Wer einfache Aufgaben wie die Bildübertragung per Bluetooth kennt, der muss sich von der PowerShot S120 verwöhnt vorkommen. Zwar ist immer noch zwischen zwei zur Kommunikation vorgesehenen Verbindungen eine Vereinbarung zu treffen, doch die

Prüfen wird notwendig wenn es Einrichtungsprobleme gibt. Die MAC Adresse hat nichts mit dem Mac der Firma Apple zu tun. Detail-Tipps muss man bei PC und Router suchen.

Am „Nicknamen" (als Name oder Rufname zu verstehen) wird die Kamera erkannt. Folglich muss man der Kamera einen Namen geben, was ganz zu Beginn

der WLAN-Einrichtung nötig ist. Die Eingabe wird über den hier gezeigten Menü-Balken eingeleitet. Spätere Änderung ist möglich. Wann immer eine Eingabe nötig ist, meldet sich die Tastatur auf dem Display. Sie kann bei aktiviertem Touch-Screen per Fingerzeig bedient werden oder über das Einstellungs-Wahlrad und seine vier Richtungstasten (◄ ► ▲ ▼). Ist der gewünschte Buchstabe angesteuert und getroffen worden, dann sorgt der Druck auf die FUNC SET Taste für die Übernahme in ein Eingabefeld.

DRAHTLOS VERBUNDEN

ist einfacher und sicherer zu erreichen. WLAN ist der Mittler, der Wünsche wie facebook oder email nur verbinden muss.

Zur Verbindung mit einem Smartphone muss dieses eine App namens CameraWindow einrichten. Ein kleines Programm für mit Android- oder iOS-Betriebssystem arbeitende Geräte.

WLAN und Access Point bedeuten technisch praktisch dasselbe, wobei man bei uns bei WLAN eher an den persönlichen WLAN-Router (Internet und Telefon-Festnetz) denkt und unter Access Point öffentlich zugängliche Geräte in den Städten versteht. Besondere Aufmerksamkeit ist bei einer WLAN Verbindung auf Passwort, Sicherheit und Signalstärke zu richten. Einmal eingegeben, merkt sich die Kamera den Zugang.

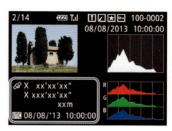

GPS-Koordinaten werden angezeigt, sofern sie einer Bilddatei zugeordnet sind. Für die PowerShot S120 ist es jedoch notwendig, einen externen Lieferanten der GPS-Daten, wie ein Smartphone, zu nutzen. Dieses benötigt die Canon App namens CameraWindow. App und S120 müssen zeitnah zur Aufnahme miteinander verbunden sein. Ferner muss die Navigations-App aktiv sein, um noch am selben Ort die gerade aktuellen GPS-Koordinaten der Aufnahme (Datei) beizufügen.

Cloud und Gateway

Moderne Konzepte für PC, Handy und jetzt auch Kameras binden eine Cloud oder ein Gateway ein. Beide bieten Speicherplatz auf einem Server im Internet, auf den jedes eigene Gerät, aber auch Geräte von Freunden zugreifen können. Freunde nur, falls man ihnen den Zugang öffnet. Das Canon iMage Gateway bietet 10 GB kostenlosen Cloud-Platz und erlaubt das Einrichten von Verzeichnissen sowie die Übertragung von Bildern in diese Verzeichnisse. Neben „Zugriff aus allen Richtungen" wird das Gateway auch zum Verteiler-Zentrum vom eigenen PC in den „Rest der Welt". Icons im Display verbergen Voreinstellungen zum schnellen Zugriff auf bekannte Ziele.

GPS-Daten

Über WLAN mit dem Smartphone verbunden, können Sie Ihren Bildern GPS-Daten, Angaben zu Längen- und Breitengrad sowie eine auf Meeresspiegel bezogene Höhe zuordnen. Die Geotag-Datenanzeige ist in der Kamera nur bei Bildern mit GPS-Daten aktiv. Die Nutzung der Daten erfolgt mittels Computer-Software wie ImageBrowser EX von Canon oder dem Programm GPS-Babel, Software, die Dateien von der Speicherkarte liest und nach Verbindung zu Google Maps, Standort und Route auf der Karte zeigt. Canon mahnt seine Kunden in der Anleitung zur Software, mit derart sensiblen Daten vorsichtig umzugehen. Es sind schließlich Daten, die über persönliches Verhalten Auskunft geben können.

Aktiviert man den „Zielgeräteverlauf", dann bekommt man alle Verbindungen gezeigt, die bis dahin einmal genutzt wurden. Das erlaubt schnelle Verbindungen zu aktivieren oder nicht mehr verfügbare Verbindungen zu löschen.

NACH DER AUFNAHME

Sortieren und Archivieren

Beginnen Sie am besten mit den ersten drei digitalen Fotos ein persönliches System der Sortierung und Archivierung. An dieser Stelle kann ich nur ein System anregen.

Das Aufnahmedatum ist wichtigstes Suchkriterium, wenn man sich nach Jahren wenigstens ungefähr an den Zeitraum erinnert, in dem das Bild gemacht wurde. Die Vergabe des Dateinamen mit chronologischer Angabe ist die „haltbarste" Lösung. Mit der Reihenfolge Jahr, Monat, Tag und der von der Kamera vergebenen Dateinummer werden Dateinamen unverwechselbar.

Diese Datei-Hierarchie sichert das Datum, verhindert doppelte Dateinamen und verrät die Herkunft auch nach einer Verschiebung der Datei zu anderen Verzeichnissen.

Das Original muss erhalten bleiben

Das digitale Original eines Fotos ist das authentische Archivstück. Heben Sie dieses Original auf, so wie es der Kamera entnommen wurde. JPEG-Bilder lassen sich auch in Zukunft zu einem besseren Bildtyp wandeln, während Archiv-JPEG-Original Platz spart. RAW-Dateien sollte man als RAW bewahren, obwohl diese Datei viel größer ist. Sie bewahrt alle Details für immer.

Bearbeiten Sie ohne Ausnahme eine Kopie. Setzen Sie JPEG zu einem verlustfreien Format wie TIFF um. Jede erneute Speicherung im JPEG-Format sorgt für zunehmende Qualitätsverluste. Ein bearbeitetes Bild wird im neuen Format mit einem Zusatz wie „B-001" versehen. Im Klartext wäre das „Bearbeitung Nummer 1".

Ein Stichwort am Dateinamen-Ende – soweit es die maximal zulässige Dateinamen-Länge erlaubt – kann als Hinweis auf Personen, Anlässe und Ähnliches dienen.

Dateinamen sind immer zu kurz für genug Informationen zur gezielten Suche nach dem Bildinhalt. Es besteht die Gefahr, dass man unterschiedliche Begriffe für ein und dasselbe verwendet. Zur Absicherung der Suche kann man sich einen Katalog an Begriffen ausdenken. Sie können in den vorgesehenen Meta-Daten eines Bildes untergebracht werden. Dem Archiv-Original zugefügt, bleiben sie auch bearbeiteten Bildern erhalten. Die Eingabe kann etwas mühsam sein. Wer voraussichtlich viel fotografieren wird, der sollte früh überlegen, eine Datenbank wie Extensis Portfolio einzusetzen.

Das Aufnahme-Datum

Digitale Fotodateien werden mit einem in der Kamera festgelegten Namen und dem momentanen Datum gespeichert. Meist nummeriert und auf 10000 fortlaufende Nummern begrenzt, beginnt die Wiederholung nebst möglicher Verwechslung danach. Mit der Datei aufgezeichnete Datumsangaben werden verändert, sobald die Datei im Computer aufgerufen und erneut gespeichert wird. In der Datei enthaltene Angaben (z.B. in EXIF-Daten) können verloren gehen.

Verzeichnis-Hierarchie

- Verzeichnis „Bilder 2013" als Sammelverzeichnis für Monats-Unterverzeichnisse.
- Monats-Unterverzeichnis „01" bis „12" als Sammler für Tages-Unterverzeichnisse.
- Tages-Unterverzeichnisse wie „2013-04-10" (10. April 2013). Die Reihe Jahr-Monat-Tag im Namen sorgt für korrekte Sortierung, die führende Null sorgt für korrekte Einordnung von Monat und Tag.
- Dateinamen erhalten das Datum und dazu die von der Kamera vergebene Nummer.

Archivierung mit Datenbank-Unterstützung

Eine sinnvolle Archivierung besteht aus chronologischer Verzeichnis-Hierarchie zur Ablage der Originale und einer Datenbank-Software, die praktisch unbegrenzte Zuordnung von Suchbegriffen erlaubt. Extensis Portfolio ist so eine Datenbank. Sie gewinnt alle Informationen aus den Bilddateien, ergänzt den Katalog mit einem kleinen Bild und legt alles in der recht kleinen Datenbank-Datei ab. Jederzeit kann ein Bild mit Suchbegriffen näher beschrieben werden. Leistungen wie ein Ausdruck eines „Kontaktbogen" erhöhen den Nutzen ebenso wie der Aufruf des Originals zur Bearbeitung, der bestens funktioniert, wenn Datenbank und Originale auf einer externen Festplatte benachbart sind. Befinden sich die Originale auf einem entfernten Datenträger, so wird in diesem Moment aufgefordert, den Datenträger mit „dem Namen xxx" einzulegen.

Links: Fotos aus dem Archiv werden als „Dia" mit wählbaren Informationen angezeigt. Die Anzeige lässt sich als Kontaktbogen auf einem Drucker ausgeben. Dazu die Eingabemaske für Suchbegriffe. Daneben: Kleiner Auszug aus den zur Anzeige wählbaren Daten mit allen heute bekannten Meta-Daten der Bilder plus eigenen Suchbegriffen (Schlüsselwörtern).

Archivierung und Sicherung

Archiv und Sicherung werden zu einem einzigen Thema, wenn man seine Originale auf Datenträgern wie CD oder DVD unterbringt. Von der Kapazität der Datenträger hängt ab, ob eine CD für einen ganzen Jahrgang reicht oder mit mindestens etwa 4,7 GB eine DVD besser geeignet ist.
Eine CD fasst viele Bilddateien bei durchschnittlich schnellem Zugriff. Suche und Zugriff auf DVD kann bei sehr vielen Bilddateien zeitaufwändig sein. Damit bleibt zu überlegen, ob man eine Sicherung von mehr als 600 MB Bilddateien auf mehrere CD-Scheiben verteilt. JPEG-Dateien sind besser auf der CD aufgehoben. Für die größeren RAW-Dateien bietet sich die DVD an. In beiden Fällen wird der Umfang an Verzeichnis-Einträgen auf dem Datenträger geringer, was der schnelleren Suche zugute kommt.
Sehr wichtig ist die Vergabe eines unterscheidbaren Begriffs für jede eingesetzte CD oder DVD, da eine Datenbank den Datenträger-Namen bei der Suche als Fundort angibt und somit schneller Zugriff gesichert ist. Für eine ökonomische Ausnutzung kann man Bilddateien auf der Festplatte in der vorgeschlagenen Verzeichnis-Hierarchie sammeln, bis eine gute Ausnutzung der gewählten Datenträger-Kapazität gewährleistet ist.

NACH DER AUFNAHME

Brillante Fotos

Jederzeit selbst gedruckt

Nichts geht über die Freiheit, jederzeit ein Foto zu Papier zu bringen und über Papiersorte und Ausgabeformat selbst zu bestimmen. Die Frage nach preiswerten Profidruckern stellt sich nicht, wo es für „Consumer" viel Auswahl gibt. Drei Systeme kommen in Frage. Sie unterscheiden sich in Preis, Leistung und vor allem den Farbmaterialien.

Der kleine Thermodrucker

Der kleine handliche Thermodrucker Selphy von Canon bietet Drucke im Postkartenformat.

Unter dem Namen „Selphy" bietet Canon verschiedene Drucker an, die bis zum Postkartenformat 15 x 10 cm auf speziellem Papier Bilder ausgeben. Die Selphy-Drucker sind Thermotransfer-Drucker. Der Farbstoff befindet sich auf einem hauchdünnen Träger und wird mittels Hitze in das Fotopapier befördert. Abschließend wird noch eine Schutzschicht aufgebracht. Mit etwa 30 Cent pro Bild bekommt man mit Automatenbildern vergleichbare Qualität und Haltbarkeit.

Ein Tinten-Fotodrucker

Pixma iP7250 für Foto und CD

Canon bietet mit Pixma eine Familie preiswerter Tintenstrahldrucker. Den Pixma iP7250 möchte ich besonders hervorheben. Er akzeptiert eine Reihe unterschiedlicher Papiere, beherrscht den Duplex-Druck (Bedrucken der Vorder- und Rückseite ohne manuellen Eingriff) und druckt auf „printable" CD und DVD auch Fotos auf die selbstgebrannten Daten-, Musik- und Film-Datenträger.

Ein Farb-Laserdrucker

Farb-Laserdrucker arbeiten mit vier Farben in Form von Toner-Patronen. Das Toner-Pulver in den Patronen, man könnte es auch „Farb-Puder" nennen, wird auf Papier gebracht und durch eine Heizwalze „eingebrannt".

i-Sensys Farblaser-Drucker

Preiswerte Drucker wie der Canon i-Sensys LBP7010C bieten sich an. Toner scheint auf den ersten Blick etwas teuer, doch Bildqualität und Stabilität der Bilder selbst auf normalem „Briefpapier" überzeugen. Der Produktion eigener Fotobücher steht bei vergleichbarer Qualität zu einem außer Haus gedruckten Fotobuch kein Hindernis im Weg.

Gibt es Alternativen?
Alternativen zu Selbstgedrucktem bieten Automaten an, die Bilder vom Datenträger auf Fotopapier ausgeben. Preiswert, solange man beim Postkartenformat bleibt. Sie beherrschen auch größere Formate, die jedoch teurer als Fotopapier-Drucke vom Tintenstrahldrucker sind.

Sparsame Alternativen betreffen stets das Verbrauchsmaterial. Man riskiert Garantie-Ansprüche für den Drucker. Kompatible Fremdmarken und erneuerte Originalpatronen sind zu bekommen.

Für Laser- und Tintenstrahl-Drucker gibt es Tonerpulver und Tinte zum Selbstbefüllen. Meist kein schwieriger Vorgang, muss man jedoch entscheiden, ob man sich das „zutraut". Die Farbqualität unterscheidet sich kaum vom Original, wenn man nicht die allerbilligste Sorte direkt aus China verwendet.

Aus der Kamera direkt zum Farbdrucker

Nach ausgiebiger Bildbearbeitung am Computer Bilder in bester Qualität drucken? Das kann jeder – die PowerShot kann es auch. Einige Funktionen der Bildbearbeitung stehen dem Fotografen sofort nach der Belichtung in der Kamera zur Verfügung.

Die wichtigste Entscheidung ist die nach dem Format, nach dem Seitenverhältnis. Nur das Seitenverhältnis 3:2 nutzt die Standard-Papierformate. Alle anderen Seitenverhältnisse hinterlassen weiße Ränder.

Mit Funktionen der Kamera kann ein Bildausschnitt bestimmt werden oder die Größe des Bildes angepasst werden. Nach dem Eingriff wird das veränderte Bild in einer neuen Datei gesichert.

Auch das Seitenlayout kann vorgewählt werden. Drucker wie die der Reihe Pixma oder die Selphy Drucker von Canon verstehen diese Layout-Einstellungen, mit denen man ein Bild randlos, mit Rand oder ein Passbild drucken kann. Eine Einstellung der Bezeichnung N-up legt fest, ob ein Bild auf einem Blatt Papier 2, 4 oder 8 mal wiederholt werden soll.

Neben den gezielt für den Druck vorgesehenen Einstellungen sollte man Veränderungen an einem Bild aus anderen Angeboten der Kamera nicht vergessen. Angebote wie die von „My Colors", die eine Wandlung zu einem in der Farbe beeinflussten Farbbild vornehmen. Auch eine Wandlung zu einem monochromen Bild mit Effekten wie Schwarzweiß oder in Sepia-Tönen wäre eine gute Wahl für ein gedrucktes Bild, das sich vom Gewohnten abhebt.

Für welchen entscheiden?
- Prüfen Sie Druckproben der verschiedenen Verfahren.
- Bedenken Sie bei den Kosten für Verbrauchsmaterial oder Automaten-Ausgabe den Preis pro Bild.
- Denken Sie über die Verwendung der Bilder nach, auch über die Haltbarkeit.
- Bedenken Sie Qualität, Haltbarkeit und Vielseitigkeit der Laser. Gestaltete Drucke (Brief mit Bildern, Prospekte, Buch) sind schon auf Normalpapier hochwertig. Nur der Hochglanz fehlt in der Regel. Bilderdruck-Papier, wie die Seiten dieses Buches, ist im Laser verwendbar.

Einfache Bildbearbeitung in der Kamera. Hier ein Bildausschnitt, der vor dem Druck extra gespeichert wird.

Eingetrocknet?

Gerade bei Canon-Druckern gehe ich von persönlichen Erfahrungen aus. Bei richtig schlimm eingetrockneten Originaltinten (z.B. nach langem Stillstand), musste ich nur wenige Male die Reinigungsfunktion des Druckers bemühen, um den Druck wieder in Gang zu bringen.

NACH DER AUFNAHME

Chamois oder Sepia sind Farbtöne monochromer Bilder, die an alte Zeiten der Schwarzweißfotografie erinnern und mit dem Drucker nachgeahmt werden können.

Bevor Bilder zum Druck aus der Kamera abgeschickt werden, ist eine Reihe von Einstellungen notwendig:
- Bild zum Druck auswählen
- Wie oft soll das Bild gedruckt werden
- In welchem Format soll es ausgegeben werden
- Papierart wählen
- Mit oder ohne Datum

Bestimmung des Seiten-Layouts.

Sind diese Einstellungen alle vorgenommen, so kann man sich noch einmal die Druckliste ansehen und entscheiden, ob sofort mit dem Druck begonnen werden soll oder der Druck zu einem späteren Zeitpunkt erfolgen soll. Die Kamera merkt sich diese DPOF Angaben. Zur Vereinfachung der Auswahl zu druckender Bilder bietet die PowerShot an:

- Alle Bilder drucken
- Bereich von Bild Nummer bis Bild Nummer wählen

Zum Eingeben von Zahlen oder Zeichen wird ein Eingabefenster angezeigt, in dem man Zeichen für Zeichen mit dem Wahlrad beziehungsweise den Richtungstasten auswählt. Über die Fähigkeiten der Kamera recht komfortabel und

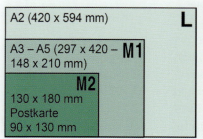

Auflösung und Druckformate

Mit unterschiedlicher Auflösung aufgenommene Bilder lassen sich in guter Qualität bis zu bestimmten maximalen Formaten drucken. Die beste Auflösung erlaubt sogar DIN A2.

schnell zu Papierbildern zu kommen, bietet die Übernahme der Bilder in einem Computer mit Hilfe einer Bildbearbeitung oder auch eines Grafik- beziehungsweise Text-Editors natürlich weitere Möglichkeiten der Druckgestaltung. Eine Bildbearbeitung, die eine Platzierung von Text im Bild ermöglicht, kann die richtige Wahl sein um Postkarten, Glückwunschkarten oder Poster individuell zu gestalten.

Ein Text-Editor ist in der Lage, Bilder in ein Dokument, wie einen Brief, zu platzieren. Mit wenig Mühe lassen sich so sehr persönlich gehaltene Schriftstücke erzeugen. Ein schönes Bild von einer perfekt servierten Mahlzeit könnte mit dem Rezept ergänzt den Zettelkasten ersetzen. Ein Grafik- oder Zeichenprogramm kann dann sogar noch schmückendes Beiwerk dazutun.

Die Möglichkeiten, angefangen bei den Fähigkeiten der Kamera bis zur ausgiebigen Nutzung im Computer, sind zahlreich. Oft genügt es, die in wohl jedem Betriebssystem enthaltenen kleinen Beigabe-Programme für Bild, Text und Grafik zu nutzen.

Kostenlose im Internet angebotene Software ist eine interessante Alternative zu den Programmen, die mit der PowerShot geliefert werden. Preiswerte kommerzielle Software kommt in Frage, wenn die Wünsche mit der Zeit wachsen. Auch wenn den Empfehlungen entsprechend Bilder bis DIN A2 ausgegeben werden können, ist es selbst mit einem „nur" DIN A4 Drucker möglich, mittels passender Software ganze Plakatwände zu drucken – einem Puzzle gleich aus vielen Teilen zusammengefügt.

Papier und Anzahl Drucke für ein Bild bestimmen.

Eine Reihe von/bis drucken.

Aus einem Bildvorrat einzeln gewählte Bilder vermerkt die Kamera in einer Druckliste, die sofort oder später abgearbeitet und gedruckt werden kann.

Links: Zu starke Sättigung führt zu knallbunten, unnatürlichen Farben. Gezielt als Effekt auch durch My Colors in der Kamera erreichbar.

NACH DER AUFNAHME

Küchen-Schneidebrett

Das stabile Schneidebrett in der Küche erfreut die Hausfrau. Vielleicht wählen Sie ein eher neutrales, aber gut gelungenes Landschaftsbild – mein Porträt unter Schnitzel und scharfem Küchenmesser wäre mir irgendwie unangenehm.

Drucken lassen

Nicht alle Wünsche lassen sich mit dem eigenen Drucker erfüllen. Sobald andere Bildträger als Papier benötigt werden oder ein fachgerecht gebundenes Fotobuch gewünscht wird, muss man auf kommerzielle Anbieter zurückgreifen. Zur Anregung greife ich zum Lieferspektrum von Sonnenbild und CeWe.

Ein Fotobuch

Über eine Website gelangt man zum Fotobuch-Anbieter. Unterschiedlich wird die Gestaltung im Internet mittels Webseiten angewendet oder ein Programm (für PC, Mac und Linux) von CeWe zum Download angeboten.

„Gedrucktes" auf echtem Papier hat selbst im digitalen Zeitalter seinen Wert. „Schwarz auf Weiß" ist allerdings längst farbig geworden. Ob Familienchronik, Reisebericht oder einfach nur die persönliche Sammlung herausragender Fotos: Das eigene Buch im Bücherschrank, das sehr persönliche Geschenk ist nicht weniger einzigartig als sein Gestalter.

Zum Standard gehört die Auswahl des Umfangs: Bücher mit 26 bis 98 Seiten werden angeboten. Über ein Standard-Layout bekommt man Seite für Seite mit eingeblendeten Rahmen angezeigt. Jeder Rahmen wird mit einem Bild gefüllt, eventuell betextet. Ist man mit dem Werk zufrieden, wird der Auftrag abgeschickt.

*Rechts: Eingabemaske für den Titel beziehungsweise Umschlag eines Fotobuchs. Rahmen mit Bildern füllen, Texte verfassen und alles noch einmal prüfen – mehr bekommt man nicht zu tun, um zum eigenen Fotobuch zu kommen.
Unten: Reichhaltige Größen- und Ausstattungsvarianten im CeWe-Angebot.*

Fotobücher Hardcover

Fotobücher Hardcover HD-Glanz

Fotobücher Softcover

Fotobücher Softcover HD-Glanz

Druck auf Textilien

Babylatz, Mauspad, Baseball-Mütze, T-Shirts erfordern den Anbieter, der diese Materialien bedrucken kann und zugleich eine gute Auswahl an unterschiedlichen Produkten hat. Auch Größen spielen eine Rolle, wenn z.B. ein T-Shirt zwischen S und XXL gefordert ist.

Fotos auf Keramik

Übertragen auf eine Tasse, einen Teller oder einen Krug genügt nicht. Schützende Überzüge und abschließendes Brennen der keramischen Materialien macht die Dinge erst spülmaschinenfest. Auch Flaschen mit einem eigenen Foto gehören im weitesten Sinne in diesen Bereich.

Geldbeutel und Federmäppchen für Schreibutensilien gehören in diese Gruppe, in der verschiedene Muster zum Bedrucken mit einem Foto kombiniert werden können.

Links: Vorlage für ein Mauspad auf dem man zum Beispiel das Geschenk abbildet, das man nicht unbedingt auf den Gabentisch legen möchte. Unten: Kalendervorlage mit Fotofeld oben.

Wandschmuck

Verschiedene Produkte zählen zum Wandschmuck – eine Wanduhr gehört zu den Wandschmuck-Artikeln, die neben der Zierde mit einem eigenen Foto noch die nützliche Aufgabe der Zeitanzeige hat.

Kalender

Mit einem Kalender erinnere ich an einen nützlichen Gegenstand, der jedes Jahr gebraucht wird und jedes Jahr anders gestaltet werden kann. Auch mit Hilfe der Programme des jeweiligen Anbieters. Man bringt nicht nur Kalenderblatt und Foto zusammen, sondern bietet unterschiedlich gestaltete Muster und Formate an. Bilder werden in liebevoll auch mit grafischen Elementen vorbereiteten Seiten eingefügt.

NACH DER AUFNAHME

Ziele der Bildbearbeitung

Fotografie und Authentizität waren unzertrennbar – bis die Fotografie auf digitale Basis gestellt wurde. Wer mogeln wollte, der konnte es früher auch schon, doch er musste sich Mühe geben.

Bildbearbeitung beginnt mit Verbesserung und Verschönern von digitalen Fotografien und bleibt damit noch annähernd ehrlich. Sie setzt sich fort mit kreativen Ideen und passenden Eingriffen bis zur Zusammenstellung in der Art einer Collage. Sie bewegt sich im Rahmen der Kunst. Ihr stehen aber auch Mittel der Fälschung zur Verfügung. Für Jedermann. Erkennbare Eingriffe können witzig sein. Schwer erkennbare Eingriffe können Ideale vortäuschen. Perfekte Fälschungen sind beinahe schon wieder Kunst.

Vom JPEG zum verlustfreien TIFF und dann an die Bearbeitung. Die Überstrahlung des Mondes wurde separat beseitigt, bevor der gegen den schwarzen Nachthimmel gerade noch abgrenzbare Gebäudeteil aufgehellt und im Kontrast gebessert wurde.

Einfache Verbesserung

Einfache Eingriffe an einem Bild verfolgen meist einen praktischen Zweck. Hier ein paar Beispiele:
- Ein Bildausschnitt passt Bilder an Druckformate an, stellt schiefe Horizonte gerade und beschneidet ein Bild im Sinne fotografisch besserer Bildausschnitte.
- Veränderungen an der Schärfe, zu mehr oder weniger Kontrast, zu satter oder zarter Farbe sollen den Bildeindruck verbessern oder ihn an einen Drucker besser anpassen.

Einfache Funktionen für eine bessere Bildqualität sorgen für Kontrast, Farbsättigung und ausreichende Schärfe.

Ziele der Bildbearbeitung

- Eine Korrektur der Auflösung und Bildformate bringt große Bilder auf kleine Formate und reduziert Dateigrößen. Das Hochrechnen auf größere Formate soll verhindern, dass Fehler vergrößert werden und sorgt für bessere Wiedergabe auch im Großformat.

Retusche gegen kleine Mängel

Die Retusche ist ein klassisches Werkzeug der Fotografie, das auch in der digitalen Fotografie seinen Zweck erfüllt. Mittel der Retusche setzen ein:
- gegen Aufnahmemängel wie Staub und Flecken.
- gegen störende Details in einer Aufnahme.
- gegen Hautmängel bis zur Milderung von Falten.

Ein nachhaltiger Eingriff

Wir nähern uns nahezu der Schönheits-Chirurgie, wenn an den natürlichen Proportionen eines Menschen mit Mitteln der Bildbearbeitung Korrekturen vorgenommen werden. Partiell vergrößern, verkleinern oder leicht verschieben ist eine „Operation", die auch digital misslingen kann.

Sich mit Filtern der Bildbearbeitung beschäftigen hört sich technisch an, ist aber hoch kreativ. Oft entscheidet die Reihenfolge der Veränderungen über den Erfolg. So oft und lange, bis ein ansprechendes Bild erreicht ist. Beliebt sind auch Filter-Funktionen, mit denen Effekte der Malerei nachgeahmt werden.

Manipulation von Farben

Der Eingriff am kompletten Bild beginnt mit der Veränderung im Sinne des Weißabgleichs. Er setzt sich fort mit der Manipulation der Farbsättigung. Wer übertreibt, bekommt knallbunte Bilder. Wer reduziert, nähert sich der pastellartigen Wiedergabe eines Aquarells. Wer die Sättigung auf Null reduziert, erhält ein Schwarzweißbild.

Mit dem Tausch einer Farbe gegen eine andere wird die Wirklichkeit verfälscht. Der partielle Eingriff kann mehrmals angewendet werden und zu Fantasieabbildern der Wirklichkeit führen.

Filter für bekannte Maltechnik greifen Farben und Formen an, wenn aus einer Fotografie eine Strichzeichnung, ein Eindruck von Ölgemälde oder die Wirkung eines Mosaiks erzeugt wird.

Geometrische Eingriffe

Ein geometrischer Eingriff wird immer dann vorgenommen, wenn Proportionen eines Bildes oder Teile davon verändert werden.

NACH DER AUFNAHME

Konsequente Beseitigung stürzender Linien nebst Streckung in der Höhe zeigt eine Ansicht, wie sie die „Fachkamera" aufnimmt. Ein Eingriff an der Bildgeometrie.

Ähnlich dem Fisheye-Objektiv entsteht ein Bild, wie beim Blick in eine Weihnachtsbaumkugel.

- Mit der perspektivischen Verzeichnung können stürzende Linien begradigt werden. Eine Aufnahme mit nach oben gerichteter Kamera verlangt nach Verbreiterung der Oberkante, um oben zusammenlaufende Linien auseinanderzuziehen. Unterstützend kann zugleich an der Unterkante die Breite schmaler gemacht werden. Hilfslinien in der Bildbearbeitung zeigen Abweichung von Senkrechter und Waagerechter. Eine Verlängerung der Höhe kann notwendig sein.
- Die Bilddrehung gleicht abschüssige Horizonte aus. Sie kann aber auch Senkrechte ins Lot bringen, wenn diese nicht parallel zur Bildkante verlaufen. Immer muss ein Beschneiden des Bildformats folgen, da beim Drehen die Bildkanten Lücken im Papierformat erzeugen.
- Neigen kann benutzt werden, um ein Bild anscheinend frei im Raum schwebend zu zeigen oder „auf den Boden gelegt" sogar mit der dazu passenden Tiefenwirkung mit perspektivischer Verzeichnung auszustatten.
- Verformen unterteilt ein Bild in mehrere Segmente. Jeder Schnittpunkt kann zur Veränderung herangezogen werden und nimmt eine neue Position ein. Die Nachbarpunkte werden wellenförmig verbunden, womit in jedem Bereich des Bildes die Objektgeometrie verzogen werden kann.

Objektivfehler korrigieren oder simulieren

Objektivfehler und Objektiveigenschaften lassen sich anhand bekannter Daten zu bestimmten Objektiven, aber auch freizügig den Benutzerwünschen folgend beeinflussen. Zumindest im Adobe Photoshop kann man:

- geometrische Verzerrung entfernen oder hinzufügen. Ausgleich einer kissen- oder tonnenförmigen Verzerrung, der in jedem Bildtyp ausgeglichen oder hinzugefügt wird.
- Chromatische Aberration ist der Fehler, der durch Unterschiede der Brechung spektraler Anteile in einem Bild Farbränder erzeugen kann. Man gleicht ihn durch Eingriff an Rot-Cyan-, Grün-Magenta- und Blau-Gelb-Farbrändern aus.
- Vignettierung ist in den Bildecken sichtbar, die ein Bild in diesen Bereichen abdunkelt. Eine Aufhellung oder Abdunklung steht zum Ausgleich zur Verfügung.

Von Transformation ist die Rede, wenn in der Senkrechten stürzende Linien beseitigt werden. Zusätzlich wird der Ausgleich in der

Waagerechten angeboten, da eine schräg in den Hintergrund verlaufende Häuserfront den gleichen Bedingungen ausgesetzt ist, wie ein Haus, das mit gekippter Kamera aufgenommen wird.

Der Bildmodus

Unter Bildmodus ist die Veränderung von RGB-Bild zu CMYK-Bild für den professionellen Druck, zu Schwarzweiss, indizierter Farbpalette und weiteren Modi möglich. Wer an Farben Veränderungen vornehmen will, der bleibt am besten im RGB-Modus. Die Bearbeitung im RGB-Modus ist mit unterschiedlichen Farbtiefen möglich, muss aber immer mit 8-Bit Farbtiefe abgeschlossen werden, um zum Beispiel korrigierte Bilder drucken zu können.

HDR-Berechnung

Grundsätzlich lässt sich aus mehreren unterschiedlich belichteten Bildern aus identischer Kameraposition ein Bild mit gutem Ausgleich tiefer Schatten und sehr heller Lichter erzielen. Selbst die nur von einem Bild abgeleitete Verbesserung ist inzwischen per Software möglich. Die HDR-Korrektur wird für Schnappschüsse (Momentaufnahmen) verfügbar.

Mit dem Canon Digital Professional Programm können Sie bis zu drei Bilder zu einem HDR-Bild zusammenfügen.

Zusatzleistungen der Bildbearbeitung

Nur wichtige Bereiche der Bildbearbeitung können in der Kürze angesprochen werden. Wichtig sind auch Zusatzleistungen, die eigentlich kaum etwas mit fotografischen Problemstellungen zu tun haben. Textfunktionen gehören in diesen Bereich der Zusatzfunktionen. Sie erlauben recht freizügig das Einfügen von Text, mit dem sich beispielsweise Grußkarten gestalten lassen. Texte werden in einer eigenen Ebene gehalten, womit sie veränderbar und frei zu positionieren sind. Ein Text in eigener Ebene kann durch Veränderung zu einer Maske auch dazu dienen, Buchstaben in unterschiedlichen Schriftarten zu „Bildbuchstaben" werden zu lassen. Die Ränder der Buchstaben werden mit Teilen der Fotografie gefüllt, während das Umfeld gelöscht wird.

Foto-Buchstaben aus einem Mohnfeld. Die Verbindung von Bildern und Buchstaben wird von Software wie Photoshop Elements angeboten und reizt zu grafisch-fotografischen Experimenten.

NACH DER AUFNAHME

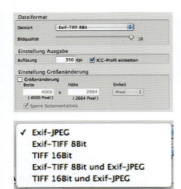

Oben: Grundeinstellungen zu Auflösung und Farbprofil. Darunter: Dateiformate, zu denen DPP konvertieren und speichern kann.

Canon Software

Canons Software für Bilder und Bildbearbeitung dient dem Einstieg in den Umgang mit digitalen Fotos – vom Verwalten bis zum, Druck. Die Schwerpunkte:

CameraWindow: Bildimport, Kamera-Einstellungen.
ImageBrowser EX: verwalten, anzeigen, suchen, ordnen, drucken, bearbeiten.
PhotoStitch: zusammenfügen von Einzelbildern zu Panoramen.
Digital Photo Professional (DPP): suchen, RAW bearbeiten, konvertieren.

Zu den wichtigsten Eigenschaften einer Software für RAW Dateien gehören:

- Korrektur von Belichtung und Kontrast.
- Lichter und Tiefen (Schatten) verbessern.
- Weißabgleich ändern oder optimieren.
- Farbtendenz und Farbsättigung anpassen.
- Schärfen (mit Unscharf-Maskierung)
- Beseitigung von Chrominanz- und Luminanz-Rauschen.
- Korrektur optischer Fehler.

Kommerzielle wie kostenlose Konkurrenz zur RAW-Bearbeitung gibt es inzwischen in zahlreicher Menge. „Raw Therapee" ragt mit seiner Leistung heraus. Kostenlos für Windows, Mac und Unix zu erhalten. Eine profigerechte Software, aktualisiert für neue Kameras und ernste Konkurrenz zu „Platzhirsch" Photoshop.

DPP zeigt den Inhalt von Verzeichnissen an und erlaubt Eingriffe an RAW-Bildern, bevor man zur weiteren Verarbeitung ein RAW-Bild konvertieren und speichern lässt. Seine Anpassung an die Belichtung ist allerdings mit ± zwei Blendenstufen mager bemessen.

Ziele der Bildbearbeitung

Belebende Software-Konkurrenz

Zahlreiche Programme von kostenlos bis profiteuer werden für alle wichtigen Betriebssysteme (Mac, Windows, Linux) und auch für Smartphones angeboten. Die Leistung wird immer umfangreicher, kreativ Verwendbares zahlreich wie nie. Dabei fällt bereits eine Spezialisierung auf. Programme, die sich auf Teilleistungen konzentrieren und dann oft besser sind als die kommerzielle Konkurrenz.

Kostenlose Programme wie Gimp mit breitem Angebot zur Bildbearbeitung oder Raw-Therapee mit dem Schwerpunkt auf Bearbeitung von RAW-Dateien und sehr weitgehende Anzeige interner Daten und Meta-Daten, sind auch für den Fotografen interessant, der viel von der Software erwartet.

Kreatives mit Symbolkraft? Der Traktor ersetzte den „Ackergaul"? Mittels Auswahl wurde das Zunftzeichen mit neuem Inhalt gefüllt.

Klassiker wie das preiswerte ACDSee, aber auch die Adobe Photoshop Elements Software gehören zu den schon sehr lange auf dem Markt befindlichen Angeboten. Dabei ist bemerkenswert, wie Photoshop Elements – wenn auch mit zeitlicher Verzögerung – viele Eigenschaften des Profi-Verwandten Photoshop übernimmt. Verschwiegen soll dabei nicht sein, dass mit Photoshop Elements (Foto-Bearbeitung) und Premiere Elements (Film- und Ton-Bearbeitung) ein Kombi-Angebot auf dem Markt ist, das spürbar weniger kostet als beide einzeln gekauften Programme. Sie sollten sich mit diesem Kombi-Angebot anfreunden, wenn Ihnen Fotos und Filme annähernd gleich wichtig sind.

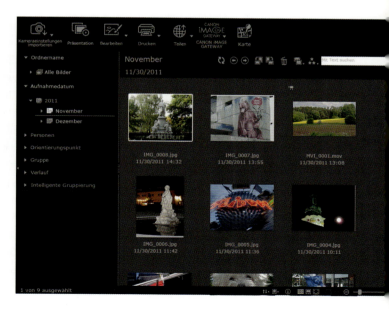

Canon Image Browser EX als Verwalter, Einstieg in die Bildbearbeitung und zentraler Zugang zu Bildgruppen und Filmen.

NACH DER AUFNAHME

Top-Ergebnisse durch die Bildbearbeitung

Konvertierung ist der Schlüssel zu maximaler Bildqualität. Wandeln Sie JPEG-Bilder in ein verlustfreies Format. Ich empfehle das TIFF-Format, das verlustfreie LZW-Komprimierung erlaubt. TIFF-Dateien können auf diese Weise die Grundlage des Archivs sein, aus dem man Bilder für die Bearbeitung entnimmt, ohne das Archivbild zu verändern. RAW-Format-Dateien können ohne Wandlung Basis des Original-Bildarchivs sein. Bildbearbeitung sollte an einer Kopie vorgenommen werden.

Als Konvertierungs-Software bietet der Graphicconverter (Lemkesoft) umfangreiche Leistung nebst vielen Funktionen zur Bildbearbeitung auf dem Mac. Die PC (Windows) Alternative könnte ACDSee sein. Zweck der Konvertierung zu einem verlustfreien Format ist das Vermeiden von Nebenwirkungen, wie sie mit jeder erneuten Speicherung nach Veränderungen am Bild im JPEG-Format unvermeidbar sind. Jede Speicherung eines JPEG-Bildes im JPEG-Format addiert Komprimierungsverluste.

Das Arbeitsexemplar eines Bildes sollte wie von der Kamera aufgenommen bei höchster Auflösung bearbeitet werden. Erst nach dem letzten Eingriff kann dem geplanten Verwendungszweck entsprechend die Auflösung und damit die Dateigröße angepasst werden: wenige Pixel für Emails oder zur Wiedergabe auf Handy oder Tablet, viele Pixel für großformatige Fotodrucke. Orientieren Sie sich an den Auflösungsdaten des Zielgeräts oder des Druckformats.

Analog gilt für Videos das Ausgabeformat passend zum Zielgerät zu wählen. Auf Film-Konvertierung spezialisierte Software, die als letzter Eingriff am Film verwendet wird, sollte vorformulierte Einstellungen für die Zielgeräte wie zum Beispiel Handy, Tablet, HD-Wiedergabe oder Video-DVD bieten, um schnell gute Ergebnisse zu erzielen, ohne Experimente mit Video-Codec oder Ton-System machen zu müssen. Gute Video-Konvertierungs-Software kennt sogar die unterschiedlichen Modell-Generationen einzelner Hersteller und erlaubt die Auswahl nach Produkt und Version der Geräte.

Der iMedia Converter Deluxe von iSkysoft bietet zahlreiche vorformulierte Zielformat-Einstellungen, die man nach dem Modell des Ausgabegeräts wählt. Bearbeitungsfunktionen erlauben Einfluss auf Bild und Ton zu nehmen.

NÜTZLICHES...

Stative:
stabiler Stand und Führung

Die ruhigste Hand reicht nicht, wenn lange Brennweiten oder schlechte Lichtverhältnisse im Spiel sind oder ein Video unter Schwenken und Zoomen den Halt am Motiv verliert.

Für Nachtaufnahmen mit Langzeitbelichtungen ist ein stabiles Stativ ein Muss!

Ein am Boden der Kamera eingesetztes Stativgewinde ist die Schnittstelle zu einem Stativ mittels einer Norm-Gewindeschraube. Nicht irgendeine, sondern diese passende Schraube muss es sein, die jedes moderne Stativ besitzt. Ein recht schweres Stativ sollte bevorzugt werden, damit vor allem bei den langen und längsten Brennweiten die Aufnahmen gelingen. Ein möglichst großer Teller rings um diese Stativschraube kann von Vorteil sein, da die Kamera selbst durch ihre geringe Größe einen „kleinen Fuß" hat.

Wer nur zu Fotografieren beabsichtigt, der kann auf einen praktischen Kugelkopf wie den MagicBall von Novoflex zurückgreifen. Er ist flexibel und mit einem Griff in momentaner Position festgemacht. Alle Filmer tun besser daran, einen klassischen Kinoneiger zu benutzen, der in alle Richtungen beweglich ist. Wichtiger ist für Filmschaffende dann noch, dass gerade der Kinoneiger bei guter Einstellung einen ruhigen Schwenk zulässt. Die seitliche Bewegung der Kamera, die gleichmäßig und ohne Ruckeln verlaufen soll.

Nehmen Sie Maß an eigenen Körper-Proportionen. Die Höhe des Stativs sollte der Körpergröße angepasst sein. Zu kleine Stative führen zu unterdurchschnittlicher Augenhöhe, die für die Aufnahmen eine wichtige Perspektive ist. Sie zwingt zudem zu gebückter Haltung, was auf Dauer unangenehm werden kann. Die richtige Höhe sollte man weniger durch eine besonders lange Mittelsäule erreichen. Hohe Stative sind oft zusammengelegt unangenehm lang. Im Gegensatz zu aus vielen kurzen Elementen zusammengeschobenen Stativen neigen sie weniger dazu, innerlich zu zittern. Gut ausgebreitete drei Standbeine sind zudem das Optimale. Lassen sie sich weit spreizen, so ist eine der wichtigen Vorbedingungen schon erfüllt für den Makro-Fotografen, der seiner Spezialität bodennah begegnen will. Lässt sich die Mittelsäule für diesen Zweck so umkehren, dass man die Kamera kopfüber unten anbringen kann, dann ist der Idealzustand erreicht. Er verbündet sich geradezu bei Kameras mit einem praktischen „Bildschirm", denn auch der aus Froschperspektive fotografierende Makro-Fotograf muss nicht mehr auf dem Boden liegend versuchen, den Blick noch auf Sucherhöhe zu bekommen.

Ein vielfältiges Stativangebot bietet für alle denkbaren Verwendungszwecke eine Lösung, bei der man jedoch zuerst an die Kamera und dann an die eigenen Wünsche denken sollte, bevor man den richtigen Kompromiss findet. Hier ein paar Orientierungshilfen zu verschiedenen Stativ-Ausführungen.

- **Einbeinstative** sind „einbeinige" Teleskopstangen. Unten mit nach Möglichkeit einem dicken Fuß, der in knappen Grenzen auch flexibel sein kann. Oben meist ein Stativteller mit Gewindeschraube, jedoch in der Regel ohne beweglichen Kopf. Den könnte man zwar aufsetzen, doch die Stabilität gewinnt kaum. Kommt ein Kinoneiger für das Einbeinstativ nicht in Frage, so könnte ein Fotograf ohne

Stativköpfe

Der Dreiwege-Kopf eines Kinoneigers erlaubt die Verstellung der Kamera in drei Richtungen. Waagerecht als Ausrichtung zum Horizont ist es die Grundeinstellung, bei der man darauf achtet, dass das Stativ nicht schief steht. Senkrecht ergibt sich eine erste Bewegungsrichtung, die der Filmer während der Aufnahme zu nutzen weiß. Die dritte Beweglichkeit ist die Drehung – filmisch als Schwenk nutzbar, fotografisch für die Aufnahme eines Panoramas geeignet, das man später aus mehreren Aufnahmen zusammensetzt. Für den Film sollte man sich zu einer Bewegungsrichtung entscheiden: Entweder nur mit einem Schwenk um die senkrechte Achse oder zu einer Auf- oder Abwärtsbewegung um die waagerechte Achse. Beide Bewegungen gleichzeitig stiften Verwirrung. Für Fotografen bis zum Festschrauben vorteilhaft ist ein Kugelkopf, den man in dem Augenblick für alle drei genannten Bewegungsrichtungen fixiert, in dem man den gewünschten Bildausschnitt getroffen hat. Für Filme sollte man sich auf eine Bewegungsrichtung für die Aufnahme festlegen – der Kugelkopf gibt im gelösten Zustand jedoch alle Richtungen frei.

Novoflex-Videoneiger, ein formschöner und leichtgängiger Stativkopf für höchste Ansprüche.

NÜTZLICHES...

Triopo GX 1328, leichter durch Carbon.

Filmambitionen durch einen Kugelkopf die Beweglichkeit gewinnen, die ein Einbeinstativ nun einmal nicht bietet. Einbeinstative sind besonders sinnvoll, wenn sie dem Fotografen das große Gewicht beispielsweise eines kiloschweren Teleobjektivs stützen sollen. Für die sehr leichte PowerShot S120 gibt es andere Favoriten.

- **Dreibeinstative** sind die stabilsten und am vielseitigsten verwendbaren Stative. Es sei an die alte Erfahrung erinnert, dass dreibeinige Tische nicht wackeln können. Das nutzt man auch beim Dreibeinstativ. Ist die Wackelgefahr gebannt, kann immer noch ein Zittern den Erfolg gefährden, das vom Stativ oder auch der Kamera beziehungsweise der Verbindung zwischen Stativ und Kamera herrührt.

Leichte Stativ-Ausführungen können viele Erschütterungen auf die Kamera übertragen und man sollte zumindest probieren, ob möglichst bis zur maximalen Brennweite bei Nutzung langer Vorlaufzeiten ein unverwackeltes Bild entsteht. Probieren Sie bei ausgeschalteter Stabilisierung, wie zitterfrei das Stativ wirklich ist. Fairerweise lassen Sie zum Probieren die Kamera am Besten mit 10 Sekunden Vorlaufzeit des Selbstauslösers belichten, um den Einfluss der Hand oder des Auslösefingers an der Kamera auszuschließen.

Schwerere Ausführungen eines Dreibeinstativs sollten wie eingangs geschildert ausgeführt sein. Besonders wichtig wäre eine möglichst große flächige Unterstützung der Kamera. Wichtig auch große Füße. Gummifüße finden immer Halt, jedoch nicht immer Einlass. Museen fürchten um den kostbaren Boden, obwohl es seit Jahrzehnten eigentlich keine Metallspitzen mehr an Stativen gibt. Die bessere Stabilität erreicht man übrigens bei weit abgespreizten Stativbeinen. Gute Stative bieten Anschlagelemente, die das

Cullmann Flexx Touring als Beispiel für ein Stativset mit den wichtigsten Stativtypen für unterwegs.

Maß der Spreizung der Stativbeine anzupassen gestatten.
- **Schulterstative.** Gut geeignet für den flexiblen Einsatz geben sie mehr Halt als man der Kamera lediglich zwischen zwei Händen bieten kann. Achten Sie auf ausreichenden Abstand zum Monitor und ziehen Sie zum Auslösen das Stativ an den Körper. Luft anhalten und Auslösen führt zum erfolgreichen Foto.
Schulterstative haben hervorragende Eigenschaften, wenn es um Filmaufnahmen geht. Hände, Schulter und gegebenenfalls der Kopf sind die Stützpunkte. Weiche Bewegungen nach oben und unten sind ebenso gut beherrschbar, wie der Schwenk mit der Schulter.
- **Tischstative** passen in die Jackentasche und benötigen kaum Platz in einer Fototasche. Für Makro, Bodennahes und auch sonst recht geeignet empfehlen sich kurze Brennweiten und die Nutzung des Selbstauslösers in jedem Fall. Ein kleines Tischstativ wirkt schon Wunder. Größere können mit Kinoneiger ausgerüstet sein oder mehrgliedrig zwischen etwa 15 bis 50 cm Höhe erreichen.

Klemmstativ mit mehreren Möglichkeiten zur Kamerabefestigung.

- **Klemmstative** halten an Ästen, Zäunen, Tischen und Autos. Klemmschrauben und ein Kugelkopf machen sie brauchbar. Allerdings ist man mit der Wahl der Perspektive und des Bildausschnitts an das gebunden, was Tische, Stühle und weitere in der Natur anzutreffende Unterbauten hergeben.
- **Saugstative** nutzen Saugnapf-Kräfte und halten an allen glatten Flächen wie an Fenstern. Auch an Autoscheiben finden sie Halt, wobei die seitlichen Scheiben wegen halbwegs senkrechter Lage zu bevorzugen sind.

Sonderfall Saugstativ. Hält per Unterdruck an glatten Flächen.

- **Stative mit formbaren Beinen** sind moderne Verwandte der Kleinstative wie Klemm- oder Tischstativ. Flexible Beine klammern sich an die Umgebung. Joby Gorillapod ist der originelle dreiarmige Klammeraffe, der sich an allem festhalten kann, was in die Spannweite seiner Arme passt. So beginnt kreatives Fotografieren bereits bei der Überlegung: „Wie biege ich das hin?"
- **Zubehör zum Zubehör** kann eine eingebaute oder ansteckbare Wasserwaage sein. Traditionell mit Wasser und zwei Luftblasen (Libellen) für feinfühliges Ausgleichen.

Zubehör zum Stativ: Eine Wasserwaage.

NÜTZLICHES...

Kleine Helfer

Der Lieferumfang zur PowerShot S120 ist mit Kamera, Akku nebst Ladegerät und Kameraschlaufe nahezu vollständig, um ein erstes Bild zu machen. Nahezu, denn eine Speicherkarte fehlt und das eine oder andere Zubehörteil kann für erfolgreiches Fotografieren nicht schaden.

Sicher – mit Tasche

Lieferumfang der PowerShot S120 mit Akku und Ladegerät sowie einer Handschlaufe.

Die PowerShot S120 wird mit einer kleinen Handschlaufe geliefert, die in der einzigen Öse der Kamera befestigt wird. Eine praktische Sache und man sollte diesen „Fangriemen" auch beim Fotografieren um das Handgelenk tragen. Das gibt Sicherheit und ermöglicht, mit der Kamera in der Handfläche und einem Finger am Auslöser entfesselt ohne Blick auf den Monitor Schnappschüsse zu machen.

DCC-1920, die kompakte Tasche von Canon für die PowerShot S120.

Canons Angebot einer kompakten Kamera-Bereitschaftstasche ist unter der Bezeichnung DCC-1920 zu bekommen. Als DCC-2500 mit der zusätzlichen Umschreibung Travel Case ist eine geräumige Tasche zu erhalten, die Platz auch für Zubehör zur Kamera und für auf einer ausgedehnten Exkursion nötige Utensilien bereithält. Ist

Kamerataschen

Kompakte Markenfototaschen wie die Kaama-Serie von Kalahari, die von B.I.G vertrieben werden, bieten auch genügend Platz für Speicherkarten und Reserveakkus. Bild links zeigt eine kompakte Tasche mit Schlaufe für den Hosengürtel. Die Kaama-Taschen werden aus robustem Büffelleder gefertigt, sehen trendig aus und schützen Ihre Ausrüstung sehr gut. Wählen Sie lieber ein etwas größeres Modell mit verstellbaren Innenfächern (wie z.B. das in der mittleren Abbildung), dann können Sie auch ein externes Blitzgerät darin verstauen. Für den harten Außeneinsatz bewährt sich immer wieder eine Gürteltasche (rechtes Bild). Dann bleibt der Rücken frei und Sie haben keine Last mit einem rutschenden Schultertrageriemen

die kleine Bereitschaftstasche eine nützliche enge Hülle für die Kamera, so sollte man das größere Platzangebot des Travel Case nicht unterschätzen.

Mit etwas höheren Ansprüchen ist man gut beraten, sich am Markt nach Alternativen umzusehen. Es muss ja keine große Tasche sein, doch Platz für Reserveakkus, Speicherkarten, eventuell ein Ladegerät oder eine Powerbank und nicht zuletzt für ein Kamera-Putztuch sollte schon sein. Für ein Zusatzblitzgerät, ein robustes Kleinstativ und einige Dinge mehr wäre dann immer noch genug Raum. Überhaupt sollte man auch Kamerataschen als eine Art „Kleidungsstück" lieber erst nach Anprobe und reiflicher Überlegung anschaffen.

DCC-2500, der geräumige Canon Travel Case

Strom auf Dauer

Unterwegs ist ein guter Vorrat an Reserveakkus eine gute Idee. Ein Zweit- und Drittakku sollte es schon sein. Beim Fotografieren daheim und von einem Stativ kann es lästig sein, sich auf häufiges Akkutauschen einzulassen. Doch dafür gibt es ja das Netzgerät ACK-DC40. Es besteht aus einem Anschlusskabel für eine Haushaltssteckdose und dem eigentlichen Netzteil, das aus hoher Wechselstromspannung Gleichstrom in exakter Stärke für die Kamera bereithält. Der USB-Anschluss kann nicht für die Stromversorgung im Aufnahmemodus herangezogen werden, und so wird das Netzteil mittels Formstück in Größe und Form des Akkus angeschlossen. Akku raus, Formteil an der selben Stelle in die Kamera und schon kann man praktisch ununterbrochen einstellen, einrichten und fotografieren.

Fotografische Aufgaben für zuhause sind in einer langen Reihe vorstellbar. Gute Bildqualität und hohe Auflösung erlaubt den Einsatz bei der Reproduktion von Bildern, Dokumenten und Buchseiten. Die Beschäftigung mit der Sachaufnahme kann unterschiedlich motiviert sein. Angefangen bei der Dokumentation einer Sammlung über die Sicherung von wertvollen Gegenständen bis hin zur Sachaufnahme für Präsentation oder Verkauf im Internet. Eine kleine Ausstattung die den Aufgaben angemessen ist, sollte man sich überlegen. Mit Lichtzelt für nahezu schattenlose Abbildung bis zu einem Fotokarton, den man von einer senkrechten Wand auf einen waagerechten Tisch spannt um dort Gegenstände zu platzieren, perfekt zu beleuchten und schließlich in ausgezeichneter Qualität zu fotografieren.

Dauerstrom liefert der Netzadapter ACK-DC40 mit Formteil zum Anschluss im Batteriefach.

NÜTZLICHES...

Putzen, Pflegen, Reinigen

Lassen Sie Ihrer Kamera und dem Zubehör etwas Pflege angedeihen – damit sie lange topfit zur Verfügung steht. Viel ist nicht zu tun, denn die Canon PowerShot S120 ist von Natur aus pflegeleicht konstruiert. Wichtigen Schutz bieten die von selbst schließenden Lamellen vor dem Objektiv, das zumindest in den Aufnahmepausen damit gut geschützt ist. Staub auf diesen Lamellen lässt sich einfach wegpusten – am besten mit einem Blasinstrument (Gummiball). Es pustet Staub von den Lamellen und dem Objektiv.

Spuren vom Objektiv entfernt man am besten mit einem Hilfsmittel vom Optiker. Mikrofasertücher haben die Aufgabe früherer Lösungen sehr gut übernommen. Achten Sie aber darauf, dass die Kamera sich während der Reinigung nicht aus Gründen der Stromeinsparung abschaltet. Sie und Ihr Reinigungsmaterial könnten zwischen die Lamellen geraten und diese relativ sicher beschädigen.

Mikrofasertuch ist auch das Zauberwort zur Säuberung der Monitor-Oberfläche. Dort werden Sie diese Prozedur womöglich mehrmals täglich durchführen können. Zumindest aus diesem Grund gehört ein kleines Mikrofaser-Putztuch generell neben die Kamera in die Tasche. Nach einiger Zeit des Gebrauchs kann man ein Mikrofasertuch waschen. Gut klargespült sollte es frei von irgendwelchen Mitteln nur eines tun: reinigen und nicht irgendwelche Waschzusätze auf Linse und Monitor verteilen.

Taucher unter Ihnen – ebenso wie wetterfeste Spaziergänger aus regenreicher Umgebung – wissen es selbst: Wenn die Kamera nass wurde oder Tropfen abbekam, so sollte man diese bald schnell und gründlich entfernen. Bei Verwendung der Kamera in einem Unterwassergehäuse muss erst dieses gründlich trockengelegt werden, bevor man die Kamera entnimmt und auf Wasserspritzer untersucht. Zwischen Regen und dem Korallenriff der Südsee besteht ein Unterschied: Süß- und Salzwasser. Nach dem Tauchgang steht somit in entsprechender Umgebung noch die Aufgabe an, das Unterwassergehäuse gründlich mit Süßwasser zu spülen. Meiden Sie aggressive Reinigungsflüssigkeiten. Ein Mikrofasertuch, ein Pinsel und Sorgfalt sollten genügen. Reinster Alkohol kann auf Glasflächen verwendet werden, sollte aber dem Lack fern bleiben.

Kamera-Test

Kaum vorstellbar, doch wenn absehbar ist, dass Ihre PowerShot S120 längere Zeit nichts zu tun bekommt, dann entnehmen Sie bitte den Akku. Laden Sie ihn ab und zu auf, damit er „gesund" bleibt. Ist die Pause vorbei, dann prüfen Sie den Akku, setzen Sie ihn in die Kamera und machen Sie eine Probeaufnahme. Ein Foto, ein Film und ein paar Tasten prüfen gehört dazu. Ein Blick zu Canon und den downloads verrät, ob inzwischen eine neue Firmware zur Aktualisierung der Kamera bereit steht. Damit sollte dann der nächsten Fotoexkursion nichts mehr im Wege stehen, wenn alles funktioniert.

Die Lamellen vor der Frontlinse schützen das Objektiv. Beim Putzen muss das „Reinigungspersonal" behutsam vorgehen und die Lamellen schützen.

Firmware für die PowerShot

In Ihrer Canon PowerShot S120 steckt ein kleiner Computer. Mit Betriebssystem und Software, kurz unter „Firmware" bekannt. Alle Funktionen werden mit Hilfe dieser Firmware ermöglicht und gesteuert. Canon arbeitet immer weiter an der Firmware um Unstimmigkeiten zu beseitigen, Kameras schneller, komfortabler und leistungsfähiger zu machen. So kann es von Zeit zu Zeit zu updates dieser Firmware kommen.

Um sich über Firmware updates und auch PC-Software updates zu informieren, sollte man auf den Internet-Seiten von Canon (www.Canon.de) unter Support plus Produktnamen öfter einmal nachsehen. Canons weitere Angebote wie You connect oder Canon Image Gateway (bitte registrieren bei dieser cloud für Ihre Fotos mit 10 GB kostenlosem Speicher) locken ja sowieso zu öfterem Besuch.

Steht ein Firmware Angebot zur Verfügung, so überprüft man an der Kamera die Versionsnummer der Firmware. Ist sie identisch, so ist kein update nötig. Ist sie mit höherer Version angeboten, so lohnt sich das update immer. Man muss die Firmware einfach downloaden (für PC oder Mac) und die komprimierte Datei öffnen. Als erstes sollte man die Anleitung drucken, um nichts falsch zu machen. In dieser Anleitung sind alle Schritte genau beschrieben. Einfach nachmachen und auf Zwischenanzeigen achten. Achten Sie auch darauf, einen komplett frisch geladenen Akku zu benutzen. Firmware updates brauchen eine Weile, bis sie in der Kamera angekommen, an den vorgesehenen Platz gebracht und aktiviert wurden. Die Kamera informiert Sie, wann abgeschaltet und die Speicherkarte wieder entfernt werden kann.

Mit Firmware updates werden kleine Unstimmigkeiten beseitigt und Funktionen verbessert. Wenn sich die Kamera beim nächsten Anschalten meldet und Sie die neue Versionsnummer noch einmal prüfen können, haben Sie eine beinahe neue Kamera in der Hand – zumindest eine, deren Software sich auf dem neuesten Stand der Technik befindet.

Die Speicherkarte sollte nach Abschluss des updates frisch formatiert werden, um die Datei des updates mit Sicherheit zu beseitigen. Die Formatierung kann in der Kamera geschehen und sollte dieses Mal mit aktivierter Low Level Formatierung vorgenommen werden.

Kontakt halten

Canon im Internet:
www.Canon.de
Canon Newsletter
http://www.canon.de/youconnect_newsletter/
canon image gateway
http://www.cig.canon-europe.com/index.html?locale=de_DE
Canon academy
http://www.cdl-academy.de/

Foren für Canon Freunde (kleine Auswahl)
http://www.fototalk.de
www.dforum.de
http://www.traumflieger.de

Stichwortverzeichnis

A
Abblendung 68
Additive Farbmischung 160
AEB 71
AEB-Aufnahme 16
AE-Speicherung 16, 63, 65
AF-Hilfslicht 22
AF-Rahmen 16, 77
AF-Speicherung 16, 77
Akku 17, 22, 32, 35, 80
Akkufach 14, 15, 22
Akku NB-6L 5, 22
Anfangsblende 86
Architekturfotografie 132, 150, 176ff
Archivieren 198ff
Archivierung 198ff
Aufheller 119, 121
Auflösung 72, 86, 104, 128, 179, 188, 190, 202, 207, 210, 212
Aufnahmeformat 18, 87
Aufnahmeperspektive 126
Aufnahmestandort 13ff, 156
Aufnahmetisch 187
Augenhöhe 132ff, 171, 181
Augenperspektive 132ff, 171, 180
Auslösemodus 16
Auslöser 14
Autofokus 73, 75, 98, 108, 139, 184
Automatikmodus 14, 30, 31, 33
Available-Light 10, 172

B
Batterieladestand 16
Batterie-Leuchte 121
Belichtung 42, 62ff, 68ff, 160, 190, 201, 210
Belichtungskorrektur 5ff, 27, 38, 42, 62ff, 116
Belichtungskorrekturanzeige 16
Belichtungskorrekturstufe 16
Belichtungsmessmethode 62, 63
Belichtungsprogramm 69, 70
Belichtungsreihe 11, 37, 66ff, 71
Belichtungsserie 5, 66ff
Belichtungssteuerung, manuelle 80
Belichtungszeit 12, 19, 30ff, 38, 63ff, 68ff, 106ff, 126, 156
Berührungsempfindlichkeit 13
Bewegung 16
Bewegungsabläufe 75
Bewegungsrichtung 74
Bewegungsunschärfe 74, 75
Bildaufbau 124, 130ff, 136, 138, 143, 147ff, 151
Bildaufteilung 146
Bildausschnitt 136, 140ff
Bildbearbeitung 51, 69, 201ff, 206ff
Bilddrehung 208
Bildflächenbegrenzung 126

Bildfolgegeschwindigkeit 77
Bildfrequenz 190
Bildinhalt 124, 198
Bildkomposition 130, 140
Bildkreis 87
Bildmodus 209
Bildprozessor 18
Bildqualität 16, 68, 86, 136, 141, 190, 200, 206, 212
Bildrauschen 18, 31, 36, 60, 80, 186
Bildstabilisator 10, 31, 38, 88, 106ff
Bildstabilisierung 16, 31, 72, 75, 106
Bildteiler 152
Bildwiedergabe 74
Bildwinkel 86, 87, 90, 106, 132
BKT 71
Blende 68, 108
Blendenautomatik 12, 14, 78
Blendenreihe 68
Blendenskala 68
Blendenvorwahl 69
Blendenwert 16
Blende, optimale 86
Blickwinkel 132ff
Blinzelautomatik 12
Blinzeltimer 11, 34
Blinzelwarnung 16, 34
Blitz 14, 31, 57, 71, 77, 86, 112, 116, 117, 184
Blitzaufhellung 116
Blitzbelichtungskorrektur 16, 116
Blitzbelichtungsspeicherung 16
Blitzgerät 65, 116, 118ff, 218
Blitzkorrektur 117
Blitzleistung 16, 116
Blitzlicht 56, 71, 116, 172
Blitzschalter 14
Blitzschiene 119
Blitzsynchronisation 11
Bluetooth 196
Bracketing 71
Brennweite 72ff, 86ff, 98, 102ff, 108, 110ff, 126, 136, 140ff, 174, 179ff, 216

C
Chamois-Bilder 43
Clip 188ff, 192ff
Cloud 197
Crop-Faktor 86
Custom 11, 13, 43

D
Datei-Hierarchie 198
Dateinummer 198
Datenbank-Software 199
Datenträger 199, 200, 201
Datum 193, 198, 202
Datumsaufdruck 16

Datumseindruck 11
Dauerlicht 120, 184, 185, 187
Diafilm 43
Diagonale 150, 151
Diaschau 190
Digital-Telekonverter 10, 16
Digitalzoom 16, 37, 91ff
Dioptrie-Anpassung 14
Dokumentarfilm 189
Doppelbelichtungseffekt 81
Drehbuch 193
Dreibeinstativ 216
Dreieck 154, 160
Dreiwege-Kopf 215
Druck 43, 160ff, 188, 190, 200,ff, 205, 209ff
Druckgestaltung 203
Dynamikumfang 18

E
Eco-Modus 16
Einbeinstative 215
Einstelldistanz 110
Empfindlichkeitsbereich 10
Ersatzakku 22
EXIF-Daten 108
EXIF-Format 19

F
Familienreportage 173
Farbdrucker 201
Farbe-an-sich-Kontrast 163
Farbe, unbunte 158
Farbgestaltung 158ff, 163, 165
Farbinformation 126
Farbkontrast 162ff
Farbkreis 160, 164, 166
Farb-Laserdrucker 200
Farbmodell 161
Farbsättigung 42ff, 69, 128, 206ff
Farbtemperatur 21, 42, 54ff, 71, 120ff
Farbverstärkung 51
Farbwiedergabe 43, 54, 56, 91
Fernauslöser 72
Feuerwerk 38ff, 54ff
Film 17, 42ff, 56, 140, 172ff, 188ff, 200, 211ff
Filmclip 190
Filmqualität 189
Filmschnitt 189, 191
Filmsequenz 30
Filmtagebuch 10, 30, 32, 188ff
Firmware 220ff
Fisheye-Effekt 46
Fixfokus 110
Fläche 154
Flächenaufteilung 144
Flächenbegrenzung 151

Stichwortverzeichnis

Fluchtpunkt 136, 138
Fokus-Aufnahmereihe 11, 16
Fokussierbereich 16ff, 110
Fokussierung 108
Fokussierung, manuelle 184
Form 154
Formatwinkel 87
Formenkontrast 162
Fotobuch 200, 204
Froschperspektive 66, 132ff, 171, 215
Full HD 189, 190
Funktionswählrad 14

G
Gateway 196ff, 221
Gegenlicht 31, 62ff, 80, 116, 126, 179, 184
Gegenlichtaufnahme 67, 116
Gegenlichtmotiv 66
Geotag 197
Gerätenummer 14
Geschwindigkeit 73
Gesichtererkennung 34
Gesichtserkennung 11, 18, 33ff, 170
Gesichtstimer 34
Gitternetz 16
Gleichgewichtsform 144
Glückwunschkarte 203
Glühlampenlicht 56
Goldener Schnitt 146, 147, 152
GPS-Daten 7, 10, 197
Grauwert 159
Großaufnahme 140

H
Halbtotale 140
Halogenleuchte 120
Handschlaufe 218
HDR 48
HDR-Berechnung 209
HDR-Modus 11
HDR-Technik 66, 67
Hell-Dunkel-Kontrast 162, 163, 166
Helligkeitskontrast 158, 162ff, 166
Helligkeitswert 159
High-Key 80
Highspeed-Serienbilder 11
Hintergrund 111, 138
Hintergrundunschärfe 11
Histogramm 16, 17, 82
Hochformat 142ff
Horizont 142, 152ff, 174
Horizontlinie 133, 138, 151ff, 174
Hybrid Auto-Modus 14ff, 30, 32, 188

I
i-contrast 11
Integralmessung, mittenbetonte 62
IS-Modus 106
IS-Modus-Symbol 16
ISO-Einstellung 60, 64, 78, 104
ISO-Empfindlichkeit 11, 16, 36, 60ff

J
JPEG 57, 198ff, 206, 212
JPEG-Dateiformat 10
JPEG-Format 19, 198, 212

K
Kalender 205
Kalt-Warm-Kontrast 162, 163, 166
Kameratasche 218
Kinderfotografie 31, 41, 172ff, 193
Kinoneiger 214
Kleinstativ 217
Klemmstativ 217
Komplementärkontrast 162ff
Komprimierung 19, 212
Kontaktbogen 199
Kontrast 6, 13, 21, 30ff, 43ff, 62, 67ff, 91, 110, 128ff, 161ff, 206, 210
Kontrastkorrektur 11, 13, 16ff
Kontrastmessung 63
Kontrollleuchte 14
Konvertierung 190, 212
Kreativfilter 34, 46, 50
Kreisfläche 154
Kugelkopf 214ff
Kunstlicht 21, 37, 54ff, 120ff

L
Lächeln-Auslöser 31, 34
Ladegerät 218ff
Landschaft 87
Langzeitbelichtung 60, 76, 80ff
Langzeitsynchronisation 11, 116
Lautsprecher 14
LC-Display 11
LED-Leuchte 112, 120
LED-Videoleuchte 120
Leuchtmittel 121
Leuchtstoff 55, 57
Leuchtstoffröhren 121
Lichtfarbe 126, 161
Lichtführung 126, 170, 185
Lichtmessverfahren 16
Lichtstärke 11, 36, 68ff, 86ff, 104ff
Lichtzelt 187, 219
Linie 150
LIVE Modus 42
Low-Key 63, 80
Lupe 110, 170, 172

M
Makro 110
Makroaufnahme 141
Makrodistanz 184
Makrofotografie 106, 184ff
Mehrfeldmessung 62
Mengenkontrast 162, 166
Menütaste 14
Messmethode 62
MF-Anzeige 16
Mikrofaser-Putztuch 220
Miniatureffekt 46ff
Mischlicht 121

Mittelgrund 138
Mittelsäule 215
Mitziehtechnik 74ff
Moduswahlrad 14, 30
Monitor 43, 160, 189
Monochrom 50
Motivaufbau 130
Motivautomatik 10
Motivprogramm 12
Movie-Auflösung 16
Movie-Modus 12, 188ff
My Colors 5, 11, 16ff, 27, 42ff, 201ff

N
Nachführmessung 80
Nachtaufnahme 36, 70
Nachthimmel 35, 206
Nahaufnahme 140ff, 190
Naheinstellgrenze 98, 184ff
Nahfotografie 184
ND-Filter 11, 16ff, 38, 64, 69, 76, 78
Netzadapter 219
Netzteil 219
Neutralgraufilter 76
Nostalgie-Filter 49

O
Objektiv 69, 86, 184, 208
Objektivfehler 208

P
Panoramaformat 142
Pastellfarbe 161
Perspektive 130ff
Pflege 220
Porträt 70, 104, 111ff, 119, 170ff, 190, 204
Porträtaufnahme 33, 143
Porträtfotografie 76, 104, 170ff
Poster 51, 203
Postereffekt 46, 51
Postkarte 203
Primärfarbe 160ff
Programmautomatik 12, 14, 30, 64ff
Programmshift 24, 65
Programmverschiebung 64ff
Punkt 148

Q
Quadrat 132ff, 142ff, 156
Qualitätskontrast 163, 166
Quantitätskontrast 163
Querformat 142ff

R
Rauschunterdrückung 18
RAW 10, 16, 19ff, 26ff, 57, 60ff, 82, 91, 100, 198, 210ff
RAW-Bilder 19
RAW-Datei 63
RAW-Format 10, 60, 64, 91, 212
Reihenaufnahme 10ff, 18, 77, 181
Reihenbildschaltung 30

223

STICHWORTVERZEICHNIS

Reserveakku 219
Retusche 207
Richtungswirkung 154
Ringsteuerung 10, 12, 14, 80
Rote-Augen-Korrektur 11, 16
Rote-Augen-Reduzierung 116
Rückblende 192

S
Sachaufnahme 187
Saugstativ 217
Schärfe 72, 128
Scharfeinstellung 11, 37, 110, 186
Schärfenebene 138
Schärfentiefe 46, 64ff, 76ff, 86, 98, 103, 108, 110ff, 174ff, 186
Schattenkorrektur 13, 16ff
Schnappschuss 36, 71, 98ff, 127, 172, 209
Schnee 37
Schreibschutz 23
Schulterstativ 217
Schwarzweiß 43, 201
Schwarzweißbild 50, 207
SCN-Modus 33, 64
SDHC-Speicherkarte 23
SD-Speicherkarte 23, 189
Sehgewohnheit 151
Seitenverhältnis 189ff
Sekundärfarbe 57, 160ff
Selbstauslöser 11, 16, 72
Sensorgröße 87
Sensorleistung 18
Sepia 43, 50, 201ff
Shift 70
Sicherung 199
Signalverarbeitung 18
Simultan-Kontrast 163
Sklavenblitzgerät 119
Smart Auto 11, 12, 14, 30, 188ff
Software 30, 42, 57, 99, 188ff, 197, 199, 203, 209ff
Spannungsverlauf 147
Speicherkarte 15, 23, 188ff, 197
Speicherkartenfach 14
Speichermedium 22ff
Speicherung 63, 198, 212
Spielzeugkamera 47
Spotmessfeld 16, 62, 65
Spotmessung 37, 38, 62ff, 116
Standard-Brennweite 102
Standbildfunktion 32
Stativ 10, 31, 35ff, 67, 71ff, 78ff, 106ff, 175, 179, 181, 185, 191, 214ff
Stativbuchse 14
Stativgewinde 214
Stativkopf 215
Stereomikrofon 190
Stereotonaufnahme 10
Sternenhimmel 35
Sternspuren 35
Steuerring 12ff, 25
Stillleben 171, 187

Streuscheibe 118
Stromsparlampe 121
Struktur 179
Subtraktive Farbmischung 160
Sucher 62, 98ff, 130, 134, 173
Superweitwinkel 98
Superzeitlupe 10, 12, 188ff

T
Tagebuch 188
Tageslicht 21, 54ff, 78
Tasche 218ff
Telekonverter 88
Tertiärfarbe 161
Thermodrucker 200
Tiefenwirkung 137, 208
Tierfotografie 180
TIFF-Format 212
Tinten-Fotodrucker 200
Tintenstrahldrucker 200
Tisch-Makrostudio 185
Tischstativ 217
Tonfilm 190
Tonwertverteilung 82
Totale 140
Toter Punkt 75
Touchauslöser 16
Touchscreen 10, 11, 13ff 25, 196

U
Überbelichtung 57, 68
Unschärfe 72
Unscharfer Hintergrund 49
Unscharf-Maskierung 210
Unterbelichtung 69
Unterwasser 37, 55
Unterwasseraufnahme 36ff
Unterwassergehäuse 36ff
USB-Anschluß 219

V
Verkanten 133
Verschlussvorhang 116
Verschlusszeit 11, 16, 68ff, 78, 80
Verschwärzlichung 160, 162ff
Vertonung 189ff
Verwacklung 72ff
Verwacklungswarnung 16
Verweißlichung 160, 162ff
Verzeichnis-Hierarchie 198
Verzeichnung 98ff, 111, 132, 178, 208
Video-Flächenleuchte 120
Videoneiger 215
Vogelperspektive 132ff, 171
Vordergrund 138

W
Wandschmuck 205
Wasserwaage 11, 217
Wasserwaage, elektronische 11, 16
Weichzeichner 49ff
Weichzeichnungseffekt 33

Weißabgleich 11, 13, 16ff, 21, 36ff, 42, 54ff, 64, 71, 121, 210, 210
Weißabgleich, manueller 11
Weitwinkel 98
Wiedergabe 42ff, 72, 121, 126, 129, 156, 188ff, 207, 212
WiFi-Funktion 10
Windschutz 16
WLAN 196, 197

Z
Zeitangabe 189
Zeitautomatik 12, 14, 78ff, 110
Zeitlupe 188, 190
Zeitraffer 35, 190
Zeitvorwahl 69
Zeitzone 16
Zoo 181
Zoom 95, 136, 174, 193
Zoombalken 16
Zoomfahrt 22, 24
Zoomobjektiv 10, 84, 86, 88, 90, 92, 94, 96, 98, 100, 102, 104, 106, 108, 110, 112, 141
Zoom-Plus 88
Zoomregler 14, 30
Zoomstufen 13
Zusatzblitz 112